청년을 위한
대한민국은 없다

청년을 위한
대한민국은 없다

정현호 · 송보희 · 정선호 · 옥승철 지음

가림출판사

도움을 주신 분들

강재혁 : 기업 마케팅전략(한양대학교 총학생회 문화국장)

김진성 : 전 충북대학교 총학생회장

박기준 : 전 세종대학교 총학생회장(전 대통령직속 청년위원)

구건회 : 한국청년정책학회 이사

정상원 : 한국청년정책학회

알아두기

1. 이 책은 설문 조사를 통한 데이터를 토대로 집필하였다. 표본 추출은 나이를 기본 단위로 권역을 나누어 설문을 실시하였으며, 표본 오차는 신뢰수준 95%, 오차범위 ± 3.09로 나타났다. 통계 분석은 원 데이터에서 2015년 인구통계자료를 근거로 전국 분포상의 성별과 연령별(5세 단위) 비례에 따른 가중치를 적용하여 분석하였다.

2. 본문에 게재된 통계 자료 중 별도의 연도 및 출처 표시가 없는 경우에는 이 시기의 조사를 토대로 작성한 것임을 밝힌다.

2017년 대한민국 청년 희망 실태 조사 개요

조사 대상	전국 17개 시도 18세 ~ 39세 남녀
표본 크기	1,003명(2015년 인구통계자료를 근거로 한 성, 연령별 가중치 적용)
표본 오차	신뢰수준 95%, 오차범위 ±3.09
조사 방법	온라인(네이버 폼, 75%) + 오프라인(종이 질문지, 25%) 조사 진행
조사 기간	2017년 7월 16일 ~ 8월 20일
조사 문항	① 청년 인식 조사(성공관, 개인/국가 희망 지수, 사회관, 계층이동성) ② 청년 실태 조사(주거 형태, 주거 비용 및 생활비, 채무 상황) ③ 청년 정책 조사(정책 우선순위, 체감도, 만족도)

☆ ★ ☆ ★

KAIST 미래전략대학원 · 미래전략연구센터는 매년 '대한민국 국가미래 전략'을 발간하고 있다. 이 책을 집필하는데 가장 어려운 부분이 국가의 역동성 제고와 청년 희망 전략이었다. 이 문제는 청년들이 직접 연구하는 것이, 또한 청년 희망 부분은 별도로 연구할 만한 가치가 있다고 생각했다.

의욕 있고 능력 있는 청년들을 찾았다. 다행히 가슴을 뛰게 하는 청년 그룹을 만나게 되었고, 이 연구를 제안하게 되었다. 미래의 사회에서 살아가게 될 세대들의 관점에서 그들이 보고 있는 대한민국의 현실과 미래의 모습이 진솔하게 담기기를 원했다. 또한 역동성을 잃어가고 있는 대한민국이 활력을 띠고 청년들이 희망을 품을 수 있도록, 오롯이 청년들의 관점에서 해법을 찾아가길 바랐다.

1년여 동안 여러 번의 토의를 거치면서 방향을 잡고 내용을 완성해나갔다. 이 책의 내용은 그 연구 보고서를 바탕으로 수정 · 보완한 것이다. 이 책은 대한민국의 청년들에게 희망을 키워주기 위하여 '지금 우리가 무엇을 어떻게 할 것인가'라는 질문과 토론에 대해 담고 있다. 그리고 미래 세대 관점에서 국가 미래 전략과 희망이라는 키워드로 풀어나갔다는 점에서 충분한 가치를 지닌다.

미래 전략이란 희망하는 미래를 만들기 위해 지금 필요한 일을 하는 것이다. 대한민국의 희망을 키우는 방향으로 정책이 만들어질 수 있도록 희망을 키우는 담론과 국가 전략 연구가 지속적으로 이어지기를 바란다. '지속가능한 미래 세대(청년) 정책'을 고안하는 분위기를 만들어 가는 것이 현 시점에서 우리가 해야 할 일이라고 생각한다.

이 연구가 책으로 출간된 것을 진심으로 축하한다. 연구에 참여한 정현호, 송보희, 정선호, 옥승철 청년들이 미래 세대를 위한 국가 미래 전략과 정책을 마련하는 일을 지속하길 기대해 본다.

이광형(KAIST 바이오뇌공학과 겸 문술미래전략대학원 교수, 제1대 미래학회장)

☆★☆★

이 책의 제목을 본 첫인상은 '아하! 어쩌다 대한민국이 이 지경에 이르렀기에 젊은이들이 이런 책을 다 출간했을까?' 하는 것이었다. KAIST 미래전략연구센터의 지원으로 '미래 세대 희망 전략 수립을 위한 연구 - 청년 희망 전략'의 결과를 책으로 엮어 낸 것을 진심으로 축하하면서도 이런 제목을 선택하지 않을 수 없었던 청년들의 절망과 희망이 묘하게 교차하는 내용을 대면하면서 우리 기성 세대의 무관심과 무책임한 짐이 청춘들에게 얼마만큼의 무게로 느껴질지를 새삼 깨닫게 되었다.

특히 우리 사회가 지나치게 과거의 역사에 발목이 잡혀 미래를 바라보는 안목이 너무나도 부족한 시간관이 지배하고 있는 현실임을 개탄하지 않을 수 없다. 지금 우리가 내리는 결정과 선택은 미래에 실현하게 되는 일임에도 이를 제대로 인식하지 못하고 당장 뭔가를 이룩할 것처럼 서둘러 결정하고 선택한 탓에 미래의 희망을 만들기는커녕 현재의 문제조차도 올바른 방법으로 해결하지 못하는 우를 계속 범하고 있다. 이제라도 청년 세대의 아픔과 끓어오르는 분노를 치유하고 다스리는 진정성 있는 미래를 지향하는 전략과 정책을 가장 우선순위에 놓고 진지하게 구상하는 일을 해야 한다.

이 책은 절망에서 희망으로 나아가는 길을 과학적으로 면밀하게 분석하면서 희망적인 앞날을, 따뜻한 인간주의 시선으로 제시한 노력이 돋보인다. 이에 강력하게 일독하기를 추천한다.

김경동(KAIST 미래세대행복위원회 위원장, 서울대학교 명예교수, 대한민국학술원 회원)

☆★☆★

　이 책은 오늘날 우리 사회에서 청년의 문제는 단순히 청년만의 문제가 아니며, 나아가서는 대한민국이 발전하는 데 이미 그 한계를 보여준 것을 넘어선, 최대의 위기 상황에 처해 있다고 절규하고 있다.

　'한국이 과거에 보여주었던 역동적이고 진취적인 에너지가 느껴지지 않습니다. 미래의 가능성을 보고 투자하는 그런 제게 한국은 더 이상 매력적인 나라가 아닙니다. 청년들의 노력은 대단하지만, 조금 안타까웠습니다. 청년들이 안정을 추구하는 사회에서는 혁신적인 변화가 일어나기 어렵습니다.(짐 로저스, 2017년 8월 KBS 명견만리)'

　이 표현보다 더 객관적으로 대한민국의 위기와 청년의 현실을 직시한 말이 있을까?
　'떠나고 싶은 대한민국' '대한민국은 왜 헬조선이 되었는가' 등의 본문 소제목들만 보아도 알 수 있듯이 이 책은 '미래에 대한 불안감' '권위적인 분위기' '공정하지 않은 경쟁' '심화되는 소득 불균형' '빚을 지지 않고는 살아가기 힘든 대한민국의 현실' 등 21세기 현재 우리 대한민국의 문제와 위기에 대해서 청년들이 직접 경험하고 있는 상황을 있는 그대로 상세하게 묘사하고 있어서 읽을수록 독자들을 공감하게 만든다.

　또한 이 책은 문제점과 위기의식만을 나열하는 데 그치지 않고, 청년들의 희망을 키울 수 있는 전략과 대책까지도 제안하고 있다. 청년 문제에 대해서 국가와 사회가 충분한 관심을 가지기를 외치면서, 아시아와 유럽의 여러 나라들과의 비교와 사례 분석도 관련해서 언급하고 있다. 특히 중국의 경우에, 청년이 미래의 주역이라는 명확한 사회적·국가적 인식하에, 스타트업 정책, 정부와 민간 기업의 청년 창업지원 정책 등이 진행되고 있다. 아울러 지속적으로 장기간에 걸쳐서 진행되는 기업가 정신 교육과 고취를 통해서 청년들에게 희망을 주고, 역동적인 청년 창업과 일자리 창출을 만들어가고 있는 현실을 언급하면서 우리나라에서도 청년에 대한 전략과 정책에 대해 재고하기를 절규하며 말하고 있다. 그리고 우리 청년들에게 일자리와 기회를 창출하는 혁신 엔진의 생태계가 대한민국에 절실함을 외치고 있다.

   이 책이 무엇보다도 의미가 있는 것은 정현호 대표를 비롯한 저자들 스스로가 이런 상황들을 직접 경험하고 있는 청년들이기에 같은 세대의 이야기를 더욱 구체적이고 설득력 있게 담고 있다는 데에 있다.
   청년은 나라와 미래의 희망이기에, 이 책이 우리 대한민국의 청년 문제를 심도 있게 직시하고, 나라와 미래의 희망을 구체적으로 제시하는 데에 귀한 초석이 될 것을 확신한다.

   박희재(서울대학교 공과대학 교수, 영국 맨체스터대학교 공학원사, 제2대 청년희망재단 이사장)

☆★☆★

　대한민국이 4차 산업혁명을 새로운 기회로 활용하는 선도first mover 국가로 탈바꿈해야 하는 이 시점에, 이 책은 반가울 수밖에 없다.

　향후 한 세대, 혹은 그 이상에 걸쳐 국가적으로 가장 집중해야 할 주제는 혁신 생태계 조성이다. 4차 산업혁명 시기에 낙오자가 되느냐 아니면 선도자로 부상하느냐는 혁신 생태계를 얼마나 잘 조성하느냐에 달려 있다고 해도 과언이 아니기 때문이다. 혁신 생태계를 조성하기 위해서는, 4차 산업혁명 시기에 선도자를 양성하기 위한 인재양성과 노동시장 개혁도 매우 중요한 과제이다.

　이 책은 경제 성장이 지속적으로 둔화되고 양질의 일자리 기회가 청년층과 취약계층부터 급격히 줄어들어 경제의 노쇠현상이 심각해지는 상황 속에서 살아가는 청년들의 삶을 데이터를 토대로 한 팩트를 매우 사실적으로 다루고 있다. 청년 사회 문제를 해결하고 싶은 사람은 꼭 읽어보길 바란다. 기존과는 전혀 다른 인사이트를 얻어갈 수 있을 것이다.

　이 책에서는 청년들 스스로 리더십을 발휘해 현실을 진단하고 해법을 마련했다. 이러한 청년 리더십이 많아져야 할 때이다. 향후 30년 대한민국의 희망은 대한민국의 3세대 청년 리더십으로부터 피어날 것이다. 그들로부터 피어날 젊은 대한민국을 기대해본다.

이주호(KDI 국제정책대학원 교수, 글로벌교육재정위원회 커미셔너, 전 교육과학기술부 장관)

지금 청년들이 살아가는 세상은 과거와 다르다. 저성장이 일상화된 뉴노멀과 4차 산업혁명으로 인한 파괴적 혁신 시대를 살아가고 있다. 청년 정책의 답을 고속성장의 과실을 만끽한 꼰대 386이 아닌 청년에게서 찾아야 하는 이유다. 저자들은 청년 정책 전공자로서 치밀한 조사 결과를 바탕으로 관성에서 벗어난 새로운 시각의 정책을 제안하고 있다. 무너지는 대한민국을 걱정하는 모든 분들께 일독을 권한다.

곽노성(한양대학교 과학기술정책학과 특임교수, 전 식품안전정보원장)

'이게 나라냐?'라는 질문을 던지고 '이게 나라다!'라고 국가 이상을 꾸며 보려는 젊은이들의 노력에 찬사를 보낸다. 나중에 정책 의도와 다른 정책 결과가 나와 '이건 나라냐?'라는 질문을 받지 않게 깊이깊이 생각해야 한다. '똑똑한 금수강산 해錦繡江海'를 그려보고, 인류가 '어울려 사는 세상'을 만들려는 소명의식으로 공공정책을 도출하려는 시도가 돋보인다.

곽영훈(WCO 세계시민기구 회장, Silk Road Cities Forum-Urumqi, China, 主席/
네팔 룸비니 불교대학교 석좌교수)

청년들이 잘 쓰는 '헬조선'은 '지옥 같은 한국'이라는 말이다. 단테는 신곡神曲에서 지옥의 입구에는 "여기에 들어오는 자, 모든 희망을 버리라Abandon every hope, who enter here"라고 적혀 있다고 지옥을 묘사했다. 요즘 청년들이 '희망이 없다, 지옥 같다'라고 하는 이야기는 그들이 느끼는 한국 사회의 모습이다. 이 책은 우리 청년들이 지옥의 문턱에서 끌려 들어가지 않으려고 스스로 몸부림치는 모습을 그린 책이다. 우리가 젊었을 때는 못 살아도 '앞으로 잘 살겠지!' 하는 희망이 있었다. 지금 청년들이 느끼는 감정은 분명히 그렇지 않다. 해법을 찾기 위해 꼭 한번 읽어 볼 것을 추천한다.

김태완(한국미래교육연구원장, 전 한국교육개발원 원장)

지금 우리 청년들에게 한국 사회는 순응loyalty해야 할 곳일까? 탈출exit해야 할 곳일까? 아니면 함께 목소리를 내며 개혁해야 할 곳일까? 맬컴 해리스는《밀레니얼 선언》에서 1980~2000년에 태어난 미국의 밀레니얼 세대는 부모의 관리와 경쟁 속에 스펙을 높이 쌓고도 불안정한 삶에 직면했지만 저항할 줄 모르는 단순한 '인적 자본'이 됐다고 지적하고 있다. 그런데 이 책에 참여한 청년들은 진영논리와 편 가르기를 떠나 희망과 대안을 찾고자 발로 뛰면서 그들 세대가 사회를 바꿀 주역이 되고 있음을 알리고 있다. 청년들이 더 광범위하게 연대하고 협력하여 한국의 밀레니얼 세대들은 개혁을 성공시킬 '사회 자본'도 키울 수 있음을 확실히 보여주길 바란다.

김희삼(광주과학기술원 교수, KDI 겸임연구위원)

'청년의, 청년에 의한, 청년을 위한 책', 지금까지 이런 책은 없었다.
정현호 정책벤처 인토피아 대표를 비롯한, 송보희, 정선호, 옥승철 이 네 명의 청년 저자가 학업과 생업, 청년 정책 연구에 있어 얼마나 치열하게 임해 왔는지 잘 알기에, 이 책에 담긴 청년의 위기, 그리고 희망 전략에서 진정성과 그 깊이를 느낄 수 있다. '청년을 위한 대한민국은 없다'는 이 책의 울림이, '청년을 위한 대한민국'을 만드는 희망의 메아리로 전해질 날이 오길 바란다.

문정림(19대 국회의원, 전 가톨릭의과대학교 재활의학과 교수)

희망을 키워드로 도출한 것은 아주 적절한 접근 방법이라고 생각한다. 현재 대한민국에서 살아가는 다수의 청년은 희망을 느끼지 못하고 있다. 청년과 미래 세대를 위한 정치권과 정부의 노력이 필요하다. 그러나 정부의 역할은 언제나 한정적이다. 이제는 청년들이 직접 나서서 사회 문제를 말하고 대안을 제시해야 한다. 그런 의미에서 청년 연구자들이 연구하고 분석하여 결과를 낸 이 책의 출간을 진심으로 기쁘게 받아들인다. 이 시대를 살아가는 '기성 세대'들은 이들의 목소리에 집중해야 할 것이다. 사회의 변화를 원하고 정책을 다루는 모든 이들에게 필독을 권한다.

박수영(한반도선진화재단 대표, 생활정책연구소 소장, 아주대학교 공공정책대학원 초빙교수,
전 경기도 행정1부지사)

민주주의 이론은 '인민을 위한for the people'보다 '인민에 의한by the people'을 강조하는 쪽으로 진화해오고 있다. 특히 참여민주주의, 숙의민주주의, 결사체민주주의 등 근래 퍼지고 있는 이론은 시민을 공적 판단과 행동의 적극적 주체로 간주하고 있다. 실제로도 사회구조의 변화와 과학기술의 발전 덕분에 시민이 수동적 객체를 벗어날 수 있는 여건이 조성되고 있다. 협소한 기존 질서에 갇혀있는 청년이 이를 벗어나 더욱 주도적으로 우리 사회를 이끌고 우리의 민주주의를 성숙시키도록 힘을 합해야 하는 시대 배경이라 하겠다.

이 책을 통해 우리는 한국의 청년이 얼마나 억눌려 있는지 절감할 수 있고 어떠한 정책 아이디어가 청년을 사회의 주체로 떠오르게 할 수 있을지 배우게 된다. 이 책의 여러 정책 아이디어를 실천에 옮기기 위해서는 넓은 사회적 공감대를 형성해야 하고 이는 보다 근본적인 의문을 고찰함으로써 가능할 것이다. '왜 청년이 주체가 되어야 하는가' '청년 주체화를 위한 경로로 정치권과 시민 사회는 각각 어떠한 장단점이 있는가' '청년과 기성 세대 간의 적절한 조화와 균형은 무엇인가' 등의 근본적인 의문들에 대한 답은 이 책의 후속으로 우리 모두 매달려야 할 과제이다.

임성호(경희대학교 정치외교학과 교수, 전 국회입법조사처장)

대한민국은 국내총생산GDP 기준 세계 10위에 달한다. 어른들 말씀처럼 이제는 굶어 죽는 사람도 없고, 오히려 휴가 때마다 해외여행을 가고, 선진화된 문화와 생활을 영위하며 살아가는 '좋은 세상'이다. 그런데도 왜 사람들은 '살기 힘들다'고 이야기할까. 그리고 청년들은 왜 이토록 힘들어하고, 미래를 불안해하며, 대한민국을 떠나고 싶어 할까.

바로 이러한 문제의식에서 이 이야기가 시작되었다. 그동안 빠르게 성장하는 경제 속에서 우리는 성공을 중시하는 물질 중심의 삶을 추구하게 되었고, 그 이후 삶의 질이라는 화두가 대두되며 행복이라는 감정의 키워드로 이동했다. 그러나 그 속에서 아무도, 행복하지 않았다.

우리는 '희망'이라는 개념에 집중했다. 청년의 나이에 해당하는 특정 집단들이 노력해도 나아지지 않을 것 같은 미래 불안감을 안고 살아가며, 성공과 행복은 둘째치고 평범하게 사는 것을 꿈으로 삼을 만큼 미래 활력을 잃어가고 있다. 이러한 상황에서 개인의 의지와 행동을 끌어낼 수 있고, 자신의 미래에 대한 기대감과 가능성을 높일 수 있는 '희망'을 다시 품을 수 있다면, 대한민국이라는 바퀴가 힘차게 돌아갈 수 있는 윤활유가 될 수 있을 것이라 기대했다.

☆★☆★

우리의 이야기만으로는 부족했다. 현재를 살아가는 청년들의 생생한 이야기를 담아내고 싶었다. 직접 설문 조사할 70개 문항을 하나하나 만들고, 설문을 돌리고, 수치를 분석하면서 본격적으로 청년들의 삶을 그려내기 시작했다. 취업준비생, 직장인 등 다양한 청년들을 직접 만나 인터뷰를 진행했다. 비율로만 나타내지던 그들의 삶의 모습에 비로소 마음이 담기기 시작했다.

설문 조사와 인터뷰가 이루어진 후에는 책임감에 어깨가 무거웠다. 감사하게 시간을 내주고, 온 마음으로 이야기해준 바람을 소중히 다뤄야겠다는 생각이 들었다. 그리고 그들의 진심을 있는 그대로 잘 담아내야겠다는 사명감으로 이 책을 만들어나갔다.

과정은 힘들었다. 전국을 돌아다니고, 많은 양의 조사 수치와 인터뷰를 정리하고, 매일 밤을 새우며 글을 써 내려갔기 때문에 육체적으로 한계를 느끼기도 했다. 그러나 청년들의 삶이, 그리고 그들이 이야기하는 도중에 내뿜는 한숨이, 불안이, 좌절이 우리를 심리적으로 더 힘들게 했다. 마음이 아팠다. 왜 이런 현실일 수밖에 없는 것일까. 더 나아질 수는 없었을까. 나아지기 위해서는 무엇이 필요할까.

☆★☆★

해당 책은 2017년 KAIST 미래전략연구센터(이광형 센터장)의 연구지원으로 시작되었다. 설문 조사와 인터뷰의 시기도 2017년이다. 그러나 2020년이 얼마 남지 않은 지금도 청년들의 아픔과 괴로움은 그대로인 채 나아지지 않고 있다. 그 때문에 2017년 설문 조사 수치를 기본으로 한 이 책을 일부 보완하여 낼 수 있음에는 다행이지만, 여전히 3년 전과 비교하여 보았을 때 현실이 변하지 않았다는 사실은 불행이다.

☆★☆★

책은 총 3파트로 구성되어 있다. 첫 번째 파트는 청년들이 이야기하는 우리들의 현실과 대한민국을 떠나고 싶은 이유, 그리고 내가 살아가고 싶은 대한민국의 모습을 그려보았다. 전국 청년 1,003명을 대상으로 실태 조사한 결과와 청년들이 대한민국에서 어떤 생각을 가지고 살아가는지를 FGI 인터뷰를 통해 담아보았다.

두 번째 파트에서는 희망감이라는 심리적 관점 중심으로 청년들이 희망을 느끼게 하는 데 필요한 국가 전략과 정책의 접근법을 제시해 보고자 하였다. 또한, 다른 나라 청년들은 어떻게 살아가고 있는지, 그들이 느끼는 희망은 어떠한 모습인지 담아보았다. 마지막 파트에서는 희망을 키울 수 있는 '청년 희망 3대 전략'의 개념과 특징을 제시하고, 전략별 조건과 개입 영역, 정책 아이디어를 제시하였다.

☆★☆★

책을 구성하고 완성하는 과정에서 정말 많은 분이 도움을 주셨다. 해당 프로젝트를 진행할 수 있게 해주시고 '청년의 이야기를 담아보세요'라고 이야기해주신 이광형 KAIST 바이오뇌공학과 교수 (KAIST 부총장)님께 진심으로 감사드린다. 그리고 우리들의 이야기에 아낌없이 금과 같은 조언을 해주신 곽영훈 WCO 세계시민기구 회장님, 문정림 제19대 국회의원님, 박마루 제9대 서울시의회 의원님, 박수영 전 경기도 행정1부지사님, 박희재 제2대 청년희망재단 이사장님, 이주호 전 교육과학기술부 장관님, 정연태 전 코스콤 대표이사님, 최윤정 KAIST 미래전략연구센터 박사님께도 감사 인사를 올린다.

설문 조사에 참여해주신 1,003명의 응답자 분들과 인터뷰에 참여해준 청년 분들(권석제 전 대구대학교 총학생회장, 김민주 전 광주여자대학교 총학생회장, 김재윤 청년과사회가함께하는포럼 대표, 김태형 고려대학교 정책대학원 학생, 김홍일 중앙대학교 학생, 성보빈 동아대학교 졸업생, 송성민 전 광운대학교 총학생회장, 윤지현 직장인, 윤현식 직장인, 이동학 더불어민주당 전 혁신위원, 이예지 디자이너, 이우주 전 충북대학교 총학생회장, 이상우 디아이코퍼레이션 대표, 이병길 동아대학교, 이승열 직장인, 이태우 전 국민의당 청년최고위원, 배관구 전 동의대학교 총학생회장, 배인호 회사원, 정경원 전 국민의당 사하을 지역위원회 사무국장, 정민규 전 경남대학교 총학생회장, 정상훈 청년과사회가함께하는포럼, 정승훈 부산대학교, 정재훈 전 영남대학교 총학생회장, 조은호 울산과학기술대학교 학생, 조희경 공무원, 허정윤 창업가)과 2017년 프로젝트 착수 때 함께 고생했던 인토피아 초기 멤버들에게 심심한 감사의 인사를 올린다.

현재 20대, 30대 청년 세대들로 치열하게 살아가면서 직접적으로 느끼고 공감하며, 이제는 희망이 생겨나길 바라는 마음으로 강재혁, 김진성, 박기준, 구건회, 정상원 님이 이 책의 완성도를 위해 많은 도움을 주셨다. 진심으로 감사 인사를 드린다.

☆ ★ ☆ ★

　프롤로그를 쓰는 지금, 결과의 부족함을 스스로 밝히는 바이다. 청년들의 실태와 인식을 분석하고, 이를 기반으로 '청년들이 희망을 품을 수 있는 전략과 실천 과제, 대안'을 제시하였지만, 여전히 채워지지 못한 부분이 많다. 정책을 단순히 나열한 것에 대한 한계, 체계성의 부족을 통감한다.

　그러나 우리가 제안한 청년 정책 프레임 워크의 순서와 접근법 등을 포함해서 청년 정책이, 그리고 미래 대한민국을 위한 대안이 '희망'을 근간으로 논의되고 공론화되기를 바란다. 이 책을 토대로 2020년, 2021년, 그리고 5년 후, 10년 후 지속적으로 청년 사회 문제가, 국가가 나아가는 방향이 전혀 다른 양상으로 펼쳐지기를 진심으로 바란다. 늦지 않은 미래에, '청년을 위한 대한민국'를 기대해본다!

CONTENTS

■ ● ▲

■ ● ▲

가정을 양립하게 하여 업무의 효율을 높이고, 근로자의 만족도를 높인다 | 부분 실업급여 제도 도입으로 누구나 일한 만큼 혜택을 받는다 | 소득나눔형 학자금 대출 상환 제도를 도입한다

청년들이 글로벌 인재가 될 수 있도록 해외 진출을 지원한다 | 삶의 질을 높이고, 성인의 스트레스 해소와 효율성을 위해 모든 기업의 작업환경 변화를 유도한다 | 청년 예술인 대상으로 한국 고유의 문화예술 프로그램에 대한 해외 진출 지원을 강화한다 | 해외로 진출하는 청년 스타트업의 해외·국내 간 판권에 대한 저작권 보호를 위해 법률 서비스를 지원한다

가벼운 창업 시대, 1인 청년 기업가를 육성한다 | 4차 산업 관련 스타트업의 해외 진출 지원을 강화한다 | 지역 유휴공간을 활용한 청년(셰어) 오피스를 활성화한다

제대군인의 사회적 연결성을 높이기 위해 체계적 교육 지원 시스템을 구축하고, 군·민 경력 연계를 강화한다 | 휴먼 라이트를 중심으로 한 출산 장려 대책으로 엄마아빠도 살기 좋은 사회를 실현한다 | 미혼모(부)에 대해 출산, 육아, 보육 등 가족계획 지원을 강화한다

기업의 윤리를 평가하는 시스템을 구축한다 | 취약계층의 사병 가족에게 군 병원의 긴급 의료 지원 및 긴급 생계 대출 제도를 도입한다

중앙·지방정부 간 정책 전달 체계를 확립하고 지역 차원의 민관 협력 거버넌스를 구축한다 | 국회의원, 지자체장, 정부 국가기관의 평가지수를 개발하고 평가 점수를 공개하여 정치 신뢰도를 높인다 | 전문 정치인을 육성한다 | 지자체 위원회 내 청년 참여 비율을 30%로 확대한다

청년이
꿈꿀 수 있는
대한민국을
원한다

대한민국의 위기
그리고 청년

■ ● ▲

제1장 ●○ 떠나고 싶은 대한민국

1

왜 대한민국은
헬조선이 되었는가?

청년들이 바라보는 대한민국은 어떤 모습일까? 도
대체 어떤 모습이기에 자신들이 사는 국가를 '헬조선'이라 말
하는가? 언론과 미디어에서는 청년 실업난과 아르바이트조차
찾기 어려워 편의점에서 저렴한 식사를 하고, 학자금에 힘들
어 하는 청년들의 모습을 다루고 있다. 그러나 언론 속에서의
모습은 이 시대를 살아가는 청년들의 단면적인 모습일뿐이다.
모두 청년들의 어려운 '상황'만을 주목하고 있을 뿐 청년들의
속마음을 궁금해하지 않는다. 문제의 해결은 바로 여기에 있
다. 청년들이 말하는 진짜 자신들의 이야기, 그리고 21세기를
살아가며 느끼는 감정들, 이것이 바로 대한민국 사회를 변화
시킬 수 있는 첫걸음이며, 청년 문제를 풀어내 역동적인 국가
모습을 만들어낼 수 있는 유일한 방법이다.

2017년 180일 동안 직장인부터 창업가, 취업준비생까지 전

국에서 다양한 청년들을 만났다. 부산을 시작으로 경남, 울산, 대구, 대전, 광주, 강원도 등 전국을 돌며 청년들의 생생한 이야기를 들을 수 있었다.

뿐만 아니라 청년들에게 현실적인 데이터를 얻기 위해 전국 17개 시·도 남녀 1,003명의 청년(15~39세)을 대상으로 실태 조사도 진행했다(2017년 7월 16일부터 8월 20일까지 실태 조사를 진행하였다). 총 70개 설문 문항을 통해 청년 인식(삶의 성공관, 희망관, 사회관, 직업관 등)과 실태(주거 형태, 경제 상황, 심리 상태 등), 청년 정책에 대한 체감도 및 만족도 조사, 정책의 우선순위 등에 대한 구체적인 수치를 얻을 수 있었다. 또한 다양한 분야의 전문가에게도 자문을 구해 내용의 전문성을 높이고자 하였다.

미래에 대한 불안감, 권위적인 분위기에 숨이 막혀요

5명 중 4명의 청년이 '대한민국을 떠나고 싶다고 생각해 본 적이 있다'고 대답했다. 국가의 성장과 발전의 원동력이 되어야 할 청년들이 내가 태어나고 자란 모국에서 떠나고 싶다고 한다. 쉽게 넘길 수 있는 이야기가 아니다. 응답자의 81%에 이르는 청년들의 생각이다. 굳이 비행기를 타지 않고도 클릭

한 번으로 전 세계가 연결되는 삶에 익숙한 청년들에게는 다른 국가들이 낯설지 않다. 오히려 대한민국은 좁다고 느껴지기까지 한다. 마음만 먹는다면 '대한민국을 떠나는 것'이 전혀 어렵지 않다. 갈수록 저출산 고령화 문제가 심각해지고 있다. 그 와중에 청년들마저 대한민국을 떠난다면? 젊은 사람들이 떠나고 싶어 하는 나라의 미래는 절대 희망적일 수 없다.

잦은 회식과 술을 강요하는 문화는 여전히 존재해요.
과거보다는 확실히 나아졌지만, 상사들이 술에 취하면
여전히 '술을 왜 안 먹느냐'며 술 마시기를 강요해요.
'나 때는 그렇지 않았는데'라는 반응도 여전합니다.
일을 할 때에도 절대로 상사에게 반대 의견을 제시할 수 없어요.
권위적인 문화에 숨이 막혀요.
– 20대 청년

왜 청년들은 대한민국을 떠나고 싶어 하는 것일까? 경쟁적이고 권위적인 사회 분위기, 노력해도 나아지지 않을 것 같은 미래에 대한 불안감이 국가를 신뢰하고 애정할 수 없게 만들고 있다. 특히 남성보다는 여성이 더 높은 비율로 대한민국을 떠나고 싶다고 생각해본 적이 있다고 대답했다. 10명 중 10명 모두가 대한민국을 떠나고 싶다고 대답하게 될 날이 멀지 않았다.

| 대한민국을 떠나고 싶다고 생각해본 적이 있다면 그 이유는 무엇입니까?

	전체	성별	
		남성	여성
경쟁적이고 권위적인 사회 분위기	32.1%	31.4%	33.0%
노력해도 나아지지 않을 것 같은 미래에 대한 불안감	24.2%	22.0%	27.3%
사회 양극화로 인해 느끼는 상대적 박탈감	14.7%	14.7%	14.7%
학벌, 성별 등에 따른 차별적 관행	10.1%	7.6%	13.7%
합계	81.1%	75.7%	88.7%

대한민국에서의 경쟁, 공정하지 않다

우리는 태어나는 순간부터 다양한 루트를 통한 교육 과정을 거치면서 끊임없이 경쟁하며 살아간다. 순간마다 점수에 따라 등수가 매겨지고 대학 과정 내내 취업의 좁은 문을 뚫기 위해 스펙을 장착하며 친구들과 경쟁한다. 현대 사회에서 경쟁은 불가피하다. 그러나 여기에서의 문제는 그 경쟁의 과정과 결과가 공정하지 않다고 느껴지는 것에 있다(특혜채용, 채용비리 등 실제 불공정한 경쟁 사례들도 많다). 청년 10명 중 8명이 '한국 사회는 공정하지 않다'고 대답했다. 매우 공정하다고 대답한 청년은 응답자 중 단 0.5%에 불과했다.

공공기관 직원 한 명 뽑는 자리에 수십 명, 수백 명이 지원해요.
합격하는 그 한 사람은 도대체 누굴까요?
열심히 노력해서 스펙을 쌓았고, 잘 봤다고 생각한 면접에서
연달아 떨어지는 그때부터 불신이 생겨나기 시작하죠.
지금 사회는 가진 자들에게 굉장히 유리한 구조예요.
기회가 공정하게 주어진다고 생각하지 않아요.

– 30대 청년

나의 노력이 공정하고 올바르게 평가될 것이라는 믿음과 신뢰가 없다. 경쟁에서 선택받는 대상은 노력으로 인한 결과보다는 내 능력과는 별개로 주어진 특정 조건으로 인해 얻어진 결과가 많다고 느낀다. 열심히 노력해서 갖게 된 수많은 스펙과 경험들을 이력서에 채워 넣었지만, 번번이 실패하고 낙오한다. 수많은 실패와 좌절 속에 자신감마저 잃어버린다. 심리, 정서적으로 불안하고 위축된 상태에서 힘을 내 도전하지만, 또다시 실패하고 만다. 악순환의 고리에 빠지게 되면 더 이상 도전할 힘도 남지 않게 된다.

다음의 그래프는 '한국 사회가 공정하다고 생각하십니까?' 라는 질문에 '매우 공정하다, 대체로 공정하다, 대체로 불공정하다, 매우 불공정하다'의 총 4가지 문항 중에 '대체로 불공정하다'와 '매우 불공정하다'라는 응답 비율을 합하여 응답자의

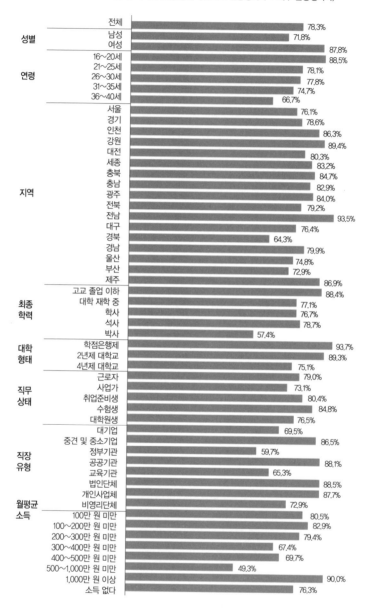

	▨ 한국 사회는 불공정하다(대체로 불공정하다 + 매우 불공정하다)	

	전체	78.3%
성별	남성	71.8%
	여성	87.8%
연령	16~20세	88.5%
	21~25세	78.1%
	26~30세	77.8%
	31~35세	74.7%
	36~40세	66.7%
지역	서울	76.1%
	경기	78.6%
	인천	86.3%
	강원	89.4%
	대전	80.3%
	세종	83.2%
	충북	84.7%
	충남	82.9%
	광주	84.0%
	전북	79.2%
	전남	93.5%
	대구	76.4%
	경북	64.3%
	경남	79.9%
	울산	74.8%
	부산	72.9%
	제주	86.9%
최종 학력	고교 졸업 이하	88.4%
	대학 재학 중	77.1%
	학사	76.7%
	석사	78.7%
	박사	57.4%
대학 형태	학점은행제	93.7%
	2년제 대학교	89.3%
	4년제 대학교	75.1%
직무 상태	근로자	79.0%
	사업가	73.1%
	취업준비생	80.4%
	수험생	84.8%
	대학원생	76.5%
직장 유형	대기업	69.5%
	중견 및 중소기업	86.5%
	정부기관	59.7%
	공공기관	88.1%
	교육기관	65.3%
	법인단체	88.5%
	개인사업체	87.7%
월평균 소득	비영리단체	72.9%
	100만 원 미만	80.5%
	100~200만 원 미만	82.9%
	200~300만 원 미만	79.4%
	300~400만 원 미만	67.4%
	400~500만 원 미만	69.7%
	500~1,000만 원 미만	49.3%
	1,000만 원 이상	90.0%
	소득 없다	76.3%

인적사항에 따라 표시한 것이다.

한국 사회가 불공정하다(대체로 불공정하다 + 매우 불공정하다)고 응답한 비율이 여성의 경우 87.8%로 남성보다 무려 16%나 높게 나타났다. 또한 30대 청년보다 20대 청년들이 더욱 '한국 사회가 불공정하다'고 느끼고 있었다.

수많은 청년들이 노량진으로 향한다. 그들은 '공무원 시험만이 나의 노력을 가장 공정하게 평가받을 수 있는 유일한 방법이다'라고 말한다. 2019년 서울시 공무원(제1회) 행정직군 경쟁률은 84 : 1이었다. 7급 일반 행정의 경쟁률은 90.8 : 1로 가장 높았다. 185명이 선발되는 자리에 16,795명의 청년들이 지원한 것이다. 희박한 확률임에도 불구하고 공무원 시험을 선택하는 청년들의 모습은 그저 안정만을 취하려는 무기력함이 아닌 내 노력을 제대로 보상받아 더 이상 실패하고 싶지 않은 절박함의 표상이다.

불공정한 사회 구조, 계층 상승을 어렵게 만든다

사회의 공정성은 계층 이동에도 영향을 준다. 실제로 한국 사회가 불공정하다고 느낄수록 10년 후 본인의 계층 상승이 불가능할 것이라고 생각하는 경향이 짙다. 대한민국이 헬조선이라고 불리는 근본 원인도 여기에 있다. 미래에는 지금보다 더 나아질 것이라는 기대감, 노력하면 성공할 수 있다는 가능성이 존재하지 않는 사회는 그야말로 늪과 같다. 이미 설계된 사회 구조 속에서 청년들은 사회가 공정하지 않기 때문에 개인의 힘만으로는 고착화된 계층의 격차를 넘어설 수 없다고 말한다. 여기서 계층의 격차는 경제적 상황에 따른 차이를 내포한다. 실제로 월 평균 소득이 높을수록 계층 상승이 가능하다고 대답한 응답 비율이 높았다.

| 한국 사회의 공정성과 계층 상승의 상관관계

		10년 후 본인의 계층 상승	
		가능하다	불가능하다
월 평균 소득	500만 원 이상	100.0%	–
	400~500만 원 미만	90.0%	10.0%
	300~400만 원 미만	75.0%	25.0%
	200~300만 원 미만	70.1%	29.9%
	100~200만 원 미만	76.2%	23.8%
	소득 없다	71.4%	28.6%

대한민국 사회, 완전히 바뀌어야 한다

이대로는 안 된다. 대한민국은 바뀌어야 한다. 변화와 혁신이 없는 조직은 퇴보하고 몰락할 수밖에 없다. 국가도 마찬가지이다. 대한민국 사회가 얼마나 바뀌어야 하느냐는 질문에 82.8%의 청년들이 7점 이상(10점 만점)으로 응답했다. 다른 세대에 비해 청년들은 변화에 민감하다. 시대가 어떻게 변화하고 있는지 빠르게 체감한다. 반면, 우리 사회가 얼마나 변화에 둔감하고 정체되어 있는지 본능적으로 느끼는 세대이다. 청년들의 생동감 있는 에너지가, 새로운 것에 도전하고 혁신하려는 의지가, 여전히 구태의연한 사회 구조와 구시대적 인식에 가로막혀 앞으로 나아가지 못하고 있다.

| 대한민국 사회가 얼마나 바뀌어야 합니까?

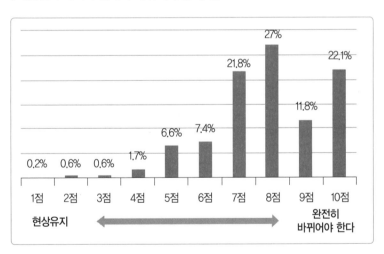

심각한 취업난과 갈수록 높아지는 주거비와 생활비, 아르바이트조차 찾기 어려워지고 노력해도 나아지지 않는 현실에 좌절하는 상황이 장기화되고 있다. 내가 아닌 특별한, 소수의 사람들만 잘 사는 국가와 사회가 되어버렸다고 느낀다. 평범한 가정에서 평범하게 살아온 청년들에게 기회는 턱없이 부족하고 결과는 공정하지 않다. 울타리가 되어줘야 하는 국가는 제대로 된 역할을 하지 못하고 있고, 혼자만의 힘으로 할 수 있는 것은 아무것도 없다고 느낀다. 더 이상 청년들은 국가와 사회를 신뢰하지 않는다. 내가 태어나고 자란 나라에 대해 그 어떠한 자긍심과 자부심을 느끼지 못한다. 팀으로 표현해보자. 팀 내 팀원으로서 내가 할 수 있는 역할이 주어지고, 그 역할을 수행하는 과정에서 어려움을 같이 극복하고 해낼 때 비로소 소속감을 느낄 수 있다. 지금의 청년들은 대한민국에서 그 어떠한 역할도 부여받지 못한 채 답답해하고 좌절감을 느끼며 홀로 부유하고 있다.

TV에서 연일 청년 실업 이야기를 하지만
내 이야기는 아니라고 생각했어요.
나에게는 아직 희망이 있다고 생각했고,
자신 있게 도전했죠.
취업에 실패하는 순간 '아…… 내 이야기구나' 싶었어요.
좌절하게 되는 것은 한 순간이에요."
- 30대 청년

지금의 청년들은 사회에서 역할을 할 기회도 갖지 못하고 있을뿐더러, 용기를 갖고 도전해도 그 과정에서 겪는 어려움과 실패는 오롯이 자신의 몫이다. 홀로 싸우고 있다고 생각하며, 많은 청년들이 외로워하고 있다. 정책의 가짓수가 중요한 것이 아니다. 청년들이 진정으로 원하는 것이 무엇인지 관심을 가지고 그 도전을 지지해주는 진정성 있는 마음, 실패해도 기다려주고 다시 일어서서 도전하는 것이 가능한 환경, 이것이 중요하다. 청년들을 모아놓고 이야기만 듣고 마는 표면상의 '소통'이 아니라 진짜 청년들이 자신의 목소리를 낼 수 있도록 도와주고, 그들이 무엇을 원하고 있는지에 대해 진심으로 궁금해해야 한다. 어떤 한 청년은 이야기한다. '청년의 이야기를 들어주는 곳은 많아졌지만, 실제로 그 문제를 해결하기 위해 발 벗고 나서는 이는 없다고'. 특정 집단의 이익을 얻기 위한 수단으로 청년 문제를 이용하는 것이 아니라 청년들이 청년답게 도전하며 활력 있게 살아가는 데 목적을 두고 정책을 설계하는 과정과 사회 시스템이 정렬되어야 한다. 국가, 정부, 사회, 개인 모두가 이러한 전제 속에 방향을 일치시켜야만 가능한 일이다.

| 각 주체에 대한 신뢰도

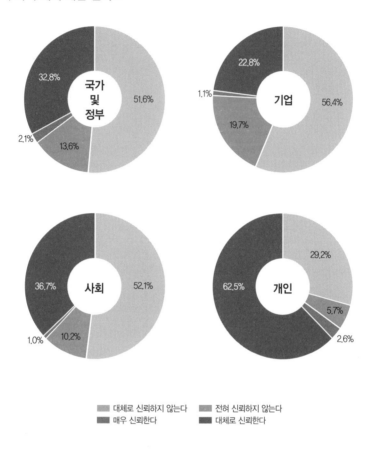

국가 및 정부
51,6%
32,8%
2,1%
13,6%

기업
56,4%
22,8%
1,1%
19,7%

사회
52,1%
36,7%
1,0%
10,2%

개인
29,2%
62,5%
5,7%
2,6%

■ 대체로 신뢰하지 않는다　■ 전혀 신뢰하지 않는다
■ 매우 신뢰한다　■ 대체로 신뢰한다

2

청년,
어떻게 살아가고 있는가?

청년은 순수한 상태의 백지라고 생각해요.

각 개인의 능력과 관심 여부에 따라 진로를 선택하고

자신만의 미래를 얼마든지 그려나갈 수 있는 깨끗한 백지,

바로 그 상태가 청년과 같아요.

– 20대 청년

　　대한민국에서 살아가는 청년은 어떻게 표현될까? 대부분의 사람들은 청년青年이라는 단어에 긍정의 이미지를 많이 투영시킨다. 청년이라면 당연히 도전과 열정으로 가득하여야 한다고 생각하고, 청년 스스로도 열정, 패기, 의지, 젊음 등의 단어가 익숙하다. 그러나 실제로 대한민국 청년들이 살아가고 있는 모습은 우리가 통상적으로 떠올리는 긍정의 이미지와는 매우 다르다. 청년이라는 단어의 연관어로 실업과 공무원을 말하는 경우는 그나마 다행스럽다고 느껴질 정도이다.

'패배자' '일벌레' '소모품' '한숨' '제자리' 등 매우 부정적인 단어는 물론이고 어떤 이는 '청년'이라는 단어가 이 시대를 살아가는 젊은이들에게는 어울리지 않는 단어라고 말한다. 패배자로, 소모품으로 살아가는 이들에게 사전적으로 긍정적 의미인 '청년'은 적합하지 않다는 것이다.

다른 한 청년은 '속이 비어있는 큰 가방'이라고 청년을 표현하였다. 큰 가방은 필요한 물건들을 많이 담고 다닐 수 있다.

| 청년 하면 떠오르는 단어는 무엇입니까?

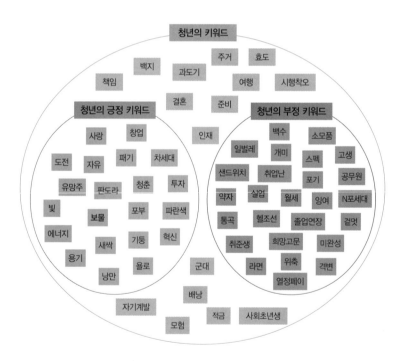

큰 가방과 같이 청년은 무한한 가능성을 담아낼 수 있다. 그러나 여기에서의 가방은 '속이 비어있는' 큰 가방이다. 그 어떠한 가능성도, 내 스스로의 목표와 꿈도, 내 미래도 온전히 가질 수 없는 청년들의 현실을 대변한다 할 수 있겠다. 자신만의 미래를 얼마든지 그려나갈 수 있는 순수한 상태의 백지 상태로 청년을 표현하며 희망을 품고 살아가는 청년들도 분명 있다. 그러나 무엇 하나 선명하게 그려낼 수 없는 회색빛, 혹은 검정색에 가까운 종이를 들고 서 있는 청년들에게 무언가를 그려나갈 수 있도록 종이를 바꿔주고 밝은 색의 펜을 건네줘야 하는 것 또한 정부와 사회의 역할이다.

불안하고 무기력한 대한민국 청년들

대부분의 청년들은 불안했고 무기력했으며 우울했다. 대한민국 청년들이 한 해 동안 가장 많이 느낀 감정에 대해 조사를 진행한 결과 자신감, 기대감, 뿌듯함과 같은 긍정적인 감정보다는 부정적인 감정이 높은 순위를 차지했다. 모든 것은 마음으로부터 온다. 긍정적인 마인드를 지닌 환자들의 완치율이 높듯이 청년들의 긍정적인 감정은 개인 관점에서는 어려움을 극복하는 회복 탄력성을 갖게 하며, 국가 관점에서는 역동성 넘치고 지속가능한 사회 발전의 원동력이 된다. 현재의 부정적이고 정적인 청년들의 심리 상태는 대한민국 사회가 활력을 잃어가는 주요한 이유 중 하나라고 볼 수 있다.

더욱 문제인 것은 취업준비생 뿐만 아니라 취업에 성공하여 회사를 다니는 직장인이어도, 정규직 직원이어도 안정감이나 기쁨보다는 불안하고 우울하며 무기력함을 느낀다는 것에 있다. 청년 근로자(직장인 등)에게 질문한 결과 43.6%나 되는 청년들이 불안함을 가장 많이 느꼈으며, 정규직으로 근무 중인 청년들 또한 39.8%가 무기력감을 가장 많이 느꼈다고 답했다. 일자리가 생긴다고 해서, 정규직이 된다고 해서 부정적인 감정 상태가 긍정적인 상태로 쉽게 바뀌지 않는다는 의미이다.

| 2017년 한 해 동안 가장 많이 느낀 감정은 무엇입니까?(3개 복수 응답)

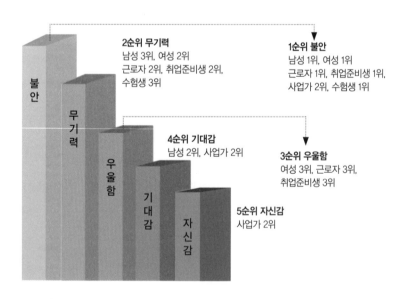

2순위 무기력
남성 3위, 여성 2위
근로자 2위, 취업준비생 2위,
수험생 3위

1순위 불안
남성 1위, 여성 1위
근로자 1위, 취업준비생 1위,
사업가 2위, 수험생 1위

4순위 기대감
남성 2위, 사업가 2위

3순위 우울함
여성 3위, 근로자 3위,
취업준비생 3위

5순위 자신감
사업가 2위

불안

무기력

우울함

기대감

자신감

내가 좋아하는 일을 하는 삶이 성공한 삶이다

불안한 심리 요소와 무기력감은 안도감이나 확신이 없어진 상태에서 내 스스로 할 수 있는 일이 아무것도 없다고 여겨질 때 오는 감정이다. 그리고 반복되는 실패의 경험과 심리적 좌절감이 이러한 부정적 감정을 고착화시킨다. 21세기를 살아가는 청년들은 그 어느 시대보다 주체성이 강하고 자신이 원하는 일을 하며 살아가기를 원한다. 삶을 살아갈 때 가장 중요하게 생각하는 가치가 무엇인지 질문을 한 결과 청년 2명 중 1명이 개인의 주체적인 삶이라고 응답했으며, 최근 가장 많이 하는 고민 역시 자기계발 및 자아실현이라고 답했다.

청년들의 이러한 인식 전환은 성공한 삶을 판단하는 기준에서도 드러난다. 30%에 가까운 청년들이 자아실현과 자아성취, 즉 내가 좋아하는 일을 하고 있을 때 성공한 삶이라고 생각한다고 대답했다. 2순위로는 행복하고 화목한 가정(27.2%)을, 3순위로는 경제적 성공(22.9%)을 꼽았다. 청년 세대를 중심으로 사회의 새로운 가치 전환이 이루어지고 있다.

성공과 같은 추상적인 개념뿐만 아니라 일자리와 같은 현실에서도 이러한 가치 전환의 사례는 도드라진다. '좋은 일자리의 조건'을 묻는 질문에 개인 생활과 여가가 보장되는 일자리, 능력에 따라 공정하게 인정받는 일자리, 미래 성장 가능성이

| 청년들이 생각하는 좋은 일자리의 조건

개인 생활 및
여가의 보장
27.6%

능력에 따라
공정하게 인정받는
일자리(승진 등)
16.5%

미래 성장 가능성이
높은 일자리
12.0%

임금이 높은
일자리
10.8%

위계적이지 않고
수평적인 조직 문화
9.4%

적절한 근로시간
9.2%

고용의 안정성이
보장되는 일자리
8.8%

사회적으로
존중 받는 일자리
(명예, 가치 실현 등)
5.8%

높은 일자리를 우선으로 꼽았다. 임금이 높은 일자리라고 답한 청년은 10명 중 1명에 그쳤다. 고용의 안정성이 보장되는 일자리와 적절한 근로시간을 선택한 청년도 소수에 지나지 않았다. 요즘 청년들은 단순히 짧게 일하면서 안정적이기만 한 일자리를 원하는 것이 아니라, 나만의 생활과 개인의 주체성이 유지되고 내 노력만큼 공정하게 인정받을 수 있는 일자리를 좋은 일자리라고 여기는 것이다.

청년들이 말하는 대한민국 청년으로서 해야 할 역할과 자세도 '주체적인 삶과 목표를 위해 도전하는 자세'라고 이야기한다. 공무원 시험에 몰리는 청년들을 보고 일부는 '도전 정신이 부족하다'고 말한다. 그러나 이는 지극히 사회의 단면적인 현상만을 바라보고 결론을 내린 오류이다. 그 누구보다 청년들 스스로가 도전하여 성과를 이뤄내고, 성장하고 싶어 한다. 나만의 꿈과 목표를 세워 성취하고 싶어 한다. 한창 하고 싶은 것도 많고, 먹고 싶은 것도 많은 혈기왕성한 나이에 어느 누가 고시촌에 들어가 하루 14시간 이상을 책상 앞에 앉아 공부만 하고 싶을까. 공딩족이라는 신조어도 심심치 않게 등장하는데 '공무원 시험을 준비하는 고등학생'을 이르는 말이다. 학교 밖 사회를 경험해 보지도 않은, 채 20살도 되지 않은 고등학생조차 공무원 시험에 매달리는 사회, 이것을 단순히 한 개인의 열정과 도전적 자세가 부족하다고만 보기는 어렵지 않을까?

| 대한민국 청년으로서 해야 할 역할과 자세

3

청년들이 말하는
대한민국의 문제는 무엇인가?

한국 사회에서 가장 불평등한 요소는 소득과 재산이다

청년들이 생각하는 가장 시급히 해결해야 하는 사회 현안은 무엇일까? 분석한 결과 연령대에 따라 다소 차이가 있었다. 21~25세의 청년들은 일자리 창출과 안정(64%)을 가장 시급히 해결해야 한다고 대답했지만, 31~35세 청년들은 서민, 중산층 소득 기반 확대 등에 따른 생활 안정(43.4%)을 가장 많이 꼽았다. 일자리 문제가 시급히 해결해야 할 사안이라는 점에 대해서 부정할 사람은 없을 것이다. 그러나 소득 기반의 생활 안정과 사회·경제적 양극화 문제 역시 일자리 문제와 거의 대등하게 다뤄져야 하는 주요한 사안이다. 일자리를 가져도 소득 안정화가 이루어지지 않고 있으며 사회·경제적 격차 간극이 벌어짐에 따라 오는 사회적 갈등과 심리적 박탈감이 사회 분위기를 저해함과 동시에 발전도 늦추고 있다.

	주된 응답(1순위)	복수 응답 (1+2+3순위)
일자리 창출 및 안정	29.0%	59.1%
사회, 경제 양극화 해소	11.9%	34.8%
경제 활성화	10.7%	40.2%
저출산과 육아, 보육 문제 해결	9.8%	34.1%
서민, 중산층 소득 기반 확대 등 생활 안정	9.5%	38.1%
국가 및 정치적 신뢰 회복	9.4%	28.5%
교육 문제(사교육 등)	7.2%	21.9%
세대 간 갈등 해소	6.3%	18.2%
남북외교와 안보 문제	4.8%	17.3%
에너지 및 환경 문제	1.4%	7.5%

| 시급히 대응, 해결해야 할 사회 현안은 무엇이라고 생각하는가?

10명 중 7명의 청년들이 한국 사회가 평등하지 못하다고 대답했다. 그리고 가장 불평등한 요소로 소득과 재산(54.7%)을 꼽았다. 평등은 권리, 의무, 자격 등이 차별 없이 고르고 한결같음을 의미한다. 한국 사회가 평등하지 못하다고 이야기하는 청년들은 소득과 재산으로 인해 권리와 의무, 자격의 차별이 이루어지고 있다고 느낀다. 조금 더 직접적으로 삶의 성공과 관련해 부모, 친인척의 사회적 지위와 경제력이 얼마나 큰 영향력을 미치는지 질문해보았다. 33.2%의 청년들이 매우 영향을 끼친다고 답했다. 대체로 영향을 끼친다고 대답한 청년들도 47.8%나 되었다. 전혀 영향을 끼치지 않는다고 대답한 청년들은 단 3%에 불과했다. 최순실 씨 딸 정유라 씨가 SNS에 올린

'능력이 없으면 너희 부모를 원망해. 돈도 실력이야'라는 문구는 수많은 청년을 분노케 했고, 이는 대한민국의 어두운 이면을 여실히 보여준 하나의 사례라고 볼 수 있다.

사회적 격차는 결혼까지 포기하게 만든다

사회 양극화 해소는 국가적 해결 현안으로 대두되고 있다. 청년 다수는 그중에서도 예금, 부동산 등의 자산에 대한 사회적 격차가 가장 심해지고 있다(36.9%)고 느낀다. 평생을 벌어 서울에 집 한 채 사기도 힘든 일반 청년들에 비해 이미 부모로부터 물려받은 부동산과 예금을 가진 소위 '금수저' 청년들은 그 출발선부터 다르다. 그렇게 시작한 인생의 레이스에서 평범한 청년들은 그들을 따라잡기가 쉽지 않다. 임금만으로는 높은 주거비와 생활비를 감당하기에도 벅차며, 저축은커녕 빚을 내지 않는 것이 다행일 정도로 경제적 상황은 안정되기 어렵다.

무엇보다 부동산 임대업 등을 통해 아무것도 하지 않아도 매달 임대수익이 나오고, 상속받은 예금과 주식 등으로 인해 재산이 '저절로' 축적되는 과정은 그 어떠한 임금과 소득으로도 따라잡기 어렵다. 그러다 보니 살 수 있는 주거 환경과 받을 수 있는 교육, 어떤 직업을 가질 수 있는지, 심지어 어떠한 고용 형태로 채용될 수 있는지에 대한 부분도 사회적 격차가

| 현재 대한민국 내 사회적 격차가 가장 심해지고 있는 부분은 무엇이라고 생각하는가?

	전체	연령별	
		21~25세	26~30세
자산 (예금, 부동산 등)	36.9%	33.4%	45.5%
소득	33.2%	36.7%	29.2%
주거 환경	10.4%	8.1%	11.7%
직업	7.3%	8.3%	4.7%
교육	5.1%	6.3%	4.4%
고용 형태 (정규직 등)	5.1%	5.8%	2.9%
연애, 결혼	1.4%	1.0%	1.5%
건강	0.6%	0.5%	0.3%

심화되는 것이 현실이다.

응답 비율을 분석해보면 나이에 따라 느끼는 격차도 조금씩 상이하다. 대다수 20대 후반의 청년들은 취업을 준비하거나 일을 하고 있는 경우가 많을 것이다. 일상의 교류 속에서, SNS 안에서 타인의 삶과 자신의 상황을 비교하며 소득뿐만 아니라 자산에 대한 경제적 격차를 느끼게 된다. 특히 주거 환경의 경우 연령이 높아질수록 주거에 대한 사회적 격차가 심해지고 있다고 생각하는 청년들의 비율이 높았다. 21~25세의 경우 8.1%의 청년들이 주거 환경의 격차가 심해지고 있다고 응답했으나, 31~35세의 경우 18.5%로 10.4%나 응답률이 높아졌다. 이는 본격적으로 독립과 결혼에 대한 고민을 시작하게 되는 나이인 30대 초중반의 청년들이 주거 마련을 시도하며 느끼는 격차감에서 나타나는 차이라고 보인다. 이미 사회 문제로 대두되고 있는 치솟은 주거비를 직접적으로 맞닥뜨리게 되면 많은 청년들이 낙담하며 좌절감에 빠지고 특히 결혼을 앞둔 청년의 경우 결혼을 미루거나 포기하는 상황에까지 이른다.

평균 소득을 버는 가정이 1년 소득을 한 푼도 쓰지 않고 6.9년[1]을 모아야 수도권 내에 집을 살 수 있다는 조사 결과(국토교통부, 2019)도 나왔다.[2] 온 가족이 그야말로 '먹지도 않고 숨만 쉬고' 7년을 살아야 집을 살 수 있다니. 평균 소득을 버는 가정이 7년이라면 소득이 적을 수밖에 없는 청년의 경우에는 아마 불가능에 가깝다고 느껴질 정도이다.

혼인율과 출산율에 있어 경제적 여건과 주택 및 전세 가격 등이 중요한 결정 요인이라는 점을 시사한다는 선행연구 결과(한국보건사회연구원, 2016)도 있듯이 사회적 격차로 인해 청년들은 결혼을 포기하고 출산도 포기하게 되는 상황에 놓이기도 한다.

2019년 여름을 뜨겁게 강타한 봉준호 감독의 영화 '기생충'이 생각난다. 마지막 장면에서 남자 주인공이 가족을 위해 집을 사겠노라고 밝혔던 계획은 과연 실현되었을까?

---

1 PIR(Price to Income Ratio) : 가계의 연소득 대비 주택 가격의 배수
2 국토교통부(2019), 2019년도 주거 실태 조사

청년들의 평균 한 달 소비액은 123만 원

현대 사회는 소비 사회다. 비용을 지불하고 소비하지 않으면 살아갈 수 없는 사회이다. 자급자족의 농경 사회부터 이웃과의 교환으로 삶을 영위할 수 있었던 과거와는 달리 '숨만 쉬어도' 돈이 드는 세상이다. 취업 준비를 하려 해도 돈이 너무 많이 든다. 취업 준비를 위해 지역에서 서울로 올라와 사는 청년일수록 더하다. 부모님과 함께 내가 태어나고 자란 곳에서 살면서 취업을 준비하고 싶지만 서울에 집중된 일자리와 정보의 불균형성은 주거비와 생활비라는 비용 지불을 필연적으로 야기한다.

자취, 하숙, 학교·민영 기숙사, 지역 운영학사 등 부모님과 떨어져 거주하는 청년 220명에게 월 평균 주거 비용을 물어보았다. 조사 결과 주거비(월세+관리비)만 하더라도 전국 월 평균 40만 원에 육박하며, 서울의 경우 평균 50만 원, 경북이 25만 원으로 가장 낮았다. 일을 하지 않으면 매달 나가는 고정 비용을 해결할 길이 없었다. 아르바이트로 주거비와 생활비 일부를 해결할 수는 있지만, 그로 인해 꿈과 목표를 위해 집중하는 노력과 시간은 분산될 수밖에 없다. 점점 심각해지는 취업난에 부모님과 외부의 지원 속에서 안정감 있게 준비하여 역량을 쌓아 도전하는 청년들과 비교하지 않을 수 없다. 이로

| 지역별 월 평균 주거 비용과 소비액(원)

○ 월 평균 주거 비용(월세+관리비)
● 월 평균 소비액(생활비 등)

경기도
411,923
854,684

인천
389,331
948,661

충청남도
356,211
821,496

세종
398,245
742,141

대전
352,299
744,167

전라북도
350,593
968,088

광주
358,710
698,967

전라남도
271,517
759,922

서울
508,498
1,011,475

강원도
300,000
716,290

충청북도
289,735
907,460

경상북도
251,191
568,148

대구
429,648
628,478

경상남도
335,347
1,078,633

울산
285,845
649,999

부산
350,795
566,839

제주도
575,000
1,548,239

인한 심리적 영향도 무시할 수 없다. 경쟁에서 실패한다면, 길어지는 취업 준비 기간 만큼 부모님 등으로부터 지원받을 수 있는 길은 적어지게 되며, 아르바이트로 생활비와 주거비를 충당하며 취업 준비를 할 수밖에 없는 악순환에 빠지게 된다.

주거비뿐만 아니라 식비, 교통비 등 생활에 소요되는 소비 금액에 대해, 전국 월 평균 83만 원으로, 서울에 사는 청년의 경우 100만 원, 경북과 부산에 사는 청년의 경우 월 평균 56만 원의 생활비가 소요된다고 밝혔다. 전국 평균값으로 계산해보면 한 명의 청년이 한 달을 살기 위해서는 주거비와 생활비를 포함하여 123만 원이 필요한 셈이다. 특히 주거비의 경우 당장 매월 정해진 날짜에 맞춰 현금으로 소비되어야 하는 항목으로, 유예할 수 없는 금액이다.

앞에서 밝힌 지역별 월 평균 주거 비용과 월 소비액의 경우 응답자 청년 중 결혼 여부와 자녀의 유무 요인에 따라 주거, 생활비에 대한 소비금액에 차이가 있음을 참고하기 바란다.

희망이 있는 삶을 위해서는 경제적 안정이 제일 중요하다

지역에서 올라와 부모님과 떨어져 서울에서 살고 있는 한 청년의 예를 들어보자. 다행히도 지원서를 넣은 4곳 중 한 곳에 인턴으로 합격해 월급을 받기 시작했다. 월급은 오를 기미가 보이지 않고 저축은커녕 학자금 대출은 원금을 상환하기조차 버겁다. 그렇게 한 달을 보내며 주거비, 생활비, 학자금 이자를 빼고 수중에 남는 돈은 단 3만 원. 다소 극단적인 사례라고 보일 수 있겠으나, 청년 1,003명을 대상으로 실시한 실태조사와 40여 명의 인터뷰를 기반으로 재구성한 내용이다. 과연 이들에게 미래에 대한 희망을 그릴 여유가 있을까? 이들에게 가정을 꾸리고 삶을 즐기면서 활기찬 내일을 기대하라고 할 수 있을까?

이들 중 32.6%의 청년들은 경제적 안정이 희망이 있는 삶을 위한 최소한의 요건이라고 말한다. 내가 원하는 꿈과 목표가 미래에 잘될 것이라는 기대감과 가능성을 갖기 위해서는 적어도 경제적 안정이 수반되어야 한다는 의미이다. 결국 최소한의 요건을 채울 수 있도록 도와주는 정책이 시행될 때 청년들은 희망을 가지고 도전할 수 있게 되는 것이다.

여기서의 경제적 안정은 '돈이 필요하다'는 단순한 개념이 아니라 매달 소요될 수밖에 없는 생활비, 부채 등으로부터의 경제적 안정을 말한다. 적어도 몇 달은 매달 소요되는 금액을 지출할 수 있는 대비가 되어 있어 돈을 구하려고 전전긍긍하지 않아도 되는 심리적 안정감이 포함된다.

경제적 안정이 최소한의 요건이라고 말하는 청년들은 특정 계층에 국한되지 않는다. 직장의 유형(대기업, 중소기업 등), 직장 내 계약 형태(정규직, 비정규직 등), 근로자와 취업준비생 상관 없이 모두 경제적 안정을 1순위로 선택했다. 일반 근로자들의 경우 월급만으로는 상승하는 물가와 주거 등의 소비액을 감당하기 어렵다. 대부분의 가계에서는 부채를 갖게 되며, 이로 인해 매달 감당해야 하는 이자도 상당하다. 취업준비생, 수험생은 일정 수입이 없는 상태이기 때문에 더욱 열악한 상황에 놓인다. 하루하루 돈에 치여 현실을 고민하는 청년들에게 희망은 사치로 여겨질 뿐이다.

| 희망이 있는 삶을 위한 최소한의 요건은 무엇인가?

	복수 응답 (1+2+3+4순위)	직무 상태별 주된 응답(1순위)	
		근로자	취업준비생
경제적(부채, 생활비) 안정	81.1%	35.9%	31.4%
일자리, 취업의 공정한 기회	57.8%	14.4%	22.4%
자기존중, 자존감	47.7%	10.8%	10.4%
안정적인 주거	45.4%	8.2%	7.7%
자기만의 목표, 꿈	45.1%	12.8%	13.9%
정서적, 심리적 안정	37.7%	6.2%	7.3%
학습, 교육의 평등한 기회	30.4%	3.8%	3.4%
가족, 연인, 지인의 격려와 안정	29.9%	4.6%	0.6%
치안, 위협으로부터의 안전	23.9%	3.3%	2.8%

빚을 지지 않고는 살아가기 어려운 대한민국

가계부채 문제가 심각하다. 청년들도 예외는 아니다. 964명 중 277명의 청년들이 본인 명의의 채무를 가지고 있다. 21~25세 청년들은 20.5%만이 채무를 갖고 있지만, 31~35세로 연령대가 높아질수록 비율이 48.4%까지 올라간다. 30대가 되면 2명 중 1명은 채무를 지게 되는 것이다. 채무를 지고 있는 청년

| 채무에 대한 청년들의 실태

중에서 채무 금액이 5,000만 원 이상이라고 응답한 청년들도 13.2%에 달한다. 빚을 지지 않고는 살아가기 어려운 사회이다. 학자금, 주거비, 생활비 등 살아가는 데 필수적으로 들 수밖에 없는 비용이 한 개인이 정당한 방법으로 노력해서 벌어들이는 소득으로 감당할 수 없는 한계치에 도달했다는 의미이다.

청년 10명 중 4명은 경제적 부담 때문에 식사를 거르거나 생필품을 사지 못한 적이 있다고 고백한다. 편의점 도시락이 유행하고 한 끼에 6,000원인 한식 뷔페가 늘어나는 이유도 먹는 것에 최소한으로 지출을 줄이려 노력하는 사람들이 많아졌음을 의미한다.

어른들 말씀처럼 먹을 것이 없어 굶어 죽는 시대는 아니다. 그러나 식사비용마저도 부담이 돼, 되도록 저렴한 음식을 먹거나 식사를 거르는 청년들이 37.4%나 존재한다. 반면 한 끼에 몇 십만 원, 몇 백만 원을 소비하는 사치스러운 생활을 즐기는 사람도 너무나 많다. SNS 등 각종 미디어를 통해 우리는 그들의 삶을 생생하게 마주한다.

넘어설 수 없는 경제적 간극은 생활 곳곳에서 드러나며, 그 격차는 도저히 개인의 힘으로는 넘어설 수 없게 되어버렸다. 소비를 하지 않으면 살아가기 어려운 사회에서 빈번하게 느끼는 사회적 격차와 박탈감은 긍정적인 미래를 꿈꿀 수 없게 만든다.

제2장 ●○ 살고 싶은 **대한민국**

1

청년이 느끼는 희망,
그리고 대한민국

30대가 되면서 희망이 많이 사라졌어요.

이 나라에 사는 우리 또래 중에 자기가 정말 하고 싶은 일을 하며

사는 사람이 얼마나 될까요? 현실에 부딪히니 자신감이 많이 사

라졌어요. 겁쟁이가 되었어요. 도전이 두려워요.

– 30대 청년

대한민국 청년들은 얼마나 희망이 있다고 느끼면서
살아갈까? 본인의 미래에 대해 얼마나 기대하고 설레는 마음
으로 살아가고 있을까? 실제 언론에서 연일 보도되는 암울하
기만 한 청년들의 삶이 아닌 일상을 살아가고 있는 내 주위 청
년들의 이야기를 듣고 싶었다.

여기에서의 희망은 '향후 잘될 것이라는 기대감 또는 가능
성'이라는 의미를 담았다. 전국 청년 1,003명을 대상으로 조사
를 실시한 결과 본인의 미래에 대한 희망 지수를 10점 만점에

평균 7.45점으로 응답하였다. 비교적 많은 청년들이 자신의 미래를 희망적으로 보고 있었고, '향후 잘될 수 있다'라는 기대감을 갖고 있었다. 아직은 대한민국 청년들이 전부 무너지지 않았다는, 아직은 버틸 힘이 남아있다는 방증이다. 그러나 이는 그야말로 버틸 힘 정도에 불과하다. 실제로 본인의 희망 지수를 높게 평가한 이유에 대해서, 아직은 자신이 젊고 어리기 때문에 최대한 긍정적으로 생각하며 노력하고 싶기 때문이라고 이야기했다.

10점 만점에서 1~3점에 해당하는 '전혀 희망이 없다'고 대답한 청년(4.4%)을 살펴보자. 남성(3.8%)보다는 여성(5.4%)이 1~3점으로 응답한 비율이 다소 높았다. 또한 연령별로 분석한 결과 21~25세의 청년(4.3%)보다는 31~35세 청년(8.3%)일수록 자신의 희망 지수를 1~3점으로 표현한 비율이 높았다.

인터뷰를 진행해보면 20대에서 30대로 넘어가면서 희망 점수가 줄어든 것 같다고 이야기하는 청년들도 많았다. 희망을 가지고 긍정적으로 도전해도 성공하기 어려운 것이 현실이다. 실패해도 의지를 가지고 다시 도전해야만 절반의 성공이라도 해낼 수 있는 것이 세상 이치이다. 불공정한 구조와 노력해도 나아지기 어려운 사회 구조, 반복되는 실패와 좌절로 인해 청년들은 희망을 잃어가고 있다.

과연 이들을 누가 책임져줄 것인가. 개인의 문제로만 치부

한다면 너무 무책임한 변명이다. 하나부터 열까지 모두를 해결해달라는 것이 아니다. 이러한 청년들의 문제가 이미 사회 문제로 심각해지고 있는 상황에서는 일정 부분 국가의 역할이 필요하다는 것이다. 국가는 청년들이 일말의 희망이라도 가질 수 있게 도와주고, 청년들이 희망을 실현할 수 있도록 환경을 만들어줄 수 있는 방법에 대해 함께 고민하고 실천해 줘야 한다.

| 본인의 미래에 대한 희망 지수

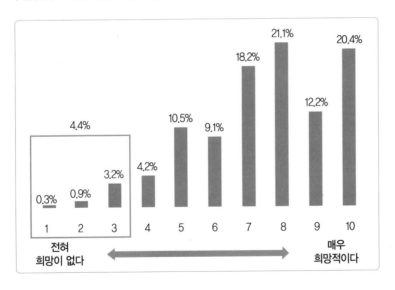

국가와 사회에 대한 희망 지수는 5점이에요. 이것도 그나마 후하게 준 것이라고 생각해요. 현재의 문제들이 구조적으로 나아질 것 같지 않아요. 일단 신뢰가 가질 않아요.

– 30대 청년

본인의 미래에 대한 희망 지수 평균 점수인 7.45점에 비해 국가 및 사회에 대한 희망 지수는 평균 5.73점으로 비교적 낮았다. 점수로 따지면 100점 만점에 50점밖에 안 되는 수준이다. 청년들과 만나 이야기를 나눠보아도 국가에 대해서는 회의적인 반응이 대다수였다. '전혀 희망이 없다'에 해당하는 1~3점으로 응답한 비율은 16.1%로 상당히 높은 수치이다. 개인의 희망 지수를 1~3점으로 응답한 비율(4.4%)보다 3배 이상 높다. 이는 많은 청년이 국가, 사회에 대한 미래 전망이 긍정적이지 않다는 것을 의미한다. 내가 살아갈 국가와 사회가 희망이 없다고 느끼는 것은 단순한 비관적 감정을 넘어서서 변화에 대한 기대와 그 변화를 위해 실천하고 행동하는 힘을 앗아간다.

심화되는 소득의 불균형, 그리고 부정부패의 대한민국

곧 결혼을 앞두고 있지만, 여전히 아이를 갖는 것은 걱정이 돼요.

솔직히 다른 것보다 돈이 없어 아이에게 못 해주게 되면

내 자식이 다른 애들 사이에서 기죽고 살아가게 될 것 같아요.

내 아이가 지금 나처럼 어려운 현실을 살게 될까 봐

아이를 갖지 못하겠어요.

– 20대 청년

좀 더 직접적인 질문을 던져 보았다(질문을 던진 시기는 2017년임을 감안하고 읽어주시길 바란다). '대한민국에 희망이 있다고 생각하는가?' 있다고 대답한 청년들은 73.5%에 달했다. 상당히 높은 비율이다. 그렇게 생각한 이유를 주관식으로 물어보았다. 변화와 노력, 그리고 '사람'에 대한 믿음을 주요하게 꼽았다. 대한민국은 하나가 되는 국민성이 존재하고 역사적으로도 수많은 위기를 극복한 힘과 잠재되어 있는 역량이 있다고 말한다. 미래를 책임질 훌륭한 젊은 세대가 많이 있다는 것도 주요한 요인이다. 그 외에 긍정적인 인식을 엿볼 수 있는 '희망을 갖고 살아야 희망이 있는 세상을 만들 수 있다' '희망이 없는 나라에 살고 있다고 생각하고 싶지 않다'는 의견도 존재했다. 청년들은 정치, 사회의 발전 그리고 변화하기 위해 노력하고 행동하는 사람들을 보고 희망을 느꼈다.

대한민국에 희망이 없다고 생각하는 26.5%의 청년들은 소득의 불균형(11.6%)을 첫 번째 이유로 꼽는다. 부정부패(10.6%)

대한민국에 희망이 있거나 없다고 생각하는 이유는 무엇인가?

희망이 있다	희망이 없다

희망이 있다		희망이 없다	
정권이 교체되었다	12.2%	11.6%	소득의 불균형이 심하다
더 나은 미래를 위해 많은 사람들이 노력하고 있다	9.1%	10.6%	부정부패가 있다
조금씩 변화하고 있음이 느껴진다	5.8%	4.6%	기득권의 특권의식이 강하다
현재 문제를 인식하고 변화하려는 사람이 많다	4.0%	4.6%	개선의지가 부족하다
희망을 가지고 살아야 희망 있는 세상을 만들 수 있다	3.7%	4.0%	국민의 시민의식이 부족하다
미래를 책임질 훌륭한 젊은 청년 세대가 많다	3.6%	3.7%	청년 실업률이 높다
현재 발전하고 있다	3.4%	3.1%	노력에 대한 적절한 보상이 주어지지 않는다
지금보다 나아질 것이라는 긍정적인 인식을 가지고 있다	3.3%	3.0%	개인 이기주의가 팽배하다
그래도 우리나라 대한민국이다 내가 사는 나라이다	3.2%	2.9%	국가 정책에 대한 비전이 부족하다
아직까지 살기좋은 나라이다	2.6%	2.9%	발전 · 변화가 없다
개인이 스스로의 삶을 결정 하는데 큰 영향을 미친다	2.4%	2.6%	학연 · 지연 · 혈연을 중요시한다
하나가 되는 대한민국의 국민성 · 민족성이 있다	2.2%	2.4%	고령화 문제가 있다
시민의식이 높아졌다	2.1%	2.4%	경제적으로 어렵다
수많은 위기를 극복한 힘이 우리에게 있다	2.0%	2.3%	국가에 대한 신뢰가 없다
경제적으로 발전하고 있다	1.8%	2.3%	사회구조 환경이 좋지 않다
현 정부가 잘하고 있다	1.8%	2.3%	일자리가 부족하다
희망 없는 나라에 살고 있다고 생각하고 싶지 않다	1.7%	2.1%	정치 수준이 높지 않다
국민들이 가지고 있는 잠재력을 믿는다	1.7%	1.8%	고착화된 인식의 틀에서 벗어나기 힘들다
따뜻하고 좋은 사람이 많다	1.5%	1.6%	출산율이 낮다

항목	%		항목	%
가능성이 있다	1.5%		계층 간 이동 사다리가 붕괴되었다	1.5%
공정한 기회를 제공한다	1.2%		나라 정세가 어렵다	1.5%
인재·지식층이 많다	1.1%		표퓰리즘적인 정책이다	1.5%
민주주의 국가로 나아간다	1.1%		예체능 계열의 직업을 가진 사람에 대한 기회가 부족하다	1.1%
열심히 사는 사람이 많다	1.0%		경쟁구도가 공정하지 않다	1.1%
촛불시위를 통하여 희망이 보인다	0.9%		북한과의 갈등이 있다	0.8%
남북통일에 대한 기대가 크다	0.9%		좌익정권이 지속된다	0.8%
미래에 대한 희망이 있다	0.9%		거주가 불안정하다	0.8%
국가와 국민이 소통하고 있다	0.8%		공무원을 선호한다	0.8%
다양한 정책이 실행된다	0.8%		경쟁구도가 심화된다	0.8%
교육수준이 높다	0.7%		보수적 인식이 많다	0.8%
정치적으로 발전하고 있다	0.7%		기득권의 개혁의지가 없다	0.8%
복지제도가 잘 되어 있다	0.6%		물질 만능주의이다	0.7%
치안이 잘 되어 있다	0.5%		정치인들에 대한 신뢰가 들지 않는다	0.7%
행동하는 사람들이 많아진다	0.4%		성공에 대한 확신이 들지 않는다	0.7%
국가를 우선으로 생각한다	0.4%		청년들을 위한 정책이 부족하다	0.7%
사회적 문제의 해결방안을 모색한다	0.4%		현실을 반영하지 못한 정책이다	0.7%
정이 있다	0.3%		교육제도 개선이 필요하다	0.7%
국민성이 성실하다	0.3%		안전 불감증이 있다	0.4%

와 기득권의 강한 특권의식(4.6%)으로 인해 개혁의지가 부족한 것도 대한민국의 희망을 앗아가는 주요한 이유라고 청년들은 이야기한다. 공정하지 않은 사회 구조 속에 노력에 대한 적절한 보상이 이루어지지 않고, 일자리가 부족하고 발전 변화가 없는 사회 속에서 계층 간 이동 사다리는 붕괴하였다고 말한다.

이러한 상황에서 사회적으로 축적된 경험도, 인프라도 부족한 청년들은 희망을 보기 어렵다. 국가 정책에 대한 비전은 부족하고 정치 수준은 너무 낮다. 정책적으로는 높은 실업률과 공시생이 많아지는 일자리 문제, 저출산과 고령화 문제, 불안정한 주거 문제와 젊은이들이 꿈을 꿀 수 없는 교육제도 개선의 필요성을 꼽았다.

앞 도표는 청년들이 이야기하고 적어준 문장 그대로를 인용했다. 이것이 청년들이 느끼는 대한민국의 희망에 관한 생각들이다. 각각의 문장들은 청년 문제를 넘어서서 대한민국이 나아가야 할 방향에 대해 시사한다. 제발 그냥 지나치지 말고 이 문장을 적어내며 느꼈을 청년들의 간절한 바람들을 마음속 깊이 공감해주기를 바란다. 그리고 향후 발전하는 대한민국의 지점을 찾는 과정에 도움이 되기를 희망한다.

2

청년들이 그리는
대한민국은?

개인의 꿈이 실현되는 희망적인 나라를 꿈꾼다

청년들이 바라는 대한민국은 '개인의 꿈이 실현되는 희망적인 나라'를 1순위로 선택했다. 내가 원하는 대로 나답게 살 수 있는 나라, 공정한 기회와 평가를 받을 수 있는 나라라는 답변이 그 뒤를 이었다. 전체적으로 응답 순서는 비슷했으나 연령과 직무 상태에 따라 미세한 차이를 보였다. 20대 초반의 청년들과 취업 준비를 하는 청년일수록 개인의 꿈이 실현되는 나라에 대한 응답률이 가장 높았다. 반면, 30대 이상으로 근로자인 경우에는 자신이 속한 그룹 내에서의 공정한 기회와 평가를 받을 수 있는 것에 중점을 두었다.

| 내가 바라는 대한민국의 모습은?

	전체	연령대		직무 상태	
		21~25세	31~35세	근로자	취업준비생
개인의 꿈이 실현되는 희망적인 나라	26.7%	28.3%	20.4%	24.4%	27.9%
내가 원하는 대로 나답게 살 수 있는 나라	23.7%	25.6%	21.3%	24.9%	16.6%
공정한 기회와 평가를 받을 수 있는 나라	22.6%	21.2%	27.6%	25.9%	24.7%
실패해도 다시 도전할 수 있는 나라	20.1%	18.3%	23.2%	17.5%	22.0%
타인을 믿고 신뢰할 수 있는 나라	7.5%	6.6%	7.4%	7.3%	8.9%

막 사회에 진입한 청년들은 자신의 꿈과 주체성을 지켜나갈 수 있는 국가를 바라며 열정을 갖지만, 사회에 이미 진입한 청년들은 기존의 굳어진 관행과 인식 속에 불공정한 구조를 경험한 경우에는 이러한 선택의 차이를 둘 확률이 높다. 여기에서 청년 각각의 상황과 상태에 따라 정책과 지원의 방향성이 달라져야 하는 이유를 찾아볼 수 있다.

같은 청년이라 불리지만 나이에 따라, 어떠한 상태인지에 따라 각자가 바라는 나라의 모습이 다르다. 국가의 운영 단위로는 맞춤형 정책 실현이 어렵다는 변명은 그만하자. 국가는 국민을 위해 존재한다. 국민이 원하는 국가의 모습이 분명하고 청년의 분류도 일정 부분 보편화시킬 수 있을 정도로 구분할 수 있다. 4차 산업혁명 시대에 IT 기술이 선진화된 대한민국에서 데이터를 활용한 통합 분석과 예측이 불가능하다고 한다면 이는 기술 부족의 문제가 아닌 해당 문제를 해결하기 위한 선택과 집중, 노력 부족의 문제라고 보인다.

대한민국에 마크 저커버그가 나오지 못하는 이유는?

페이스북 CEO 마크 저커버그와 같은 세계적인 청년 창업가가 대한민국에서 나오기 힘든 이유는 무엇일까? 그 어느 나라의 청년들보다 IT 기술에 관심이 많고 관련 분야의 창업도 활성화되고 있음에도 아직 세계적인 청년 창업가로 이름을 올린 한국인은 드물다. 아니 없다고 봐도 무방하다. 그 이유를 청년들에게 물었다. 41.1%의 청년들이 첫 번째로 '대한민국 교육 제도의 한계'라고 대답했다. 높은 교육열과 인적 역량이 해외 다른 국가의 추종을 불허할 정도로 우수한 대한민국이지만 정작 그 교육 제도의 한계로 인해 21세기에 걸맞는 미래 인재 양성은 더뎌지고 있다. 두 번째로는 정책, 제도 등 국가의 체계적인 지원 부족을 꼽았고, 청년 창업가가 자라는데 무관심한 분위기가 뒤를 이었다.

| 대한민국에서 세계적인 청년 창업가가 나오기 어려운 이유

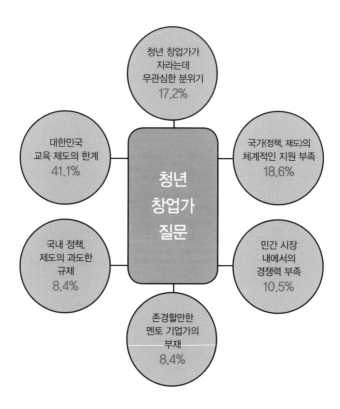

현재를 살아가는 20대, 30대 청년들은 자라면서 국내 교육 체계 속에서 창의성, 리더십을 배워본 적이 없다. 스스로 문제를 발굴하고 사고력을 통해 해결 방안을 만들어내는 교육을 받아본 적도 없다. 그저 시험 문제에 대한 정답을 빨리 찾아내기 위해 지식을 암기하는 정도의 교육을 받아온 것이 대부분이다. 물론 현재 초중고에서 다양한 방식을 통해 창의력과 사고력을 키우는 수업을 진행하고 있지만, 결국 대학 입시라는 골목과 사회 노동구조 속에서는 높은 효과를 기대하기 어려운 것이 현실이다.

교육의 개혁과 혁신 없이 지금의 교육 체계로는 세계적인 청년 창업가가 나오기는 어려워 보인다. 세계적 흐름에 따른 교육 트렌드의 방향성과 국내의 교육 방향성은 많이 다르다. 세계는 IT 기술을 활용하여 보다 선진적인 교육 방식의 혁신을 이뤄내고 있지만, 아직도 대한민국은 1980년대 방식에서 나아가지 못했다. 미래 역량을 갖추기 위한 통찰력과 사고력, 문제 해결능력을 길러주는 교육 시스템으로의 전환이 시급하다.

창업 관련 국내 정책과 제도 관련해서는 체계적인 지원이 필요함과 동시에 과도한 규제도 해결해야 하는 과제 중 하나이다. 실제로 청년들이 사업을 영위해 나갈 때 너무나 많은 규제는 성장을 더디게 만든다. 일례로 데이터를 기반으로 하는 지능정보기술에 대한 새로운 청년 사업들이 규제에 막혀 시도조차 하지 못하고 있다. 규제 때문에 해당 산업 생태계조차 형성되기 어렵다. 좋은 아이템으로 사업을 이어나가도 정부의 해당 사업에 대한 규제 강화로 인해 순식간에 무너진다. 블록체인, 카풀 등 사례는 많다. 그리고 앞으로도 이런 기술 기반의 신산업 시장에 관한 오락가락 규제는 계속될 것이라고 생각한다. 이런 상황에 놓인 경쟁력 있는 청년들, 스타트업들은 답답함을 견디지 못하고 한국을 떠나 무한한 기회가 있는 해외로 나가게 된다.

뿐만 아니라 기존 사업 형태를 꾸려나가는 데 있어서 현재의 기준은 너무 구시대적이다. 가령 법인 사업체 직원들이 근로자 신분으로 은행에서 신용카드를 발급받으려면 근무하는 직장의 유선 전화번호를 제시해야 한다. 요새는 가정집에서도 집 전화는 없애는 추세다. 팩스도 모바일 팩스를 활용하고 거의 모든 것을 모바일 스마트폰과 연계하고 있다. 스마트폰도 시계로, 안경으로 생활의 편의에 따라 하루가 다르게 진보하는 시대에 과거로부터 전혀 벗어나지 못한 기존의 규제와 제도는 기술에 민감한 청년들의 창발적인 도전과 시도를 막고 있다. 물리적으로 좋은 일자리는 부족하다. 국가도 사회도 청년들에게 창업하라고 독려한다. 그러나 현실은, 정책은 오히려 청년 창업가들을 가로막거나 성장할 수 없게 만들고 있다.

창업 지원금 등의 지원 정책도 꼭 필요하지만, 그게 다가 아니다. 실제로 사업을 운영하는 과정에서 발목을 잡지 않고 새로운 시도와 도전에 박차를 가해줄 수 있는 현실적인 제도 개선이 절실하다.

국가와 사회로부터 청년에 대한 관심이 충분하지 않다

82.6%의 청년들이 국가와 사회로부터 청년에 대한 관심과 지원이 충분하지 않다고 한다. 충분하다고 대답한 청년들은 단 17.4%에 지나지 않는다. 정부의 청년 정책에 대해서도 만족하지 못한다고 응답한 비율 또한 69.1%로 거의 70%에 육박한다. 매우 만족한다는 청년들은 단 2.1%에 그쳤다. 정책의 가짓수가 많고 예산을 많이 책정한다고 해서 모든 대상자가 해당 정책으로 인해 혜택을 받고 있다고 느끼는 체감도가 무조건 올라가는 것은 아니다. 관심 또한 현재의 어려운 상황을 단기적으로 해결하려고 갖는 표피적인 상황의 것이 아니라 청년들이 느끼는 본질적인 어려움에 공감하고 응원하는 것이 먼저여야 한다. 이번 조사 결과만 보아도 이러한 것들이 제대로 이루어지지 않는다는 것을 방증한다. 청년들은 여전히 국가의 관심과 정부의 정책에 대해 부족하다고 느끼고, 만족하지도 못하고 있다.

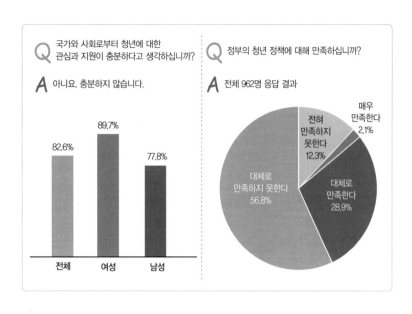

Q 국가와 사회로부터 청년에 대한 관심과 지원이 충분하다고 생각하십니까?

A 아니요. 충분하지 않습니다.

82.6% 전체
89.7% 여성
77.8% 남성

Q 정부의 청년 정책에 대해 만족하십니까?

A 전체 962명 응답 결과

매우 만족한다 2.1%
전혀 만족하지 못한다 12.3%
대체로 만족하지 못한다 56.8%
대체로 만족한다 28.9%

　　정부의 청년 정책에 만족하지 못한다고 답한 청년들에게 이유를 물었다. 33.2%의 청년들이 현실과 맞지 않는 정책이 많기 때문이라고 응답했다. 또한 30.8%의 청년들은 현재의 청년 정책이 단기적인 정책 중심으로 되어 있어 근본적인 해결책이 되지 못한다고 이야기한다. 표면적인 상황과 수치에 매몰되어서는 안 된다. 앞서 분석된 조사 결과와 같이 청년들에게 희망을 주고 주체적인 삶을 살아갈 수 있도록 도와주는 방법이 취업을 시켜주는 정책만으로 전부가 될 수 없듯이, 청년 문제의 본질을 해결하기 위한 정책적 접근이 필요하다.

　　정책의 효과 측면에서 대상자가 느끼는 만족도만큼 중요한 것이 체감도이다. 전국 청년들에게 '청년 정책이 본인의 삶과 얼마나 밀접하게 관련되어 있다고 느끼는지'를 질문해 보았다. '전혀 관련 없다'는 1점부터 '매우 밀접하게 관련 있다'는 10점 척도로 조사한 결과 평균 점수는 5.67점으로 나타났다. 평균 점수는 중간이지만 이에 자축하고 충분하다고 여기면 오산이다. 전혀 관련이 없다는 1~3점으로 응답한 경우가 22.3%나 된다. 이는 청년 5명 중 1명은 국가의 청년 정책이 전혀 도움이 되지 않는다는 의미로 해석될 수 있다.

정부도 청년의 문제를 해결하기 위해 발 벗고 나서고 있고 실제로 청년 정책의 가짓수도 적지 않고 예산도 많이 투입하고 있다. 그럼에도 불구하고 청년들은 그 정책들의 혜택을 체감하지 못하고 있고, 국가의 관심조차 부족하다고 이야기한다. 이는 단순히 양에 대한 사안으로 볼 것이 아니다. 국가와 정부의 청년 정책 접근이 무엇이 잘못되었는지 근본적으로 되짚어봐야 하는 시점이다. 가짓수를 채워 나가는 것보다는 단 하나의 정책이 시행되더라도 그에 대한 만족도와 효능감이 높아질 수 있도록 하는 데에 집중해야 한다. 청년 당사자에게 필요하지 않고 실질적으로 도움이 되지 않는 정책과 지원 제도는 과감하게 버리고 정말 필요한 것에 집중해야 한다.

| 청년 정책이 자신의 삶과 얼마나 밀접하게 관련되어 있다고 느끼는가?

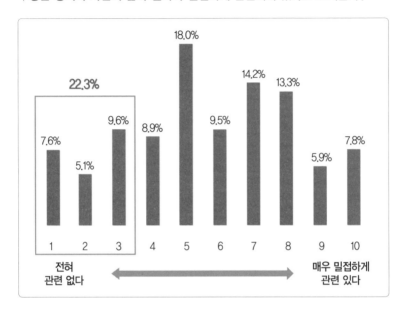

과거와는 다르게, 새롭게 변화하는 시대에 맞춰 선제적인 정책 방향 개선이 필요하다. 기존의 관점과 인식 구조에 따라 청년들의 삶을 재단하고 그에 맞춰 지원해줄 테니 따라오라는 식의 태도는 오히려 안 하느니만 못하다. 그에 대한 예산을 절약하여 더 필요한 곳에 집중하는 것이 더욱 효율적일 것이다. 청년이 바라는 대한민국의 모습도, 그리고 그들이 꿈꾸는 미래의 모습도 자신의 개성이 존중되고 나답게 살아가는 주체적인 모습이다. 그것을 잊어서는 안 된다. 더 이상 과거의 기준에 맞춰 천편일률적으로 살아가는 청년들의 모습을 정책에 투영하지 않기를 바란다.

청년이
진짜 원하는
희망 국가
만들기
프로젝트

청년이
꿈꿀 수 있는
대한민국을
원한다

미래를 만들어가는 청년 희망 전략

■ ● ▲

제3장 ●○

한계에 다다른 대한민국

유일한 해법은 희망이다

희망이란 무엇인가?

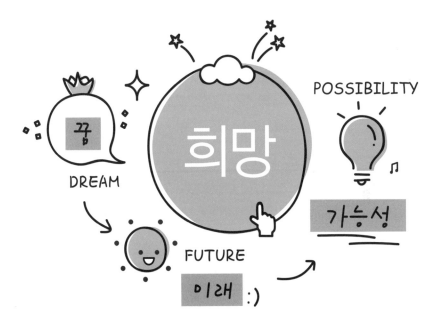

이제는 그동안의 성장과 행복을 우선시했던 삶에서 각을 달리한 희망이라는 개념에 주목해야 할 때이다. 성장(경제 성장)에 집중한 것은 결국 개인의 성장보다는 수치 중심의 경제적 성장에만 집중할 수밖에 없으므로, 행복에 집중한 정책은 추상적인 정책 효과로만 귀결될 가능성이 높다.

반대로 희망은 청년 개인의 심리적인 상태(의지)와 성취하고자 하는 목표와 꿈의 다양성, 그리고 그를 방해하는 장애물(제도, 환경, 문화 등)에 대한 정책을 고안하는 데 집중할 수 있도록 해준다. 이러한 개인적 상태와 꿈의 다양성, 장애물에 집중한 희망 정책이 기존의 성장과 행복에 집중한 정책보다 청년들의 정책 체감도와 효능감, 정책적 효과를 높일 수 있다.

특히 불공정 채용 특혜 등과 같이 청년들의 의지를 꺾는 요인들과 성취하고자 하는 목표와 꿈을 향해 나아가지 못하게 만드는 환경적 요인, 희망보다는 절망감을 느끼게 하는 요인들을 찾아내는 데 집중할 수 있다. 그리고 그 요인을 제거하면 희망이 있는 상태로의 접근이 가능하다.

긍정심리학의 전문가인 찰스 릭, 스나이더Charles Rick, Snyder 교수는 희망을 목표, 의지력, 경로사고의 힘으로 설명했다. 이는 3가지 정신적인 요소로써 정신적, 인지적 사고 활동으로 연결된다. 여기에서의 희망이란 성취하고자 하는 목표와 꿈, 그것을 실천하려는 정신적인 의지력(희망적 사고 속에 내재된 추진력), 장애물이 나타났을 때 이를 극복하기 위해 효과적인 방법을 찾는 힘이 갖춰진 상태를 의미한다.

이러한 선행연구를 기반으로 정의한 희망은 '자신의 꿈, 목표한 바대로 잘될 수 있다는 기대감 또는 가능성'이다. 그리고 한 개인이 희망에 도달할 수 있는 조건으로는 세 가지가 있다고 보았다. 내가 좋아하는 일이어야 하며, 만족할 수 있는 보상이 뒤따라야 한다는 것, 그리고 그 과정이 나를 발전시킬 수 있는 일이어야 한다는 것이다. 이 세 가지 조건과 기준이 맞춰질 때 개인에게 자신의 삶에 대해 희망을 품게 되고, 이 희망은 개인에게 동기부여와 활력을 불러일으켜 주며, 안정적이고자 하는 심리적 상태에서 탈피하여 삶의 원동력을 되살리는 역할을 한다. 자신만의 꿈을 가지고 노력하여 인정받고 경제적으로도 삶을 원활히 유지할 수 있는 정도가 될 때, 개인은 사회 속에서 성장하고 발전할 수 있다. 그리고 이러한 청년들이 많은 사회일수록 성장 가능성은 높아진다.

현재를 살아가는 청년들이 생각하는 희망은 과연 어떤 모습일까? 1,003명의 청년을 대상으로 진행된 설문 조사와 인터뷰, 다양한 분야의 전문가 자문을 통해 우리는 희망이라는 키워드에 대해 세 가지 주목해야 할 점을 발견할 수 있었다.

첫 번째로, '희망'은 '행복'보다 미래지향적인 생각과 행동을 끌어낸다는 점이다. 현재의 상태를 중심으로 판단하는 '행복'

과 비교하여 보았을 때 '희망'은 앞으로 다가올 미래의 시간에 대해 어떻게 될지를 생각하게 만들기 때문이다. 청년들로부터 미래의 꿈을 생각하게 하고 오늘보다 내일을 기대하게 하며, 가능성을 향해 달려갈 수 있도록 이끌어주는 것이 희망의 역할인 것이다.

두 번째는 '희망' 하면 떠오르는 단어가 '돈' '경제력' '안정' 등의 물질적 여유에 대한 단어보다는 '꿈' '미래' '성공' '노력'과 같은 삶의 목표와 관련된 키워드가 주를 이뤘다는 점이다. 반면, '로또'를 언급한 청년들이 있었다. 불확실한 미래에 단 0.00001%의 가능성으로 벼락부자가 될 수 있는 로또는 어찌 보면 나도 당첨될 가능성이 있다는 막연한 희망의 개념으로도 이해된다. 그러나 이러한 단어들은 소수의 응답 비율을 차지하고 있고, 청년들이 희망을 기적의 개념보다는 오히려 자신의 목표와 연관 지어 생각하는 경향이 높음을 이번 조사를 통해 알 수 있었다.

세 번째는 '취업·일자리' '공정한 기회' '평등' '선거' '4차 산업혁명' '통일' 등 우리 사회의 곳곳에서 작동하는 체계와 제도 안에서 희망을 연관 지어 생각하고 있다는 것이다. 사회의 구성원으로서 개인적인 상황을 넘어선 외부 환경 또한 개인의 희망에 지대한 영향을 줄 수 있다. 현재를 살아가는 청년들은 희망과 연관하여 긍정적인 단어만을 떠올리지는 않았다. '탈조선' '이민' '전쟁' 등 현 사회를 벗어나거나 급진적인 변화의

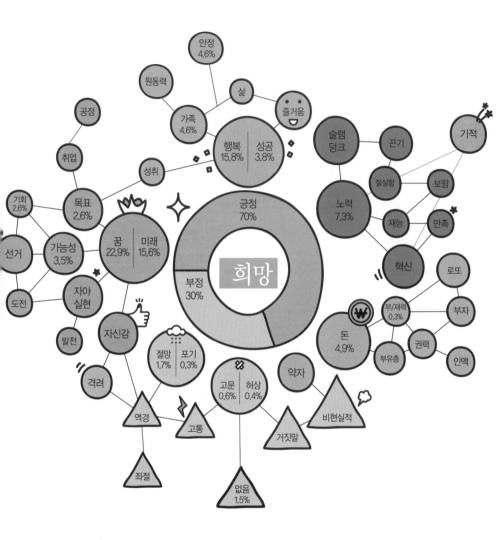

상태를 통해서만 희망을 떠올리는 청년들이 있었다. 무엇보다도 가장 밑바탕에서 희망을 느낄 수 있도록 최소의 요건을 충족시켜주는 사회가 조성되는 것이 희망의 중요한 조건임을 알 수 있다.

희망을 가지고 더 나은 미래를 위해 도전하며 자신만의 꿈을 실현시켜 나가는 청년들이 많기를 바라지만 실상은 그렇지 않다. 많은 청년이 자신이 가야 할 길을 모르거나 꿈을 잃어가며 괴로워하고 있다. 취업을 하고 싶지만 거듭되는 지원 탈락으로 자신의 능력을 의심하고 자신감을 잃어가는 청년들이 부지기수다. 어렵게 취업에 성공했으나 자신이 하고자 하는 꿈과 멀어져 힘들어 하고, 새로운 도전을 하고 싶지만, 현실에 붙잡혀 머뭇거릴 수밖에 없는 상황에 서글퍼하는 청년들도 있다. 배우고 싶고, 경험하고 싶고, 무언가를 해내기 위해 노력하여 성취하는 삶을 살고 싶지만, 그 기회가 좀처럼 오지 않는다. 이렇게 누적되는 실패의 경험들은 가장 활기차야 할 20대, 30대 청년들의 삶 가운데 물리적이고 심리적인 공백을 만들어 내고야 만다. 사회는 청년들이 이 공백을 메꿔나갈 수 있도록 여유를 갖고 기다려주지 않는다. 메꿀 기회조차 마련해주지 않는다. 이런 가혹한 현실에 청년들은 좌절한다. 좁은 기회의 문에 들어가기 위해 발버둥 칠수록, 그리고 성장할 수 있는 가능성이 적어질수록 절망하고 도전하는 삶을 포기하고 만다.

모든 것이 경쟁이다. 태어날 때부터 경쟁이라는 말도 심심치 않게 들릴 정도이다. 말 그대로 '서바이벌' 하기 위해 수많은 노력을 한다. 그리고 언젠가는 그 노력이 좋은 결과로 이어질 것이라는 '희망'을 안고 살아간다. 그러나 경쟁에서 살아남는 자는 소수에 불과하다. 천편일률적인 성공의 기준과 남과 다른 다양성이 존재하지 않는 대한민국 사회에서는 성공하는 자와 실패하는 자 양 갈래로 나뉜다. 이렇게 나눠진 일종의 계급은 사회적 · 경제적 격차로 인해 더욱 더 벌어진다. 아무리 따라잡으려 노력해도 따라잡을 수 없는 차이와 넘어설 수 없는 계층의 격차는 청년들이 더 이상 '희망'을 꿈꿀 수 없는 사

| 사회에 대해 어느 정도 신뢰합니까?

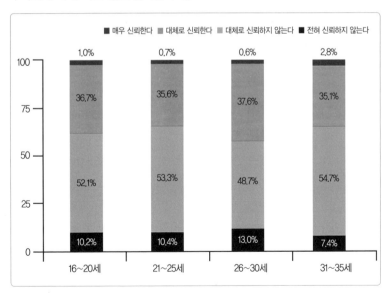

회가 되어버렸다.

　노력해도 나아질 수 없다는 좌절감과 비교로 인해 오는 심리적 박탈감은 도전하고 노력할 힘을 앗아간다. 거듭되는 실패와 심리적 박탈감에 자신감은 급격히 사라지고 자존감도 무너진다. 이로 인해 노력하고 버틸 힘인 회복 탄력성은 점점 저하되고 도전할 수 없는 악순환의 고리에 빠지게 된다. 사회에 만연한 채용 비리와 같이 나의 실패가 개인이 아무리 노력해도 넘어설 수 없는 공정하지 않은 요건들에서 기인한다는 것에 분노하게 된다. 노력할 의지도 사라지고 나 아닌 어느 누구도 믿을 수 없게 만들고 있다. 실제로 사회에 대한 신뢰도를 묻는 질문에 62%의 청년들이 신뢰하지 않는다고 답했다. 연령대별로 응답률을 분석한 결과 26~30세 청년의 경우 '전혀 신뢰하지 않는다'고 응답한 비율이 13%로 다른 연령대(16~20세 10.2%, 21~25세 10.4%, 31~35세 7.4%)와 비교하여 봤을 때 가장 높았다.

　수많은 청년이, 심지어 고등학교를 졸업하지도 않은 학생들이 공무원 시험에 뛰어드는 이유는 명약관화하다. 이미 굳어진 사회 구조 속에서 언론과 미디어, 부모님, 주변 사람들, 심지어 나조차 기회의 가능성에 대해 절망적으로 인식하고, 그 인식은 갈수록 확고해진다. 어려운 현실 속에 안정을 추구하게 되는 서글픈 현실임과 동시에 그나마 공무원 시험만이 내 노력과 능력을 공정하게 평가받을 수 있다는 생각 속에 선택하게 되는 것이다.

국가, 사회는 어떠한가. 과연 청년들이 끊임없이 도전하고 긍정적인 마인드로 살아갈 수 있는 환경인가? 대다수의 청년은 나라가 나라답지 않다고 말한다. '사회적으로도 공정한 사회가 만들어지는 법과 원칙이 자리 잡지 못하고 있고, 정치적으로도 무능하다. 세계적으로도 경쟁력은 떨어져 산업과 분야의 선도력을 갖추지 못하고 있다. 시스템과 제도, 체제 등 외부적 요인과 국민 개개인의 내부적 요인이 유기적으로 영향을 받으며 점차 국가의 활력은 전체적으로 떨어지고 개개인의 삶의 모습도 정체되어 가고 있다'고 느끼고 있다.

희망으로의 전환, 왜 중요한가?

2017년 8월 한국을 찾은 투자전문가인 짐 로저스Jim Rogers는 한국은 이제 더 이상 매력적인 투자처가 아니라고 말했다.

한국이 과거에 보여주었던 역동적이고 진취적인 에너지가
느껴지지 않습니다. 미래의 가능성을 보고 투자하는 그런 제게,
한국은 더 이상 매력적인 나라가 아닙니다.
청년들의 노력은 대단하지만, 조금 안타까웠습니다.
청년들이 안정을 추구하는 사회에서는

혁신적인 변화가 일어나기 어렵습니다.

– 짐 로저스, KBS 명견만리

한국 사회는 역동적이지 않다. 그리고 활력을 잃어가고 있다. 저성장 기조 속에 갇혀버린 한국 경제는 성장할 기미가 보이지 않는다. 그리고 새로운 경제 주체가 되어야 할 청년들은 그저 제 자리에 우두커니 서 있거나 주저앉아 있다. 짐 로저스는 2016년 10월 잡스앤jobsN과의 인터뷰에서 '사랑하는 일을 찾는 청년이 줄어들면 5년 안에 대한민국은 몰락한다'고 이미 경고한 바 있다.

청년들을 다시 일어서게 만들고 도전할 수 있게 만들 수 있는 것은 오로지 '희망' 밖에 없다. 여기에서 희망은 단순하면서 추상적인 감정에서 벗어나야 한다. 희망이 있는 상태는 발전하는 엔진이 존재하고, 역동적으로 변화가 일어나는 모습이며 역동적인 모습 그대로이다. 단순히 동적인 것뿐만 아니라 올바른 방향성을 가지고 시공간을 넘어서는 모습이 있을 때 희망이 있고, 이 희망이 국가에 활력을 불어넣어주는 유일한 방법이 된다.

긍정 심리학의 전문가이자 캔자스 대학의 임상심리 분야에서 저명한 찰스 릭, 스나이더 교수의 《희망 심리학》에서 희망 수준이 좀 더 높은 사람은 '덜 불안하다'는 것과 삶의 전 영역에서 '더 많은 목표를 갖고 있다'는 것을 발견했다. 그뿐만 아니라 희망 수준이 낮은 사람들과 비교할 때 희망 수준이 높은 사람들은 목표를 성취하는 데 더 많이 성공한 경험을 가지고 있고 더 많이 행복해하고 절망을 덜 하며 뛰어난 대처기술을 가지고 있었다. 그래서 육체적 상처도 잘 회복하고 직장에서도 덜 소진된다는 것을 보고한 바 있다.

희망 가득한 청년들이 각자의 목표를 실현하기 위해 열정을 가지고 더 이상 불안함 속에 갇혀 있는 것이 아닌, 미래에 대한 기대감 속에서 활력 있게 살아갈 때, 사회는 혁신하고 국가는 성장한다.

자동차를 청년으로 비유해보자. 그 자동차를 설계하고 수리하는 것은 엔지니어가 해야 할 일이며, 여기에서의 엔지니어는 국가를 뜻한다. 자동차는 길 위에서 달릴 때 이동 수단으로서의 가치가 있다. 세단이 오프로드를 달리지 못하듯이 고속도로, 사막길 등 자동차의 종류에 따라 달릴 수 있는 다양한 길들이 존재한다. 국가는 그 길(인프라)을 계속해서 다져주고 다양성을 확보해줘야 한다. 국가가 청년들의 다양성을 인지하고 자신만의 목표를 향해 나아갈 수 있는 환경을 만들어줄 때, 청년들은 자신만의 길 위에서 자유롭게 달릴 수 있게 된다. 이것이 국가를 성장시키는 단 하나의 방법, 희망이 있는 상태를

만드는 조건이다.

희망이 본질이 될 수는 없지만 나라와 국가가 청년들에게 해줘야 할 일은 희망을 가질 수 있도록 만들어주는 일이다. 국가는 끊임없이 희망을 느끼고 기회가 넘쳐나게 만들어 줌으로써, 청년들을 자극하는 외부 조건과 환경을 어떻게 만들어줄 것인가에 대해 고민해야 한다. 이러한 고민 속에 4차 산업혁명의 기회를 잘 활용한 정책을 통해 기회의 문을 넓혀주고 공정한 과정과 결과를 통해 자신만의 것을 할 수 있는 미래를 열어줘야 한다. 그렇게 자신의 길을 갈 수 있게 해줘야 한다.

그것이 청년에게 보여주어야 할 국가의 역할이다. 국가가 그러한 조건을 갖춰주기 위해 노력하고 역할을 다할 때 청년들이 희망을 가질 수 있다. 이러한 외부 요인이 갖춰짐과 동시에 내부 요인인 자신감을 형성하고 미래 사회 역량을 갖춰 경쟁력을 갖추게 된다면 청년들은 도전하고 움직이게 될 것이다.

청년과 국가는 유기적인 관계이다. 청년의 문제와 국가 사회의 문제가 분리되어 다루어지면 안 된다. 국가 사회 정책을 다룰 때 청년의 문제를 해결할 수 있고 희망을 줄 수 있는 방향으로 제시되어야 한다. 청년들이 희망을 품을 수 있게 하기 위해서는 어떤 목적과 방향으로 제도를 설계하느냐가 핵심이다. 역동성을 띨 수 있도록 만드는 부분은 더욱 촉진시키고, 청년이 자립하는 데 있어 비용 부담으로 인해 적극성이 떨어지게 만드는 요인들은 충분히 채워줘서 출발할 수 있는 자립의 선에 맞춰줘야 한다.

[이념의 벽을 허문 1988 서울올림픽, 과학기술의 길을 연 1993 대전엑스포, 새 지식의 파도를 일으킨 2013 여수 실크로드 시장단 포럼의 국가발전전략 마스터 플래너이자 WCO 세계시민기구 의장인 **곽영훈 박사**를 만나다]

1. 많은 청년들이 느끼는 경제적 격차, 미래에 대한 가능성을 높게 볼 수 없는 불안한 상태, 노력해도 나아지지 않을 것이라는 생각은 어떻게 해결할 수 있을까요?

기본적으로 좋은 사회는 경제력 상승upward mobility과 기회의 균등equality of opportunity이라는 두 가지 속성을 갖춰야 합니다. 그런데 우리나라는 본인의 노력과 의지와 상관없이 부동산 등 자산에 의한 경제적 격차를 너무 심하게 경험한다는 점이 문제에요. 현실적으로 부와 소득의 양극화 문제가 해결되어야 미래로 나가는 청년들에게 희망을 줄 수 있다고 생각해요.

그러나 청년들이 이러한 불균형 현상 탓만 하고 있을 수 없잖아요? 사회 문제에 대해 해결해야겠다는 소명의식을 가지고 주체적인 삶 속에 더 나은 세상을 만들기 위해 도전해야 합니다. 6.25전쟁 직후 우리나라는 세계에서 제일 못 살았던 폐허의 나라였습니다. 지금보다 정말 더 막막했을 때, 청년들은 도대체 무슨 생각을 갖고 일하며 살았을까요? 누가 이 나라를 세계 상위권의 산업화와 민주화 국가로 만들어냈죠? 이 더블 미라클double miracle은 일주일에 월, 화, 수, 목, 금, 금, 금 일하면서 매일 별 보고 나갔다가 별 보고 집에 들어온 모든 청년과 국민의 땀이 적분되어 나타난 결실이지 기적이겠어요?

2. 대한민국 사회의 미래와 그 속에서 청년들의 역할은 무엇일까요?

우리 사회가 더욱 공정하고 지속가능하며, 조화로운 쪽으로 움직이고 있는지 청년들 스스로가 질문해보고 답해봐야 해요. 지구촌 문명은 공정함, 어울림, 오래감, 제다움, 이렇게 4가지 요건을 갖춰 융성하고 진화해야 합니다. 그런 과제를 가지고 국민의 근심걱정을 덜어주며, 국민의 필요Needs를 분석Aanaysis하고, 처방Recipe을 만들어 실체화Action하는 역할, 즉 N.A.R.A.가 필요합니다. '이게 나라다!'라고 할 정도로 좋은 정책을 만들겠다는 적극성이 청년들에게 필요하다고 봅니다. 양극화 사회가 아닌, 모두가 어울려 잘 사는 나라를 만드는 소명의식을 가지고 창의롭게 실행방안을 찾아내야 합니다.

3. 그렇다면 국가발전을 위한 정책은 어떤 방향으로 가야 할까요?

무엇보다 국민의 근심걱정을 덜어주는 쪽으로 초점을 맞추는 게 좋아요. 개개인이 타고난 천부적 잠재력을 계발하는 '사람키우기', 어울려 살 수 있는 집과 마을 구조를 만드는 '삶터 가꾸기', 먹고 사는 문제를 해결하는 '먹삶만들기', 민족화합, 국역國域통일, 외교통상을 포괄하는 '울담펼치기', 보다 더 조화롭고 정의로운 사회를 만드는 '바름세우기', 세금 낭비 없고 부패 없이 알뜰하게 예산을 집행하는 '알뜰 살리기'로 축약됩니다. 이렇게 6가지 국가 정책 프레임 속에서 실질적인 필요분석과 처방처리를 하고 통치가 아닌 국민들을 위한 봉치奉治로 가야 합니다. 다시 말하면, 국가경영 정책방안은 국민 속에서 'in the people', 그 씨앗이 만들어지고 국민과 함께 'with the people', 정책 나무를 키워 국민에게 'to the people', 그 열매가 돌아가도록 하는 혜민광평책惠民廣平策이어야 합니다.

[19대 국회 법안 가결률 1위
문정림 전 국회의원
(전 가톨릭의과대학교 재활의학과 교수)을 만나다]

1. 청년에게 있어 행복과 희망이 갖는 의미는 무엇일까요?

행복지수를 측정하는 지표가 여러 가지가 있겠지만, 저는 행복이란 바라는 것을 분모로 할 때, 채워지는 것이 분자로 하는 분수로 표시할 수 있다고 생각해요.

그러기에 청년에 있어 행복은, 자신이 무엇을 바라는지를 자각하는데서 시작하며, 나아가 그것을 채워나가는 것이 중요하다고 생각해요.

중고등학교, 대학교 과정에 이어 청년은 취업, 그리고 미래를 위해 행복을 스스로 유예하거나, 유예해야만 하는 상황에 놓이게 되죠. '결혼하면 행복할 거야'라고 희망을 갖지만, 당장 결혼은 물론이고, 주택 문제, 생계 문제, 출산, 육아 걱정 때문에 어려움을 겪고 있는 경우가 대다수이죠.

이렇게 청년들이 현재의 행복과 미래의 행복을 위해, 채워져야 할 것을 유예해야만 하는 상황에서는 '희망'이라는 것이 매우 중요하죠. 현재는 채워지지 않았지만 '지금 이렇게 하고 있기 때문에 좋아질 거야'라는 마음의 상태, 이러한 희망이 중요한 것이죠.

그렇기에 청년들이 왜 희망을 갖기 어려운지, 청년들이 생각하는 희망은 무엇인지를 정의하는 것이 최우선적으로 중요해요. 나아가, 청년이 내내 청년으로 머물러 있는 것은 아니기에, 나이가 들어 그 이후의 삶으로 넘어가는 그 시기를 잘 넘어서야 건강한 중장년이자 건강한 국민으로 바로 설 수 있다고 봐요. 이런 점을 염두에 두고, 청년의 입장에서 바라본 행복과 희망을 정의해야만, 청년 문제의 해결 방안이 논의될 수 있을 것입니다.

2. 청년 문제 해결을 위해서 논의해야 할 것은 무엇일까요?

청년 문제 해결을 위해서는 국가 정책이 제대로 수립되고 발휘되도록 하는 것이 무엇보다 중요하겠죠. 즉, 청년 문제 해결을 위한 정책이 제대로 발휘되려면, 기본적으로는 국정과제를 바탕으로 하며, 입법과 국가 예산이 투입되어야 하기에, 정부에 대한 국회의 역할이 중요해요.

청년의 입장에서는 입법 면에서, 청년기본법 등 청년을 위한 입법이 제대로 이루어지고 있는지, 관련 법에 청년 문제를 해결할 조항이 포함되어 있는지 확인하는 것이 중요해요. 또한 예산 면에서는 국가가 청년을 위해서 예산을 별도로 마련해야 하는지, 지속적으로 투입 가능한 것인지, 또한 이를 위해 정부의 어떤 부처가 담당할지를 생각해 보고 관심을 기울여야 하겠죠.

저는 입법을 할 때 고려해야 할 것은 4가지라고 봅니다. 첫째, 꼭 필요한 법인가, 둘째, 필요한 법인데 행정 지원이나 예산 지원이 가능한가, 셋째, 행정 지원과 예산을 마련해야 할 정도로 정말로 중요한 것인가, 넷째, 국가의 미래 비전, 국가의 가치를 제시할 수 있는 것인가. 이 4가지를 입법 과정에서, 심사숙고해야 한다고 생각해요.

청년 문제 해결을 위한 입법과 예산에 있어서도, 위 4가지를 고려해야만 합니다.

특히 국가의 미래 비전, 국가의 가치를 제시할 수 있다는 점에서, 청년들은 희망 전략으로서 청년을 위한 입법과 예산이 국가적으로 논의되도록 함께 해야 할 것입니다.

제4장 ● ○

대한민국의 청년 문제는?

1

청년 문제는 무엇인가?

청년 문제가 심각하다. '헬조선' '이생망' 'N포 세대' 등 청년들의 어려운 상황들을 나타내는 자조 섞인 신조어들이 언론과 미디어에 심심치 않게 등장하고 있다. 지속되는 청년 실업난과 하늘을 치솟는 집값으로 지옥고(지하방, 옥탑방, 고시원)의 주거 빈곤에 시달리는 청년들. 미래를 저당 잡혀 노량진으로 향하는 청춘들. 너무나 절망적인 수식어들이 청년들의 암울한 현실을 조명하고 있다.

청년 문제가 여러 차례 대두되며 수많은 정책과 예산을 투입하고, 다양한 시도를 통해 청년 문제를 해결하려 노력하고 있다. 실제 부처별로 청년 정책 예산은 분류에 따라 10조 원에서 20조 원에 달한다. 정치권에서도 청년 대변자를 자처하는 목소리도 적지 않다. 오랜 시간 청년들은 보호받아야 하는 청소년과 사회를 주체적으로 끌어가는 어른 사이 어디쯤 모호한

위치로 구분됐다. 청년 사회 문제가 불거져도 그 문제를 책임 지고 조정할 수 있는 기관, 부처도 존재하지 않았다. 청년 문 제가 불거질 때마다 '너무 유별나다' '어느 시대나 청년 시절은 힘들었다' '그 나이 때는 사서 고생할 때이다'라는 등의 이야기 들도 함께 존재한다.

청년 문제는 실재한다. 그리고 그 무엇보다 중요하다

청년 문제가 심각한 사회 문제로 대두되고 있다. 그러나 여 전히 청년 문제는 존재하지 않는다고 접근하는 시각이 공존한 다. 청년 정책은 국가가 제시하는 사회 정책에서 청년을 대상 으로 하는 정책만을 재분류한 것뿐, 새로운 청년 정책 분야의 실체는 없다는 견해도 존재한다. 문제의 심각성을 주장하며 청년 정책의 지속적이고 체계적인 연구의 필요성을 언급하고 실질적인 제도 개선을 요구해도, 모든 세대가 힘든 상황에서 특정 세대만의 이익을 바라는 이기주의로 치부되는 경우도 종 종 있다. 이러한 시각은 청년 정책이 독립적으로 다뤄질 필요 가 없다는 주장으로 흐를 가능성이 높고 실제로 정책 선정 과 정에서 중요성과 시급성 차원에서 후순위로 밀려나기가 다반 사였다.

그러는 동안 한국 사회는 어떻게 되었는가? 청년들에게 희망을 주고 자립 지원을 통해 공평한 기회와 도전할 수 있는 환경을 마련해주지 못한 상태로 오랜 시간이 흘렀다. 경제적 불평등은 심화되고 삶의 격차는 벌어졌으며 공정한 구조가 마련되지 못한 사회 속에서 청년 문제는 곪아 터져 나오고 있다.

이미 도전할 힘을 잃은 청년들은 무기력함, 우울증, 자존감 상실, 미래에 대한 불안감으로 인해 무엇보다도 안정을 추구하게 되었고, 이는 사회 활력을 떨어뜨리는 심각한 사회 변화를 양산했다. 장기화되고 굳어진 청년 사회 문제로 인해 물리적인 삶의 질 저하뿐만 아니라 심리적으로 공정성을 잃어버린 사회에 대해 분노와 불신감이 팽배해졌다. 이는 고스란히 비역동성의 행태로 발현된다.

더욱 안타까운 것은 대한민국에 있어서 도약의 기회가 될 수 있는 4차 산업혁명을 맞이하는 이 시기에 청년들은 전혀 그 기회를 체감하지 못하고 도전할 여력조차 갖고 있지 못한 채 그저 시간만 흘러가고 있다는 점이다. 기술, 미디어에 상대적으로 익숙하고 역량을 갖춘 청년들이 4차 산업혁명의 신기술, 신산업 분야의 큰 흐름을 타고 발전하지 못한 채 오히려 낙오되고 뒤처지고 있다. 그러는 사이 다른 국가들은 신산업에 적응하며 발전하고 있다. 안타까운 현실임과 동시에 국가적으로도 큰 손실이 아닐 수 없다.

청년 시절은 축적의 시간이어야 한다. 성장 역량을 축적하고 다가올 미래 사회에 대비하여 그에 걸맞는 대비를 해야 한다. 이 시기를 놓쳐 경쟁력과 성장 동력을 형성하지 못해 희망과 자신감을 잃어버린 채로 30대를 지나 40대를 맞이하게 될 때 그들이 사회 곳곳에 어떠한 모습으로 살아가고 있을지를 상상해보라. 마치 생명력 없이 기계적으로만 움직이는 좀비 사회로 치달을 수도 있다. 그때서야 회복을 통해 개인과 사회에 활력이 생길 수 있도록 한다면 굉장히 오랜 시간이 걸릴 것이다. 어쩌면 불가능할지도 모른다.

현재의 청년 문제는 내일을 보여주는 오늘의 상징이다. 여기서의 내일은 바로 미래의 한국 사회 모습을 의미한다. 불과 8년 전만 해도 청년 문제를 바라보는 시각은 냉소적이었다. 그러나 이 문제가 심각하게 불거지면서 사회의 활력이 떨어지고 국제 사회에서조차 그 심각성을 지적하면서부터 달리 인식되기 시작했다. 청년 문제는 자립을 지원해서 출발할 수 있는 환경을 만들어주는 일과 자존감, 자긍심을 높여서 경쟁력을 갖추게 하고, 공정한 사회 구조 속에서 도전하게 만드는 일이 중요하다. 또한 4차 산업혁명 시대에 새로운 먹거리를 마련하기 위해 제도와 환경을 변화시켜야 한다. 그리고 그 신산업에 뛰어드는 청년들, 경제 주체를 지원해야 한다.

청년 문제는 작고 단순한 문제가 아니다. 청년 사회 문제가 해결되지 않는다면 지속 가능한 국가 경쟁력을 유지하기가 어렵다. 현재의 청년 문제는 고등학교 졸업 후 사회로 나올 청소년, 아직 태어나지도 않은 미래 세대에게까지 이어질 것이다. 해결할 수 있는 시기를 놓치면 엄청난 흉터가 남겨지게 될 것이고, 그 흉터가 아물고 새살이 돋기까지 꽤 오랜 시간 앞으로 나아가지 못하게 될 것이다. 돌이킬 수 없는 상황에 내몰리기 전에 시급히 해결해야 한다. 이미 청소년들에게도 지금의 청년 사회 문제가 전이되는 양상을 보이고 있다. 고등학생이 공무원 시험을 준비하고 대한민국에서 아이를 갖고 싶지 않다고 이야기하는 20대 초반 청년들이 그 증거이다. 현재의 청년 문제가 미래 세대에게까지 이어진다면 대한민국의 미래는 없다.

2

청년 문제의 본질은
감정이다

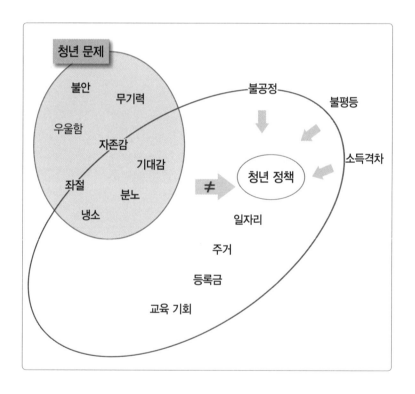

청년 문제의 본질은 과연 무엇인가? 청년 문제의 본질은 감정이다. 수많은 청년이 '헬조선'을 말하고, 대한민국을 떠나고 싶어 하는 현상, 국가를 신뢰하지 않고 미래를 불안해하며 자신감을 잃어가고 자존감은 무너진 채로 하루하루를 살아가는 상황들, 이 모든 것은 감정으로부터 촉발된다. 현재 청년 문제에서 해결의 중심으로 떠오르는 분야는 일자리 분야이다. 취업에 성공해 저마다 일자리를 갖게 되면 이 모든 청년 문제는 사라질까, 그렇지 않다. 오히려 취업한 직장인 청년들도 매일매일 '지금 내가 하는 일이 평생 할 수 있는 일인가?' '이 일이 과연 나를 위한 일인가?'라고 반문하며 살아가고 있다. 항상 미래가 불안하고, 내가 원하는 것에 새롭게 도전하고 싶지만 실패하고 낙오될 것 같아 겁이 난다고 이야기한다.

현재 대한민국 내에는 정치, 경제, 안전사고 등 많은 문제가 존재한다. 그리고 이러한 문제는 청년의 문제와 맞닿아 있다. 정치에 대한 불신, 노동 시장의 구조적 문제, 실업난과 부채의 문제, 날로 높아지는 집값으로 인한 독립과 결혼의 어려움 등 이러한 대한민국의 문제는 사회적으로도 경제적으로도 취약한 청년들을 더욱 어려운 상황에 놓이게 한다. '먹고 살기 어려운 사회 문제'가 이제 막 사회에 진입한 청년들에게 현실적인 어려움을 만들어내며 불안감, 부담감, 행복감의 저하, 자신감 하락 등 부정적인 감정을 심화시키고 있다.

감정은 개인의 문제이다. 자기 자신이 알아서 관리하고 극복해야 한다. 청년 스스로가 이러한 어려움을 극복해 나가려는 의지와 수많은 문제에도 불구하고 도전할 수 있는 열정과 의지를 가지고 감정 문제를 이겨낼 수 있어야 한다. 그러나 취업난, 양극화 현상 등 현실적인 사회 문제가 불거지며 개인 혼자서는 도저히 해결할 수 없는 지경까지 이르렀다. 개인이 노력하고 도전해서 문제를 해결해나갈 수 있는 범위는 이미 지나버렸다. 이미 국가·사회적으로도 해결하기 어려운 난제가 된 지 오래다. 이러한 상황에서는 청년 문제를 단순히 개인의 문제로만 치부해서는 안 된다. 조금 더 본질적으로 들어가 보자.

대한민국에서 살아가는 국민 대다수는 짧게는 12년, 길게는 16년을 넘게 학교라는 제도 안에서 주입식 교육 속에 경쟁하고 평가받는 과정을 거친다. 청소년기 시절, 선생님, 부모님이 하라는 대로 다른 것은 생각하지 않고 공부만을 해왔다. 꿈보다는 점수를 높게 받는 것이 중요한 삶이었다. 그러나 20세가 되어 대학교, 사회에 나갔더니 갑자기 스스로 생각하고 꿈을 가지고 마음껏 도전하라고 한다. 스스로 사고하고, 무엇이 좋은지, 어떻게 문제를 해결해야 하는지 배워본 적이 없다. 대학 때까지 배워온 지식도 사회를 살아가는 데 필요한 역량과는 거리가 멀다. 하다못해 경제적 관념조차 제대로 배우지 못한 채 '자신의 능력껏 살아내야 하는' 사회 속에 내던져지는 것이다. 이미 고착화된 노동 시장과 세상 속에서 경험도 없고 인프라도 없는 청년들이 끼어 들어갈 자리는 한정적일 수밖에 없다. 이것도 경제가 성장하고 있는 상황에서는 심각한 문제가 되지 않는다. 그러나 현재의 대한민국 경제는 멈춘 상태이다. 그 어떤 성장도, 발전의 동력도 잃어버린 채 멈춰 있다. 청년들은 이러한 현실에서 그 타격들을 고스란히 받고 있다. 사상 최악의 취업난, 청년들의 대다수는 평범한 삶조차 영위할 수 없을지도 모른다는 불안감과 좌절감에 빠져버렸다.

교육, 경제뿐만 아니라, 지역과 사회 환경에 의해서도 너무나 심각한 청년 문제, 감정의 문제가 발생하고 있다. 지역에 사는 청년들을 인터뷰해 보니, 태어나고 자란 지역에서 살고 싶지만, 일자리가 없어 다들 취업을 하기 위해 서울로 이동해 남아있는 친구들이 거의 없다고 한다. 지역에는 기회와 가능성이 제한적이라며 서울과 수도권 중심으로 개발된 사회, 경제, 산업 구조를 아쉬워했다. 지역에 사는 청년들은 자의반 타의반으로 다른 지역으로 이동해 삶을 꾸려나갈 수밖에 없으며, 이로 인해 겪는 사회적 격차감, 외로움과 경제적 부담감은 오롯이 본인이 감내해야 한다. 그리고 이는 개인의 노력만으로 해결할 수 없는 구조적인 청년 사회 문제가 되었다.

현재를 살아가는 청년들이 안고 있는 수많은 사회 문제들을 어떻게 청년 개인의 노력 부족이라 탓하고, 도전이 아닌 안정만을 추구한다고 비판하고 지적할 수 있겠는가. 이러한 상태가 만들어질 수밖에 없는 사회 구조적 문제를 해결해야 한다. 단순히 현상만을 표면적으로 바라보고 '너의 생각과 행동이 잘못됐어'라고 재단할 것이 아니라 청년들이 살아온 환경에 의한 심리적 작용 때문에 발생한 것이라고 이해할 수 있어야 한다. 그리고 그들의 환경이 과거 80년대 90년대와는 확연하게 다르다는 사실을 인정해야 한다. 현재의 청년 문제를 '문제'로만 인식하고 현재의 상태만을 중심으로 접근해서는 본질적으로 해결할 수 없다. '왜 그렇게 되었는지'를 수없이 되새기고 파헤쳐 그에 대한 원인을 찾아 차근차근 해결하려는 노력이 필요하다.

3
청년 문제가
해결되지 않는 이유

반복되는 청년 정책의 실패

청년 사회 문제는 앞서 말한 바와 같이 청년 의식과 개인의 노력만으로는 풀어나가기 어렵다. 이를 해결하기 위해서 수많은 정책이 나오고 있지만, 그 역시도 청년 문제를 본질적으로 해결하는 데 결정적인 도움을 주지 못하고 있다. 세대별로, 각 계각층마다 청년에게 기대하고 바라는 청년상이 상이하며 저마다 각기 다른 청년의 역할을 기대하고 요구한다. 그뿐만 아니라 해결안을 모색하여 방안을 마련해내는 학자, 연구가, 정책결정자, 정치인마다 내놓는 청년 문제의 원인 진단과 방법도 너무 상이하다.

청년 정책의 반복적인 실패는 청년 대상자 중심이 아닌 청년 정책을 설계하는 공급자 중심의 정책 설계 및 집행 때문이다. 해법을 마련하는 방안도 청년들의 삶을 근본적으로 변화시키는 것과는 거리가 멀다. 청년을, 청년 문제를 단순히 생물학적 나이와 과거 세대의 시각에 맞춰 바라보고 있기 때문이다.

21세기를 살아가는 청년들이 안고 있는 문제는 복잡하다. 그리고 난해하다. 한 가지의 원인만으로는 작금의 청년 문제를 정의하기 어렵다. 일단, 청년이라는 대상을 한 주체로만 보기 어렵다. 과거의 청년들은 고등학교 졸업 후 자연스럽게 바로 사회생활에 뛰어들거나 대학에 입학하고 졸업하여 직장을 구했다. 어느 정도 직장을 다니다가 '결혼 적령기'가 되면 결혼을 하고 그 후에는 아이를 낳아 가정을 이루고 살아가는 것이 너무나 당연했다. 자연스레 청년을 대상으로 하는 정책도 나이대별로 경험하게 되는 생애주기에 따라 단순한 패턴으로 설계되었다.

현재의 청년들은 과거와는 다른 삶의 패턴을 보인다. 대학생만 하더라도 같은 연령대의 청년들이지만 대학 졸업 전에는 재학생, 재수생, 복학생, 편입생, 졸업 유예자 등으로 나이와 관계없이 다양한 상태를 유지한다. 대학 졸업 후에는 더욱 복잡해진다. 구직 활동 중인 미취업자, 구직 비활동자인 미취업자, 정규직인 취업자, 비정규직인 취업자, 프리랜서, 창업가 등 더욱 다양한 상태로 분류된다. 심지어 같은 나이어도 어떠한 상태에 놓여 있느냐에 따라 의식 구조부터 삶의 모습까지 전혀 다른 패턴을 보인다. 결혼과 육아도 적령기의 의미 부여가 많이 줄어들었다. 나이, 직업, 소속 등 다양한 상태에 놓여 있는 청년들은 각자의 패턴에 따라 자신에게 가장 적합한 삶의 방식을 선택하고 목표를 실현하기 위해 노력하며 살아간다.

청년 시기를 정의하는 것 또한 단편적이지 않다. 청년 시절은 미래를 준비하는 축적의 단계임과 동시에 유아기, 청소년 시절의 부족한 부분을 채워 나갈 수 있는 재조정, 보완의 단계이기도 하다. 과거 어떠한 삶을 살아왔는가에 따라 다른 청년 문제를 갖게 되며, 어떠한 모습으로 살 것인가에 따라 각기 다른 방향의 해결 방식이 필요하다. 단선적인 문제 진단에서 벗어나야 한다.

과거 보편적인 인생의 모습들을 기준으로 현재의 청년들의 삶을 끼워맞추는 것은 불가능해졌다. IT 기술이 생활 전반에 활용되면서 그 다양성이 더욱 활발해졌다. 이제는 초등학생도 유튜브를 통해 경제적 활동을 영위한다. 일반 직장인이 연예인 못지않게 대중들에게 영향력을 끼치며, 기업들조차 그들의 매체를 통해 제품을 홍보한다. 과거에는 상상할 수 없었던 일이다. 10명이면 10명 다 다르게, 자신들의 삶을 살아가고 있다. 틀린 것이 아니라 다른 것이다. 그것을 인정한 상태에서 현실을 바라보는 것이 중요하다.

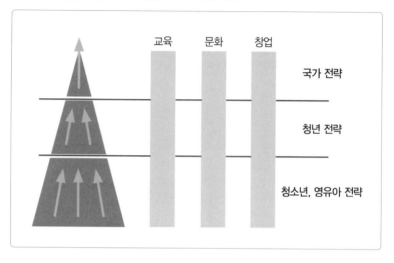

그동안 제시되어 온 기존의 사회 문제에 대한 수많은 해법과 국가가 집행하는 국가 정책이 청년 문제를 해결하지 못하고 있다. 이는 국가의 거시적인 전략이 청년 사회 문제와 직결되지 않고 굴절된reflected 현상이 생겨나기 때문이다. 청년 문제의 본질은 감정이다. 이러한 감정 문제를 해결하기 위해 자신감을 되살리고 두려움 없이 도전할 수 있는 희망이 있는 상태가 될 수 있게 외부적 환경을 만들어줘야 한다. 그러나 지금까지 집행되어 온 청년 정책만으로는 불평등, 사회격차를 해소하고 공정한 기회가 제공될 수 있는 환경을 만드는 데 역부족이었다. 그저 현재 상황만을 해결하는 단기적 대책 중심으로만 집행됐다. 켜켜이 쌓여 온 사회 문제가 맞닿아 청년들이 희망을 잃고 도전하고 자립할 수 없게 된 문제의 본질을 깨닫고 거시적인 국가 전략 속 미시적인 청년 정책으로 정렬^{align}되어야 한다.

그동안의 사회 문제에 대한 해법 방식이었던 기능적 접근만으로는 청년 문제를 해결할 수 없다. 기능주의적 사고와 분절적 접근 방식을 융합한 방식이어야 한다. 또한 기존과는 다른 가치관과 의식을 형성하고 있는 청년 그 자체를 이해하려 노력해야 한다. 청년 사회 문제를 바라보고 해결하려 할 때 그 해법은 본질적이어야 하며, 지속가능하고 미래지향적이어야 한다. 그리고 무엇보다 국가에 바람직한 방향이어야 한다는 것이다. 이러한 방향으로의 전환이 이루어지고 국가, 청년의 유기적 관계 속에 선순환 구조로 정책 생태계가 이루어질 때 대한민국에 희망이 생겨날 수 있다.

4

새로운 희망을 만드는 청년

청년들도 그들의 역할을 해야 한다. 청년들 자신도 수동적으로 국가가 청년들을 위해 해주는 것만을 바라지 않는다. 실제 청년들에게 설문 조사를 한 결과 '대한민국 청년으로서 해야 할 역할과 자세'에 대해서 청년 2명 중 1명이 '주체적인 삶과 목표를 위해 도전하는 자세(46.7%)'를 가장 많이 꼽았다.

청년들은 열정, 꿈, 자아실현이라는 가치를 추구하며 주체적인 삶과 목표를 위해 역량을 쌓고, 도전해야 한다. 이는 시대가 바뀌어도 유지되어야 하는 기본적 가치에 해당한다. 청년이라면 누구나 가져야 하는 가치이자 자세이다.

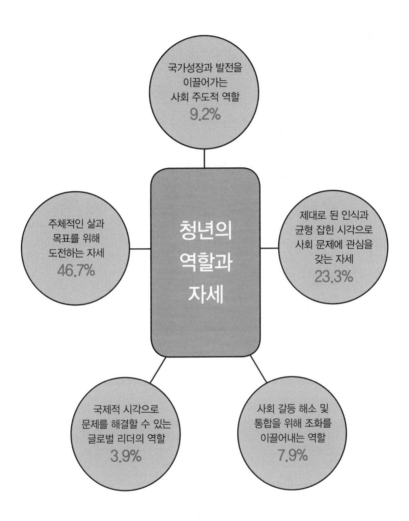

국가성장과 발전을
이끌어가는
사회 주도적 역할
9.2%

주체적인 삶과
목표를 위해
도전하는 자세
46.7%

청년의
역할과
자세

제대로 된 인식과
균형 잡힌 시각으로
사회 문제에 관심을
갖는 자세
23.3%

국제적 시각으로
문제를 해결할 수 있는
글로벌 리더의 역할
3.9%

사회 갈등 해소 및
통합을 위해 조화를
이끌어내는 역할
7.9%

그렇다면 시대상에 따른 청년의 역할은 어떠할까? 과거와 현재, 어느 시대나 청년의 역할은 같을까? 그렇지 않다. 각 시대에 따라 삶의 모습은 달라지며, 21세기를 살아가는 청년들의 삶 속에서도 기존의 기준과 가치가 아닌 또 다른 시대상이 등장하고 있다.

부모님 세대 때만 하더라도 사회의 성공은 판사, 검사, 의사 등 '사'자 직업으로 정의되곤 했다. 누구보다 빠르게, 경제적으로 성공하는 것이 가장 중요하며, 사회의 기준 속에 자신을 끼워 맞추는 것이 너무나도 당연한 보편적인 삶의 모습이었다. 그러나 현재는 그렇지 않다. 전혀 다른 미래 사회 가치

| 성공한 삶에 대한 평가 기준 1순위

평가 기준	비율
자아실현/자아성취(좋아하는 일을 하는 것 등)	29.7%
친구/대인관계	2.0%
행복하고 화목한 가정	27.2%
사회적 인정(명예, 권력 등)	4.9%
경제적 성공(재산, 경제력)	22.9%
직업/직장	0.9%
삶의 여유(취미생활 영위 등)	9.9%
건강	2.3%
연인/이성관계	0.2%

가 도래했다. 이 나이 때는 이걸 해야 하고, 결혼은 반드시 해야 한다는 등 일반적으로 통용된 기준으로부터 자유로워지고 있다. 사람마다 페이스가 다르고, 가치관이 다르고 성공하는 속도가 달라지고 있다. 현재의 청년들은 재산 등 경제적 성공보다는 자아실현과 자아성취가 이뤄졌을 때 '성공한 삶'이라고 이야기한다. 나만의 속도, 나만의 개성, 내 주체적 삶의 모습에 대한 가치를 중요하게 여기며 살아가고 있다.

이러한 성공 가치 속에 사회는 다양성과 역동성이 생기게 된다. 천편일률적인 인생에서 벗어나 360도 다각도로 목표가 설정되고 도전하는 청년들의 모습 속에 활기찬 미래가 존재한다. '왜 평범하게 살지 않느냐' '왜 그렇게 남들과 다르게 생각하느냐'라고 타박할 것이 아니라 오히려 자신만의 꿈을 찾아가는 사람, 자신의 신념대로 사는 사람들이 존중받고 인정받는 사회가 되어야 한다.

청년의 본분, 역할은 달리 있지 않다. 삶의 기준에서 과감히 벗어나 개성 있게 자기 삶의 방식을 추구해야 한다. 내 삶을 주체적으로 잘 살아가고 그 모습이 올바른 방향으로 국가적·거시적 방향과 일치할 때 자신의 본분과 역할을 다하는 것이다.

1. 이 시대의 청년 역할과 본분은 무엇이라고 생각하십니까?

현실적으로 청년들이 할 수 있는 역할과 범위는 한정되어 있다고 생각해요. 청년들이 해야 하는 역할은 주어진 자리에서 할 수 있는 일을 열심히 하는 것이 아닐까요? 그것이 나라를 위한 일이고 본인을 위한 일이라 말하고 싶네요. 다만 한 가지만 덧붙이자면, 사회에 대한 문제의식은 놓지 않았으면 해요. 사회에는 교육, 문화, 정치 등 많은 문제가 산재해 있죠. 그러한 문제점을 들여다 볼 수 있는 전문가가 되었으면 해요. 실제 존재하는 일을 보고 거기서 통찰력insight을 도출하는 것이 굉장히 중요해요. 열심히 살아가는 가운데 문제의식을 갖고 살아가 주세요. 그것이 가장 중요한 일이라고 생각합니다.

청년의 본분에 대해서는 안중근 의사를 예로 들어볼까요? 그는 부잣집 아들로 태어나 그 당시에 최고의 교육을 받았던 사람이었어요. 하지만 29세 젊은 나이에 모든 부를 버렸고 교육사업과 나라를 위해 일을 하는 큰 위인이 되었죠. 29살의 청년 안중근에게도 본분이 있었던 거죠. 지금처럼 사회가 안정적으로 갈 때는 젊은 사람들에게 큰 역할은 없을 것이라 생각해요. 그러나 나라가 위태로워졌을 때, 위기가 다가오고 있을 때, 그 본분이 커진다고 봐야 합니다. 마치 안중근 의사처럼요. 청년의 본분은 시대가 만드는 것이라고 생각해요 그러나 안정적인 사회에서는 주어진 상황에서 최선을 다하는 것이 청년의 본분이 아닐까 생각합니다.

2. 이 시대가 필요로 하는 리더는 어떤 모습일까요?

지도자가 되려면 공부를 많이 하고 역사를 배워야 한다고 생각해요. 리더십을 가지려면 과거의 우리 조상들이 특정한 상황에서 어떻게 처신했는지를 알고, 어떻게 성공하고 실패했는지를 알아야 하죠. 젊은 에너지를 지닌 청년들이 40~50대를 도와 나라의 변화를 이끌어 주었으면 좋겠어요. 그래야 그 변화가 성공 가능성이 있다고 보이니까요. 40~50대는 배운 사람들이고 그들이 제시하는 이야기는 흡수력이 있죠. 그리고 여러분들은 그걸 옆에서 보고 배울 필요가 있지 않을까요? 그러다 보면 청년들이 나라를 이끌 세대가 되어 있을 것이고 그것이 우리 청년들이 해야 할 일이 아닐까 생각해요. 걱정도 될 거예요. 그리고 답답도 하겠죠. 세상은 꼭 내가 생각하는 대로 가지 않으니까요. 그러니 우리는 이 사실을 정확히 인지하고 역사를 바꿀 수 있는 젊은 세대가 되어야 해요. 역사를 만들어가는 사람, 역사를 창조해가는 리더가 되자는 것입니다.

제5장 ●○ 아시아의 다른 나라는?

1

중국과 일본에 대한 분석
왜 필요한가?

이번 장에서는 해외 청년들의 삶과 희망에 대해 고찰해 보고자 한다. 특히 중국과 일본 사례를 알아보는 것은 다음 몇 가지 이유에서 매우 중요하다.

첫째, 한·일·중 3국은 전통적으로 유교 문화권을 형성했었다. 둘째, 우리나라를 포함한 3국이 '국가주도발전주의 경제 성장 시스템'을 채택했다는 점과 제조업과 같은 산업 구조와 교육 시스템 등에서 공통점이 많다. 셋째, 경제 성장 및 사회 발전에 있어 일본은 우리나라의 선발주자이다. 이는 우리나라의 경제 및 사회적 발전에 대해 미리 예측하고 도출되는 문제점들을 예방하고자 할 때 도움이 될 수 있다.

중국은 성장과 발전에서 우리의 후발주자이지만 청년에 대한 과감한 투자로 세계적인 기업가를 많이 배출하고 있다. 우리의 현재 위기를 어떻게 극복할지 알고자 할 때 도움이 된다. 이러한 이유로 이번 장에서는 중국과 일본 청년들의 현재 삶과 그들이 느끼는 희망의 개념, 그리고 정부의 청년 정책 등을 살펴보고자 한다.

중국 사회는 청년들이 노력하여 꿈을 이뤄가며 그에 합당한 보상이 뒤따르는 사회였다. 중국 청년들은 '성공'이란 희망을 가지고 매우 진취적이며 도전적으로 삶을 살아가고 있다. 이와는 반대로 일본은 2010년 초반까지 청년들의 삶이 매우 힘들어 미래에 대한 기대와 희망을 단념하는 '희망 포기'의 사회라고 정의되어 왔다. 아베노믹스 이후 현재까지 일본 청년들의 삶은 적어도 고용 회복 면에서는 많은 진보가 있었지만 일본 사회는 여전히 내가 좋아하는 일, 만족할 수 있는 보상, 나를 발전시킬 수 있는 희망에 도달하는 조건 세 가지가 충족되지 않고 있었다. 그럼에도 불구하고 현재 한국 청년들의 삶은 중국, 일본 두 나라보다 매우 절망적이고 힘든 상황에 빠져있다. 절망적인 사회 구조를 개선하고 청년들이 희망을 가질 수 있게 하기 위해 중국과 일본의 사례를 분석해보자.

2

중국

중국 청년들에게 희망이란?
'희망 = 야망'

1978년 덩샤오핑의 개방 경제 이전까지 중국은 인구 80%에 해당하는 농민들이 아사 직전까지 가는 등 경제적으로 매우 어려운 상황이었다. 덩샤오핑은 중국의 국가설립 목적이던 공산주의 경제 시스템의 실패를 인정하고, 자본주의 경제 시스템을 도입한다. 그리고 자본주의를 바탕으로 한 '실험적 시장 경제 사회주의로의 도입'에 성공한다. 공산주의를 이념으로 했던 중국으로서는 시장 경제 도입은 하늘이 무너지는 것 같은 결정이었을 것이다. 중국은 그렇게 완벽히 대비되는 경제 구조를 도입하였고, 아사 직전까지 갔던 많은 국민들을 구해내는데 성공하였다. 그 후 중국은 평균 10%대의 GDP 성장을 지속하면서 30년 뒤에는 경제 면에서 세계에서 두 번째로

막강한 국가가 되었다.

이런 발전 속에 중국 청년들을 관통하는 키워드는 '야망'이다. 도시에 있는 대학생이든 시골에서 도시로 상경한 가난한 농민이든 노력하면 성공할 수 있다는 생각을 하고 살아간다. 또한 그들은 성공을 이루기 위해서라면 한 방에서 8명씩 지내야 하는 열악한 환경도 마다하지 않는다. 그들에겐 '오늘보다 내일이 나을 것이라는 기대'와 '언젠가는 성공할 수 있다'는 희망이 있기 때문이다.

중국인들은 현재 그들이 처해있는 사회·경제적 상태에 큰 불만이 없으며 일반적으로 개인의 미래에 대해 긍정적으로 전망하는 것으로 나타났다. 2007년 실시되었던 퓨리서치센터의 글로벌 태도 및 동향 조사에 의하면 조사에 참여한 중국인들 80% 이상이 현재 중국의 경제 상황에 대해 '만족'을 표시하였으며, 2014년 동일 조사에 따르면 설문에 참여한 중국인의 89%가 해당 연도의 경제적 상황과 미래에 대해 '만족'과 '낙관'을 나타냈었다. 이는 설문 조사국 45개 가운데 1위에 해당하는 수치이다.

중국 청년들의 현 실태

중국은 현재 전 세계에서 창업을 가장 많이 하고 있는 나라이다. 2016년 기준으로 하루에 5만 4천 개의 스타트업이 생길만큼 중국인들의 창업 열기는 뜨겁다. 2014년 창업을 첫 커리어로 선택한 중국 대학생들은 약 290만 명으로, 당해 연도 중국 공무원 시험 응시자 수가 140만 명인 것과 비교해 보았을 때, 중국 대학생들은 공무원보다 창업을 더 선호함을 알 수 있다.

이처럼 중국 청년들은 창업에 대한 강한 의지가 있으며 대기업과 공무원처럼 안정된 삶보다는 자기 꿈과 희망을 실현하는 것에 더 가치를 두고 있음을 알 수 있다. 이는 중국 청년들이 미래를 낙관적으로 보고 있다는 뜻이며, 실제로 조사에서도 '더 나은 미래가 올 것이다'라는 설문에 중국 20대들의 과반 이상이 동의하였다. 이와는 대조적으로 한국과 일본의 20대는 자신의 미래를 희망적으로 그리는 청년은 과반수 미만이라고 한다.

중국 유학 중 만났던 청년들은 중국의 경제가 매우 희망적이고 언젠가는 미국을 제치고 세계 1위의 경제 대국이 될 것이라고 믿어 의심치 않았습니다. 그들에겐 무엇을 하든 잘될 것이라는 자신감이 있었습니다.

– 30대 청년

현재 중국은 청년들에게 희망의 나라라고 불리고 있다. 중국 청년들은 성공할 수 있다는 희망으로 끊임없이 도전하고 있으며 그 중 몇몇은 10년도 안 되는 사이에 세계 기업가들과 어깨를 나란히 하고 있다. 중국판 포브스라 불리는 후룬 연구원 보고서에 따르면 2016년 전 세계의 40세 이하 청년 중 자수성가로 10억 달러(1조 1천496억 원) 이상을 번 47명 중 18명이 중국 출신, 미국인은 20명이라고 한다. 중국 최고의 청년 억만장자는 드론 제작업체인 DJI를 설립한 왕타오로 40억 달러(4조 5천988억 원)를 보유하였으며 세계 9위의 자산가로 떠올랐다. 이뿐만 아니라 샤오미의 레이쥔 회장, 중국 청년들의 롤모델인 알리바바의 마오 회장도 사례 중 하나이다.

　　블룸버그에 따르면 2017년 세계 부호 400위 중 65%가 자수성가형이었으며, 35%인 141명은 상속형이었다. 놀랍게도 위의 순위에 해당하는 중국인 부호 중 97% 정도가 자수성가형에 해당했다. 반대로 한국은 위의 부호 중 자수성가형은 아무도 없었으며 삼성, 현대차, SK 등의 상속형 부자들만이 순위에 올라 있었다. 한국은 2000년대 초반 신흥 부호에 이름을 올렸던 네이버, 넥슨, 엔씨소프트 이후로 카카오만이 간신히 이름을 올렸을 뿐이다. 자수성가가 거의 없는 사회가 온 것이다. 자수성가형 기업이 없다는 것은 도전하지 않는 사회, 활력을 잃은 사회가 되어가고 있다는 뜻이다.

중국 정부의 주요 스타트업 지원 정책

중국 정부의 스타트업 지원은 몇 가지 개요를 바탕으로 한다. 창업 절차의 개선, 세제 지원, 금융 지원 그리고 창업 플랫폼 지원이다.

| 중국 정부의 스타트업 지원 정책

구분		내용
창업 절차의 개선	공상등기제도	창업 등기비의 인하(3만 위안에서 1위안으로 창업 가능)
	창업 소요 기간 단축	최소 1개월에서 3일로 단축
	삼증합일제도	창업을 위한 각종 증서 통합
	창업 절차	창업 과정에서 필요한 160개의 행정절차 개선
세제 지원	대학생 스타트업 세금 감면	대학 졸업생을 대상으로 창업증 발급을 통하여 3년 동안 각종 세금 항목 등에 대한 면세 혜택(연 8천 위안 이내)
	투자자 세금 감면	스타트업 투자 기업에 대한 세제 지원 (소득세 70% 감면)
금융 지원	스타트업 펀드	총 400억 위안(약 7조 원) 규모의 신흥 산업 관련 스타트업 투자펀드 조성
	투자실패에 손실금 보상	중국 정부 민간 투자자 투자 손실 시 연 최대 500만 위안까지 손실 보전
	중소기업 진흥기금	연 600억 위안 규모의 기금 조성
창업 플랫폼 지원	청년 창업 및 투자 지원을 위한 '중창공간' 전국에 설립 – 엔젤 투자자와 창업 지망생 간 교류 및 투자 활성화	

자료 : 미래창조과학부(2016), KDB 미래전략연구소(2019) 자료를 토대로 작성

중국 정부는 위의 정책들과 같은 정교한 스타트업 지원 정책으로 2015년, 중국의 스타트업 증가율 세계 1위를 기록하였다. 이런 강력한 정부 정책들은 청년 주체의 스타트업 육성을 통해 4차 산업혁명을 선도하고 꺼져 가는 경제 성장 엔진을 청년이 중심이 되는 신성장동력으로 전환하겠다는 중국 정부의 의지로 이해할 수 있다.

청년들을 미래의 주역으로 바라보는 중국

이기훈의 저서 《청년아 청년아 우리 청년아》에 의하면, 중국에서 청년이라는 개념이 생긴 것은 1980년대 후반에 들어서이다. 그 전에는 '청년'을 '소년'이라 부르며 힘이 없고 작은 존재로 인식하고 있었지만, 1890년대가 들어선 후 중국이 서양과 일본의 침략을 겪으면서 힘없는 '소년'은 외세에 저항하고 개화를 이뤄야 하는, 도전적이며 개혁적인 힘을 가진 투쟁의 주체로서의 '청년'으로 다시 태어난다. 이때부터 '청년'은 시대적 과제와 결합하여 언급되기 시작하였다. 이 시기의 '청년'은 '개혁과 변화의 근대적 주체'로서 위기 상태의 중국을 이끌어야 하는 희망이 된다.

1900년대에 량차치오가 저술한 《소년중국설》에서 량차치

오는 새로운 중국, 젊은 중국을 이끌어가는 주체로서 '소년'의 중요성을 역설하였고 소년이야말로 장래의 중국을 만들어갈 책임이 있다고 주장하였다. 이렇게 청년들은 세계열강의 소용돌이 속에서 투쟁하며, 새롭고 강한 중국을 만들기 위한 존재로서 막중한 책임이 부여된다. 중국은 이처럼 국가적 위기를 맞이하고 새로운 시대적 개혁이 필요할 때마다 청년들을 국가적 사명을 이루는 주체로 바라보았다.

중국의 새로운 위기 등장

'경제성장률 하락, 제조업 불황, 소비 심리 위축, 그리고 고용감소'

2010년 전후까지 이어온 고도 경제 성장기의 막이 내리고, 2016년 중국의 성장률은 26년 이내 최저치인 6.7%를 기록하였다. 이는 더 이상 경제 규모에 기댄 성장정책을 지속할 수 없다는 뜻이었고, 향후 실업률이 상승할 것이라는 의미였다. 중국이 실질적으로 지켜온 7% GDP 성장 마지노선이 무너지면서 중국은 저성장으로 인한 경제 위기를 맞이할 가능성이 커지게 된다.

신성장동력으로서 청년에 대한 집중 투자

이에 중국 정부는 경제 위기를 돌파할 주체이자 향후 국가의 성장동력으로서 청년들을 지목한다. 중국 정부가 신성장동력으로 청년들을 지목한 이유는, 중위성장 시대에 실업률이 높아져 일자리가 감소하는데 반해 구직 청년들은 계속 쏟아져 나왔기 때문이다. 실제로 2015년 노동시장에 쏟아져 나올 신규인력이 748만 명으로 예상되었지만 공기업 및 정부 산하 단

| 대학생 창업 지원 정책

구분	내용
2013년 대학 졸업생 취업과 창업에 관한 통지	대학생 지역별 대출지원 정책(약 10만에서 100만 위안까지)
	전문 기술 자문, 정보서비스 및 공공시설 이용 비용 지원 혜택
	대학생 졸업 연도 창업 시 세금 감면 혜택(8천 위안)
	대학생 하이테크 창업 실습 기지에서 창업 시 사무실 임대료 1년 지원
	행정심사 절차 간소화
2015년 대학 졸업생 취업과 창업에 관한 통지	대학 재학생 휴학 후 창업 허용 등 탄력적인 창업 지원 제도 도입
	성공한 스타트업 CEO를 교수로 초빙, 학생들에게 창업 멘토링 제공
	학교 정식 커리큘럼으로 창업 관련 교과 개설
귀국 유학생 혜택	창업 자금, 주거비 및 정착비 일부 지원
	국가 중점 산업인 하이테크 분야에 유학생 창업 시 기업소득세 일부 감면(25%에서 15%로 감면)
	정부 조달 입찰 시 우대
	귀국 유학생 창업 기지 조성
	연구개발비 실제금액 대비 150%로 세금공제 혜택

자료 : 한국무역협회 국제무역연구원(2014), 한국과학기술평가원(2015) 자료를 토대로 작성

체의 채용 인원은 연간 60만 명에 불과했다. 예상되는 대졸 미취업자 수가 300만 명 이상으로 추산되자 중국 정부는 2015년, '전국 대학교 졸업생 취업과 창업에 관한 통지'를 하달해 재학생의 창업을 지원하기 위해 노력한다. 전국에 있는 대학에 탄력적 학제를 도입하였고 성공한 창업가들을 멘토로 초빙하는 등 많은 노력을 기울였다. 참고로 중국 정부는 3년 내에 '80만 대학생 창업'을 목표로 하고 있다.

또한 중국 정부는 해외 유학생에 대해 귀국 후 창업으로 유인하는 정책을 시행하고 있다. 해외로 유학간 후 대부분이 돌아오지 않는 우리나라와 비교하면 중국이 얼마나 고급 인재들을 중요시 여기는지 알 수 있다. 중국은 청년실업 해소와 신성장동력인 스타트업 수 증가라는 두 마리 토끼를 잡기 위해 정책적 지원을 아끼지 않고 있다. 중국 정부는 자국의 청년들에게 큰 기대를 가지고 국가를 이끌어가는 주역으로 만들기 위해 많은 일자리 창출을 청년들에게 맡기고 있다.

진취적인 중국의 청년들 '주링허우 세대'

20대 중국 청년 85%, '미래는 희망적'
– 2015년 LG 비즈니스 인사이트

중국의 전폭적인 지원을 받는 주링허우 세대는 90년대 이후 태어난 세대이자 인터넷과 IT 제품에 많은 관심을 갖고 있으며 이러한 IT 환경 속에서 자라온 세대이다. 그리고 이들이 현재 중국 청년 창업의 중심 세대가 되고 있다. 무려 주링허우 세대의 15.6%가 창업을 선택하고 있으며 이들의 평균 나이는 20대 초반이다. 현재 중국의 창업은 25세가 안 된 주링허우 세대가 주도하고 있는 것이다. 특히 중국 정부가 대학 재학생들의 휴학 창업을 허용하면서 평균 20대 초반 청년의 창업은 빠르게 증가하는 추세이다.

중국에 다녀온 많은 기업가들은 하나같이 '주링허우 세대는 도전정신과 창업정신이 강하다'라고 한다. 실제로 주링허우 세대는 실패를 두려워하지 않으며 매우 도전적이다. 우리 청년들이 가지고 있지 못한 대담한 창업정신을 가지고 있다. 또한 중국 청년들은 해외 유학을 하면서 동시에 많은 수가 창업을 하는데 우리나라 학생들이 유학 중 아르바이트를 하는 것과는 대조적이 아닐 수 없다. '창업정신'과 '성공에 대한 야망'

'실패를 두려워하지 않는 도전' 바로 이런 것들이 중국과 우리나라 청년들의 근본적인 차이점이 아닐까?

　중국 청년들은 아르바이트와 같이 임금을 받는 것보다는 주인이 되는 길을 택한다. 우리나라 청년들은 '창업'이라는 리스크를 안는 대신 적지만 안정적인 보수를 받는 아르바이트를 선택한다. 안타깝게도 이대로는 우리나라의 미래는 없어 보인다. 중국이 이러한 주링허우 청년들에게 4차 산업혁명이라는 큰 소용돌이 속에서 중국이라는 배의 키를 잡게 하고 잘 운항할 수 있도록 전폭적인 지원을 하여 나라의 미래를 청년들에게 맡기는 것은 어쩌면 당연한 일일 수 있다.

　한 가지 중요한 점은 주링허우로 대변되는 중국 청년들의 도전 정신은 '노력하면 성공할 수 있다'는 희망의 산물이며, 이러한 '희망'은 그들 스스로가 만든 것이 아니라, 국가, 사회가 함께 노력한 결과라는 것이다. 중국 청년들이 꿈을 위해 과감히 도전하며 나아갈 수 있는 원동력, 그리고 창업에 대한 두려움이 없는 자신감은 중국 정부의 적극적인 창업 지원 및 창업 생태계와 문화를 조성하기 위한 다양한 정책에서 비롯된다고 할 수 있다.

민간 기업의 청년 창업 지원

중국의 창업 문화에 주목할 만한 점이 있다면 성공한 선배 기업가가 창업을 준비하는 후배들을 지원해 주는 문화가 있다는 것이다. 이러한 모습은 창업 대국 미국에서도 찾아보기 힘든 문화이다.

| 민간 기업의 청년 창업 지원 사례

레노버	계열사인 레전드 캐피털을 통해 200개 기업에 30억 달러 투자
알리바바	– 100억 달러를 투자하여 온라인 창업 지원 플랫폼 '창커플러스' 구축 – 창업사관학교 '후판대학' 설립
샤오미	중국의 청년 창업 아파트 '유플러스 설립'
란쉰	청년과 투자자가 만날 수 있는 창업 준비 공간 '창업 카페' 설립

자료 : 언론과 한국과학기술기획평가원(2015) 자료를 토대로 작성

중국 굴지의 PC 기업인 레노버는 '레노버 같은 기업이 중국에 많이 생겨야 한다는' 류촨즈 전 회장의 이념 하에 2001년 벤처 캐피털 회사인 '레전드 캐피털'이란 회사를 설립하였다. 2016년까지 레전드 캐피털은 200개 벤처기업에 30억 달러를 투자하였다. 투자를 한 벤처기업 중 20개 기업이 나스닥과 홍콩 및 중국 증시에 상장되며 투자를 성공시켰다. 레전드 캐피털은 500만 달러 이상의 통 큰 투자로 유명하다.

중국 청년들의 대표적 롤모델인 알리바바의 마윈 회장은 청

년들의 창업을 지원하기 위해 중국과 홍콩 대만을 아우르는 '중화권 청년 창업 투자기금'을 설립했다. 2014년 2월 한화 약 1,420억 원 규모의 자금을 조성했고, 3월에는 한화 약 3,500억 원 규모의 청년 창업 투자금을 대만에 설립하기도 하였다. 또한, 알리바바의 마윈은 중화권에 100만 창업자를 양성하겠다는 원대한 목표를 세우고 그해 중국 최대 온라인 창업 지원 플랫폼인 '창커플러스'를 설립하였다. '창커플러스'에는 중국의 중소기업 엔젤펀드, 전 구글차이나 대표가 세운 투자회사인 리카이푸李開復 등 30여 개 투자사와 협력하였다. 마윈은 한화 약 1조 7,800억 원의 투자금을 조성하여 청년들의 스타트업 창업을 지원하였고, 2014년 이미 140개의 스타트업에 약 481억 원을 지원하였다. 창커플러스는 IT 관련 스타트업 개발, 보급 및 공장부지 지원 등 운영에 필요한 전 과정을 지원한다.

알리바바는 사내 벤처를 적극 지원하는데 2015년 알리바바 출신이 세운 스타트업이 총 159개로 여행, 기업 서비스와 전자상거래 등 다양한 분야에 진출하였다. 또한 알리바바는 창업사관학교인 '후판대학'을 설립하였는데 이는 마윈 회장이 100만 명의 후배 기업가들을 체계적으로 양성하기 위한 계획 중 하나였다. 이 대학은 차세대 기업인을 3년 동안 전문적으로 훈련시키는 '창업사관학교'로서, 입학 자격은 창업 후 최소 3년 이상, 직원 30명 이상이 고용되어 있는 기업의 CEO이다.

마윈은 창조정신과 혁신 능력을 기를 수 없는 현 중국교육 시스템을 비판하며 이러한 능력을 직접 양성하기 위해 '후판대학'을 설립하였다고 밝혔다.

특이한 점은 마윈이 세운 창업 플랫폼 '창커플러스'가 그러하듯 '후판대학'의 설립과 운영에 많은 민간 기업들이 주도적으로 참여하였다는 것이다. 대학을 운영하는 7명의 이사들은 펑룬 완퉁그룹 회장, 궈광창 푸싱그룹 회장 등 성공한 대기업 CEO들이다. 이러한 점은 중국의 성공한 CEO들이 얼마나 후배 기업가 양성에 많은 관심과 노력을 쏟고 있는지 알 수 있다.

또 다른 예는 샤오미가 설립에 투자한 청년 창업아파트 '유플러스'이다. 유플러스 아파트는 2012년 샤오미의 레이쥔 회장이 한화 약 180억 원을 투자해 설립한 청년 거주공간이다. 이 아파트의 설립 배경에는 재밌는 일화가 있다. 중국 유명 창업 카페인 '처쿠 카페'의 쑤디 대표와 샤오미의 레이쥔 회장이 청년들이 창업을 위한 공동체 생활을 할 수 있는 공간에 대한 필요성에 공감해 대화 5분만에 샤오미 레이쥔 회장이 투자결정을 했다는 것이다. 이에 그들의 아이디어를 실행에 옮기기 위해 광저우의 낡은 치약 공장을 리모델링하여 아파트로 개조하였다.

이 아파트에 입주하기 위해서는 몇 가지 조건에 부합하여야 한다. 우선적으로 나이가 45세 이하여야 하고 결혼 유무는 상관없지만 자녀가 있으면 조건에 부합되지 않는다. 이곳에 입주하려면 먼저 면접을 봐야 하는데 면접관들은 지원자의 다른 조건보다 사람들과 잘 어울릴 수 있는 사교성을 우선적으로 본다. 이는 유플러스 아파트는 창업에 뜻이 있는 사람들의 공동체 공간으로써 서로 간의 상호교류가 필수요소이기 때문이다. 그래서 유플러스 아파트에는 개인 주방이 없으며 큰 로비가 있다. 이 로비는 청년들이 서로 함께 모여 창업에 대한 아이디어와 고민을 나누기 위해 의도적으로 만들어진 공간이다. 또한 이 아파트의 특이한 점은 곳곳에 퍼즐이 있다는 것이다. 입주자들이 아파트 출입구를 통과하려면 퍼즐을 풀어야 한다. 청년들의 창의력과 문제해결력을 높이려는 목적으로 만든 것이다.

이 아파트의 설립 의도 중 주목해야 할 또 한 가지는 세대 간의 교류이다. 입주자들의 나이는 20대, 30대, 40대로 나뉜다. 성공해서 어느 정도 자리 잡은 40대가 30대를 이끌어주고 사업을 하고 있는 30대는 사업을 시작하려는 20대의 든든한 멘토가 되어주는 시스템이다. 이처럼 창업 아파트 유플러스에는 선배가 후배를 이끌어주는 배려와 공동체주의가 있다. 이러한 노력에 보답하듯 유플러스를 거쳐 간 청년 창업가들은 사업에 성공하며 선배들의 노력에 부합하고 있다. 유플러스에 공동 투자하여 설립한 6명의 성공한 사업가들은 청년들의 꿈을 위해 당장의 이익을 바라지 않는다고 말한다. 6명은 적은 인원이지만 그들의 노력으로 수백 명의 예비 창업자들이 꿈을 갖고 자라날 수 있는 것이다.

　　마지막으로 '창업 카페'는 투자자와 창업자를 효과적으로 연결해주려는 목적으로 설립되었다. 중국식 실리콘밸리인 중관촌에는 북경의 베이징대학과 칭화대학 그리고 많은 기업들이 위치해 있다. 이 지역에는 창업을 하려는 청년들을 위한 '처쿠카페'가 있는데, 월 한화 1만 7,000원 정도에 창업 공간을 제공하며 사무 공간 및 사무용품 등이 무료로 제공된다. 이곳에서는 많은 청년들이 자신의 창업 아이디어를 소개하는 무대가 마련되어 있으며, 서로의 사업 계획과 정보를 공유하면서 창업 파트너를 찾기도 한다. 중국에는 이러한 창업 카페가 전국에 200여 곳이 생겨났다. 대부분 흑자를 기록하지 못하고 있지만 성공한 사업가들이 사회공헌 사업으로서 지원을 많이 하고 있다. 또한 창업을 하려는 청년들이 이곳에서 모이다 보니 투자자도 저절로 이곳에 모이게 되면서 자연스럽게 투자 생태계가 형성되었다. 청년들은 사업 아이디어를 가지고 투자를 받기 위해 발품을 팔지 않고 사업에 집중할 수 있게 되었다. 이러한 장점을 바탕으로 창업 카페인 '처쿠 카페'가 문을 연지 몇 년 지나지 않았지만 이곳을 거쳐 수백 개의 벤처 기업이 탄생하였으며 그 중 많은 수가 투자자로부터 투자를 받고 있다.

　　우리나라에서는 창업 학교 설립이나 창업 지원 정책은 대부분 정부에서 주도하고 있으며 민간 기업의 경우 후배 기업가 양성에 매우 소극적인데 반해, 중국은 민과 관이 함께 국가를 이끌어갈 청년 인재들을 양성하고 있다는 것을 알 수 있다.

어떠한 것들이 그렇게 만들었을까?
공동체 정신이 해답이다

중국의 민간 기업들이 후배들을 이끌어 주는 이유는 '공동체주의' 때문이다. 중국의 '공동체주의'는 서로 간의 '신뢰'와 '이타심'에 기반을 둔다. 2015년도 LG 비즈니스 인사이트 Business Insight의 한중 20대를 대상으로 한 리서치에 따르면 '다른 사람을 신뢰할 수 있다'라는 신뢰 지수 조사 결과 중국은 78%로 높게 나왔다. 한국은 38%로 중국과 큰 차이가 나는 것을 알 수 있다. 또한 중국은 '이웃에 관심을 갖고 있다'라고 88%가 응답했으나, 한국에서는 38%만이 '이웃에게 관심을 갖고 있다'라고 조사되었다. 이타심을 나타내는 지수로 '이웃에게 도움을 주겠다'라는 조사에서는 중국이 80%, 한국은 42%로 한국이 상대적으로 낮은 응답률을 보였다. 결과를 종합해보면 중국의 성공한 선배 사업가들이 사업을 시작하는 후배 창업가들에게 투자하고 이끌어주는 모습, 즉 서로를 '신뢰'하며 '관심을 갖고 돕겠다'는 마음은 '공동체주의'의 '이타심'에서 비롯된 것임을 알 수 있다.

기업가 정신을 유아기부터
평생교육까지 중요하게 가르치는 중국

중국은 기업가 정신을 유아기부터 평생교육까지 상당한 비중을 두고 중요하게 가르치고 있었다. 2015년 글로벌 기업가 정신 트렌드 리포트 보고서에 따르면 초중고 과정에서 기업가 정신 교육을 경험한 비율이 중국 32.4%, 일본 4%, 한국 22.3%로 중국이 3국 중 가장 높게 나타났다. 대학 과정에서 기업가 정신 교육 경험 비율은 중국 48.3%, 일본 3.5%, 한국 21.3%로 중국이 일본의 약 16배, 한국의 약 2배 이상이었다. 마지막으로 직업 평생교육 과정에서 기업가 정신 교육 경험에 대한 비율은 중국 43.6%, 일본 3.3%, 한국 15%로 중국과 일본의 격차는 약 14배, 한국은 약 3배였다. 특히 일본은 3개 항목이 전반적으로 낮았으며 한국은 초중고, 대학 그리고 직업 평생교육 과정으로 갈수록 기업가 정신 교육 경험 비율이 낮아짐을 알 수 있다. 하지만 중국은 응답자의 30% 이상이 어렸을 때부터 창업 관련 교육을 받았다고 답하였으며, 대학을 거쳐 직업 평생교육 과정에 이르기까지 창업 관련 교육이 지속되는 것을 알 수 있다.

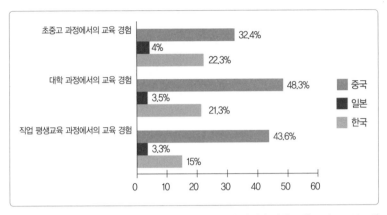

| 기업가 정신 교육 경험 비율

자료 : 2015년 글로벌 기업가 정신 트렌드 리포트 보고서

중국과 같은 정부와 민간 기업의 전폭적인 지원이 필요하다

청년에 대한 정부와 민간 기업의 전폭적인 지원은 중국의 경제 성장률이 둔화되었음에도 2009년부터 신규 취업자가 꾸준히 증가하고 있는 결과를 만들어냈다. 또한 2016년 중국은 전 세계에서 가장 많은 스타트업 창업이 이루어지고 있는 실정이다. 중국은 4차 산업혁명을 신성장동력으로 삼고 대기업이 아닌 청년들이 만드는 스타트업에 미래의 운명을 걸고 있다. 중국처럼 청년들에게 전폭적인 투자를 해줘야 한다. 또한 정부뿐만 아니라 우리나라의 민간 기업들도 국가와 함께 청년들을 이끌어주고 투자해주는 역할을 맡아야 한다.

기업가 정신과 창업에 대한 조기 교육 또한 중요하다. 중국처럼 초등학생 때부터 기업가 정신에 대한 교육을 강화하여야 한다. 그리고 중고등학교 때부터 창업에 대해 배우고 창업 동아리 활동 등 창업에 관해 많은 지식과 경험을 쌓게 해주면 자연스럽게 성인이 되어 창업을 시도할 것이다.

일본 청년들의 희망 개념

일본은 1990년대부터 2010년대 초반까지 장기간의 불황
으로 희망이 없는 대표적인 나라로 불리어졌다. 지금 일본
의 20~30대 청년들은 90년대까지 이어온 경제적 호황을 보
지 못하고 불황만을 경험하며 자란 세대이다. 그만큼 위축되
어 있고 자신감이 많이 결여되어 있는 세대가 아닐까 생각된
다. 일본의 청년들에게 '희망'이란 '평범하고 안정된 삶, 그 자
체에 대한 노력'이다. 일본의 청년들은 '성공'이나 '성취'를 바
라지 않는다. 안정된 직업과 소득을 가지고 결혼을 해서 가정
을 이루고 평범하게 사는 것이 일본 청년들이 바라는 '희망'이
다. 하지만 이러한 평범한 희망은 90년대 이후 일본 사회에서
노력해도 얻기 힘든 것이 되어버렸다. 공정하게 보상받지 못
하는 임금, 비정규직의 확산, 높은 실업률 및 주거비 등 일본

사회는 청년들이 아무리 노력해도 해결하기 힘든 희망이 없는 사회 구조가 빠르게 되어가고 있었다.

일본은 90년대 이후부터 대학생과 30대의 빈곤층이 증가하였으며 비정규직과 싱글맘 등 경제적으로 취약한 계층은 빠르게 하류화되어 갔다. 또한 높은 실업률 속에 프리터와 구직포기자인 니트족이 등장하였고, 안정적인 삶을 영위할 수 있는 공무원이 상류층을 구성하는 사회가 되었다.

일본의 청년 문제를 다룬 도서 《하류사회》에 의하면 '자녀 세대가 살아갈 미래에는 힘든 일이 많을 것으로 예상하는가?'라는 질문에 20대의 36.7%가 '그렇게 생각한다'고 답하였고, 38.7%는 '약간 그렇게 생각한다'고 응답한 결과, 20대 청년의 약 70%가 미래를 부정적으로 보고 있음을 시사했다. 또한 '국가의 미래가 밝은가'라는 질문에는 20대의 19.4%와 30대의 19.4%만이 '그렇다'라고 답하였다.

희망이 없는 사회적 구조 속에서 일본 청년들은 현실과 희망의 괴리로 인해 고통스러워했다. 꿈을 포기하지 않고 노력하면 반드시 이루어진다는 희망적이고 도전적인 90년대 초 슬로건은 2000년대 들어 고통 받지 말고 희망을 단념하라는 극단적인 사회 메시지로 변하게 된다.

일본의 사회학자 야마다 마사히로는 일본 청년들이 기대한 것들을 노력해도 이룰 수 없는 '희망 격차'로 인해 '희망 단념' 하는 현상이 많아지고 있다고 주장하였다. 기드슨의 '성찰적 프로젝트로서의 자아'의 개념에 도입해보면 청년들은 자신이 무엇이며, 앞으로 무엇이 되려고 하는가를 끊임없이 질문해나 가고 길을 계획하고 수정해나가며 살아간다. 목표와 꿈 또한 마찬가지이다. 하지만 현재 사회의 구조상 청년들의 이러한 꿈은 현실이라는 벽에 부딪히고 만다. 그리고 청년들은 자신의 희망을 단념하게 된다.

현재에서 행복을 찾으려는 사람들
희망 단념의 사회, 3만 엔 비즈니스의 등장

요즘 일본에서는 '3만 엔 비즈니스'라는 개념이 뜨고 있다. 이는 300만 원의 월급을 받는 한 가지 직업 대신 30만 원짜리 직업 10개를 가지라는 뜻이다. 한 달에 이틀을 일하고 30만 원 버는 직업을 10개만 가지고 있으면 20일 동안 일해서 300만 원을 벌고 남은 날에는 여가나 취미활동을 할 수 있다는 의미 이다. 이는 수입이 조금 적거나 승진, 명예, 성공을 이루지 못 해도 필요한 돈만 벌어 행복하게 살자는 라이프스타일이다. 즉 성공을 위해 열심히 노력하지 말고 현재에 충실하며 '행복' 을 찾으라는 희망이 단념된 사회 메시지인 것이다. 일본의 청년 사회학자 후루이치는 좋은 학교, 좋은 직업을 가지고 성공하려는 뜻을 가진 젊은이들은 사라지고 돈은 적게 벌더라도 그 대신 여가와 취미생활에 집중하는 젊은이들이 많아지고 있다고 말한다. 이는 현재 우리나라에도 등장한 욜로족과 맥을 같이 한다고도 볼 수 있다.

태양족, 1억 중산층 세대부터 사토리 세대까지

1970~1980년대, 일본은 세계에서 유래 없는 고속성장을 경험하게 된다. 연 평균 10% 이상의 고도성장이 20년간 지속되었다. 이러한 추세 속에 일본 청년들의 성공에 대한 욕망은 자연스레 형성되었다. 이들은 직장과 사업에서의 성공, 중상류층으로의 편입 등에 뜨거운 관심을 가졌고 실제로 이 당시 베스트셀러의 키워드는 '성공하는 법'이었다. 마치 현재 중국을 방불케 하는 '성공' 신드롬이 일어나고 있었다. 대부분의 청년들은 미래에 대한 희망에 차 있었다. 일본에서는 이 청년들을 '태양족'이라고 불렀다. 경제의 고도성장과 청년들의 성공에 대한 열망과 노력은 1990년대 '1억 중산층'이라는 결과를 만들어낸다. 이때 당시에는 국민의 90%가 자신이 중산층이라고 여기고 있었다. 일거리는 넘쳐났고 길거리는 매일 활기로 넘친, 희망이 가득한 사회로 보였다.

하지만 90년대 경제거품이 꺼진 후 일본은 20년의 장기불황을 맞이한다. 그리고 그 결과 가장 불행한 세대인 '사토리 세대'가 등장하였다. 사토리 세대는 현실에 안주하는 세대, 희망을 잃은 세대로 대변된다. 집에서 몇 년 동안 나오지 않는 '히키코모리', 일할 의욕이 없는 '니트족', 아르바이트로 생계를 이어가는 '프리터족'의 등장은 이때부터 시작되었다.

희망을 잃은 사토리 세대

사토리라는 말은 '득도' '깨달음'을 일컫는다. 장기불황 속 성장동력을 잃은 국가를 보고 좌절을 느끼고, 현실을 인정하고 적응하는 세대라고도 불린다. 이들은 돈과 명예에 관심을 두지 않는 달관 세대이다. 이들에게서 희망과 도전을 찾아보기 힘들다. 사토리 세대를 세 가지 관점에서 볼 수 있다. 첫 번째, 사토리 세대인 청년 개인의 관점, 두 번째, 국가의 관점, 세 번째, 사회의 관점이다.

청년 개인 관점에서의 사토리 세대는 삶의 의미를 미래의 성공이나 국가 및 자신들이 소속한 단체에서 찾지 않는다. 사토리 세대는 지극히 개인적인 관점에서 삶의 의미와 목표를 갖는다. 그들은 직업에서의 성공을 위해 끊임없이 도전하고 노력하기보다는 자신의 취미생활과 친구들과의 일상 속에서 삶의 의미를 찾아간다. 사토리 세대에게는 일본의 70~80년대 태양족이 가졌던 '성공에 대한 관심' '야망'이 전혀 보이지 않는다.

그들은 성공에 대한 '야망'과 '욕심'을 위해 끊임없이 경쟁하는 것을 무의미하게 여긴다. 또한 결혼에 대한 '책임'을 회피하기 위해 연애조차 꺼려하는 세대이다. 2016년 일본의 베스트셀러 중 화제를 모았던 책이 있었다. 《연애하지 않는 젊은 이들》이라는 책이었는데 일본 청년들이 연애와 결혼, 출산에 따른 경제적 리스크를 회피하려는 경향이 증가하고 있다는 내용의 책이었다. 이처럼 이들은 스스로 '책임'과 '욕심'을 제한하며 현재 자신이 머물러 있는 자리에서 더 나아가기 위한 도전과 노력을 스스로 단념한다. 또한 잘못된 사회구조를 인지하면서도 그것을 변화시키려 하지 않는 '수동적인 태도'를 가진다.

국가의 관점에서 사토리 세대는 매우 비관적이다. 경제학자인 아담 스미스에 의하면 '개인의 욕망은 결국 사회를 발전시킨다'고 한다. 개인의 부에 대한 추구가 곧 국가의 부를 증가하게 하는 것이다. 중국처럼 창업해서 성공하겠다는 청년들의 열망은 고용률을 증가시켰고 결국 국가의 경쟁력과 부를 증대시켰다. 무엇인가 지금보다 더 나아지려는 '심리적인 욕망'은 국가의 성장동력이 되어 현재 일본이 겪고 있는 장기불황을 탈출시킬 수 있다. 하지만 사토리 세대는 무기력한 모습으로 현실에 순응하며, 현재 자신들이 처해있는 문제를 타개하기 위한 도전과 노력을 하지 않는다.

2017년 이후 전 세계의 선진국은 청년들에게 투자하며, 4차 산업혁명 시대를 선도해갈 스타트업 창업 전략을 추진하고 있다. 특히 중국은 청년들을 경제위기를 극복시키고 국가의 미래를 짊어질 주체로서 바라보며, 청년들의 스타트업 창업에 막대한 투자와 지원을 아끼지 않고 있다. 중국의 청년들 또한 국가의 지원과 투자에 보답하듯 세계적으로 유명한 스타트업 기업들을 쏟아내고 있다.

하지만 일본 청년들은 현재 중국에 비해 창업률이 극히 낮은 수준이다. 블룸버그에 따르면 일본 청년들의 기업가 정신이 지속적으로 낮아지고 있다고 한다. 실례로 일본 경제산업성 산하 중소기업청의 보고서에 따르면 2012년 기준 일본 신규 사업가 중 33%가 60세 노인인 것으로 나타났다. 이는 30년 전의 8%보다 4배가 증가한 수치이다. 또한 신규 사업가 중 30대 이하 청년은 36%로서 30년 전 57%에 비해 크게 감소하였다. 일본 생산성본부 설문 조사에 따르면 일본 청년 직장인들 중 스타트업을 희망하는 비율은 11%로 낮게 나타났다. 2003년 당시 수치인 30%에 비해 확실히 창업을 시도하는 청년들과 기업가 정신이 감소한 것으로 나타난 것이다.

사회의 관점에서 사토리 세대는 '쓸모없는 청년들'이라는 수식어가 뒤따른다. 일본에서는 사토리 세대를 욕망이 없고 패배감에 휩싸인 무기력한 청년들, 아르바이트와 저임금 노동에 만족하는 '하류지향' 세대라고 의미를 붙였다. 일본 사회에서는 90년대 이후 20년의 장기불황을 타개하는 주체로 청년들을 바라보며 기대하였다. 하지만 그들은 무기력한 모습인 프리터, 니트족으로 나타났다.

역사적으로 국가의 위기를 타개하려고 노력한 주체는 청년들이었다. 일본 또한 마찬가지였다. 메이지 유신의 주역인 사카모토 료마와 유신지사들은 20~30대 초반이었다. 이처럼 일본 사회는 불황이라는 시대적 위기를 극복하기 위한 주체로서 '청년'들에게 위기 극복의 역할을 맡기는 것을 당연하게 생각했다. 하지만 사토리 세대는 '국가'와 '공동체'를 자신과 분리해서 보았고 어려운 경제 상황을 극복하기보다는 순응하고 적응하려고 하는 모습을 보였다. 이처럼 청년들은 일본 사회로부터 끊임없이 자기책임론을 강요당해 왔지만 그들은 이미 '책임'이라는 무거운 짐을 벗어던진 후였다. 사토리 세대는 일본의 미래는 희망이 없는 사회라고 말한다. 이들 자체가 희망이 없는 사회의 산물이라고 볼 수 있다.

새 시대와 구시대의 미스매치 '청년 방치의 사회', 왜 청년은 방치되었는가?

90년대의 일본은 청년들이 희망을 급격히 잃어가는 시대였다. 하지만 일본의 전후 1세대 어른들은 90년대 이후 불황을 겪는 청년들을 약자로 여기지 않았다. 일본은 90년대 전까지 경제적 호황기를 맞이하고 있었기 때문에 누구나 쉽게 직업을 구하고 돈을 벌 수 있는 사회였다. 청년 누구나 노력하면 성공할 수 있다는 '희망'을 가지고 있었다.

하지만 현재의 20~30대 청년인 2세대는 90년대 경제 거품이 꺼진 불황의 시대를 겪고 있다. 1세대들에게 일본은 '노력한 만큼 보상하는 사회'였고, 2세대들에게는 '노력해도 보상받지 못하는 사회'이다. 1세대 어른들은 2세대의 청년들을 약자로 인정하지도, 그렇게 보려고 시도하지도 않았다. 오로지 청년들을 게으른 청년들이라고 말하면서 그들에게 노력하라고만 했을 뿐이다.

1세대 어른들은 자신들의 기준으로 2세대를 바라보았다. 특히 1세대들은 2세대 청년들을 '진취적이고 도전적인 이상적인 청년' '나라의 위기를 해결하기 위한 주체'로 바라보며 그들에게도 똑같은 역할을 기대하였지만 2세대 청년들은 스스로 그렇게 생각되길 거부하였다. 이러한 일본의 세대 간 미스매치는 2000년대까지 일본이 적극적으로 청년 정책을 펴지 못한 이유가 되었다. 대부분의 정책 결정자들이 1세대 어른들이었기 때문에 청년이 처한 상황과 그로 인한 고통을 진정으로 이해할 수 없었던 까닭이었다.

일본, 청년을 '약자'로 인식하기 시작하다

일본 정부가 청년을 사회적 '약자'라고 받아들이고 정책을 펼친 지는 15년밖에 지나지 않았다. 위에서 언급하였듯이 오랫동안 청년 문제는 청년 개인의 문제이지 사회 구조 문제라고 여겨지지 않았다. 또한 일본은 90년대 후반 이전에는 경험하지 못한 경제 불황을 겪으면서 일본 사회에 처음으로 대학을 졸업해도 구직할 수 없는 '취업 빙하기'가 나타나기 시작했다. '취업 빙하기'라는 단어가 그 해 '유행어 대상'을 받기도 하였을 만큼 청년 실업에 관해 관심이 증폭된 해였다. '취업 빙하기'는 대량의 니트족, 프리터 등을 양산했고 청년들은 어른들의 외면 속에 고통만 가중되어 갔다.

거품 경제가 무너지며 희망이 없는 1990년대와 2000년대 초반까지 청년들은 많은 고통을 겪었다. 청년들은 어른들이 자신들의 문제를 인식해주고 해결해주길 원했으나 어른들은 청년 문제를 대수롭지 않게 여겼다. 이에 청년들은 도움의 기대를 포기하고 청년들 스스로 청년 문제를 연구하기 시작했고,

사회와 국가에 작지만, 지속적으로 목소리를 내기 시작했다. 청년들은 스스로 정치학자 및 청년 사회 문제 전문가가 되어 청년 사회 문제를 연구하고 분석하며 자신들의 고통을 사회에 스스로 알렸다.

이 결과 일본 사회는 청년들을 점차 '약자'로 인식하기 시작하였다. 일본 청년 무업자(구직 의지는 있지만 일할 수 없는 상태 또는 구직을 단념한 상태의 청년들을 의미) 문제를 다룬 《무업사회》에 의하면 노동환경의 악화 및 경제 불황 등의 사회 구조적 문제와 청년들을 위한 사회안전망의 부재로 인해 청년 무업자들이 생겨나고 있다고 말한다. 그러므로 청년 문제를 풀기 위해서는 청년 스스로 자존감을 회복하는 등의 노력도 중요하지만, 결국 사회적 지원이 매우 중요하다는 것을 알 수 있다. 무직자 대부분이 희망을 잃어 구직을 단념한 상태이므로 사회는 청년들에게 희망을 회복할 수 있도록 사회 구조적 문제 해결에 초점을 맞춰야 한다.

일본 정부는 이러한 사회적 합의로 청년을 '사회적 약자'로 놓고 청년 문제를 풀기 시작하였다. 일본 정부는 2003년 정부 부처 간의 합동계획을 바탕으로 '청년 자립·도전 전략회의체'를 설립하게 된다. 그 후 2004년, 고용, 산업, 교육 관련 정책을 효과적으로 연계시킨 정책으로써 '청년 자립과 도전 플랜'을 발표하고 관련 정책을 본격적으로 실행하였다. 이 계획의 목적은 청년에게 희망을 불러일으켜 그들 스스로 구직에 참여

| 일본의 청년 정책

청년 자립 · 도전 플랜(2004년)

전국 각지에 잡카페job cafe(원스톱형 취업 지원 사업 진행)를 설립하여
교육부터 직장 정착까지 전 과정 지원
수시 채용 기회 증가, 인턴십 강화, 직업능력평가시스템 구축(노동시장 정비)
IT 분야의 청년 창업 중점 지원(시장 및 취업 기회의 창출)
일본판 듀얼 시스템(직업훈련 프로그램)

청년 자립 · 도전을 위한 액션 플랜(2005년)

전문 직업인 육성을 위한 학교단계부터의 경험 위주의 교육 강화
니트 · 프리터에 대한 근로의욕 고취 프로그램
특정 분야(IT 등 전략 분야)에 대한 인재 육성 정책

청년 자립 · 도전을 위한 개정 플랜(2006년)

25만 명 이상의 프리터 상용고용화 계획
니트족의 취업촉진을 위한 지역 상담 체제 강화
청년 문제에 대한 국민적 관심 고취
청년과 지역 산업과의 연계 강화
산학연계를 통한 전문적 인재 양성

신고용 전략(2008년)

정규직 전환 지원 / 재취직 지원
주택 및 생활 지원 / 잡카드 제도

청년 고용대책 프로젝트팀 고용대책(2009년)

비경제활동인구의 노동시장 참가 유도
청년과 비정규직에 대한 사회안전망 강화

신규 졸업자 고용에 관한 긴급대책(2010~2018년)

신잡카드 제도 / 청년 헬로워크 설치 / 청년 서포트스테이션

자료 : 한승희 외 2명(2017), 이승렬(2011) 자료를 토대로 작성

하고 주체적으로 자립할 수 있도록 지원하는 일본 최초의 청년층을 대상으로 한 적극적 노동 시장 정책이다.

'청년 자립·도전 플랜'은 몇 번의 개정이 있었지만, 주요 정책인 신규 구직자, 니트족, 프리터에 대한 취업 지원 및 청년의 직업의식 향상, 그리고 청년 취업 지원 원스톱 서비스 센터인 '잡카페' 설치와 일본판 듀얼 시스템으로 이루어져 있다. 일본판 듀얼 시스템은 청년층 직업 훈련 제도로서 '일하면서 배우고, 배우면서 일한다는' 모토의 정책이다. 즉 기업에서의 실습훈련과 정부의 교육 훈련기관에서 제공하는 직업교육을 동시에 수행한다. 이러한 정책적 노력으로 청년 실업이 개선되고 일본의 프리터와 니트족의 수는 점차 줄어갔다.

하지만 이러한 일본 정부의 적극적인 청년 정책에도 불구하고 청년들의 '빈곤'이나 '격차'는 사회적 문제가 되어갔다. 불공정하기만 한 사회, 노력에 대한 정당한 보상을 받지 못하는 사회인 '격차' 사회의 등장이었다. 이러한 일본 청년 문제의 실패는 논란의 여지가 있지만 일본 정부는 비정규직의 확대와 일반화 그리고 사회안전망의 부재를 청년의 빈곤과 격차 문제의 원인으로 지목하였다.

거품 경제의 해결책으로 나타난 신자유주의 사상은 90년대 후반부터 시작된 일본 기업의 대대적인 정리해고로부터 시작되었다. 노동시장 유연화 정책이 펼쳐지면서 비정규직은 늘어만 갔고 정규직과 비정규직 간 임금 격차 또한 매우 빠르고 크게 벌어져 갔다. 일본 사회는 점차 청년들의 노력이 제대로 보상받지 못하는 사회가 되어 갔다. 이러한 상황 속에서 거듭된 구직 실패로 인해 청년들은 더욱 희망을 잃게 되었다.

또한 2008년도 세계 경제 위기가 발발하자 청년들의 고용이 더욱 불안정하게 되었다. 이에 일본 정부는 2008년 비정규직을 줄이기 위해 '신고용 전략'을 발표한다. 신고용 전략의 청년에 대한 주요 목표는 100만 명을 정규 고용화하는 것에 있다. 이를 위해 비정규 경제 활동 인구인 프리터, 니트족 등의 정규직화를 목표로 하는 프로그램을 시행하였다. 세부 프로그램에는 이들을 고용한 사업장에 대해 정규 고용 시 일인당 100만 엔 지급, 비정규직 고용조정조성금 확대, 잡카드 제도 등이 있다.

또한 프리터와 니트족 등 비정규직 경제활동인구가 정규직을 구할 시 기존 경력을 인정받지 못하는 경우가 많아 구직 활동에 어려움을 겪어 왔다. 이들의 능력을 입증할 방법이 없기 때문인데 이를 위해 일본 정부는 '잡카드 제도'를 도입하여 정부 및 민간 기관에서 직업 훈련을 받을 시 증명서를 발행하여 이들의 능력을 보증해줌으로써 정규직 구직 시 좀 더 쉽게 직업을 구할 수 있도록 해주고 있다.

2009년에는 정부 부처 연합 성격의 '청년고용대책 프로젝트 팀'이 만들어져 청년들의 고용지원체계를 강화하고 신산업 분야에 청년들이 종사할 수 있도록 지원하였다. 또한 고용보험의 개선을 위해 고용보험의 자격요건을 완화하고 고용보험의 사회안전망 기능을 강화하여 재취업이 잘 이루어지지 않을 시에는 실업급여를 60일 연장하는 정책을 시행하였다. 특히 비정규직이 실업급여를 받을 수 있는 자격을 기존 12개월 이상 고용보험을 냈을 때만 수급이 가능했던 것을 6개월 이상으로 조정하면서 비정규직의 경제적 안정을 추구하였다. 특히 사회안전망을 대폭 강화하였는데 장기실업자 및 취직 활동이 어려운 구직자에 대한 지원 사업, 생활복지금 대출, 주거 문제에 대한 지원 대책 등 다양한 정책들이 시행되었다. 다만 이러한 사회안전망 정책들은 구직자의 취업 활동을 전제로 하고 있다.

　2010년의 청년 정책인 '신규 졸업자 고용에 관한 긴급대책'은 일본의 악화된 경제 상황으로 인해 기업이 신규 채용보다는 경력자 우선 채용을 선호하자, 정부가 대학 신규 졸업자의 구직을 돕기 위한 정책으로 발표한 것이다. 특히 일본 정부는 취업 소개소 및 지원센터 역할을 하는 '헬로워크'를 전국적으로 확대 설치(544개소)하였다. 헬로워크에는 기존 구직자와 신규 졸업자를 위한 직업 상담, 고용보험, 일자리 알선, 자격증 상담, 직업 훈련 등의 서비스를 시행하고 있다. 또한 사업자를 위해 구직자와 사업자 간 매칭 서비스를 시행하고 있으며 채용 시 보조금을 지급하는 등 적극적으로 구직과 고용 활동을 지원하고 있다. 2012년부터는 청년만을 전담하는 청년 헬로워크를 신설하여 운영하고 있다.

또한 헬로워크와 비슷한 기능을 하는 '지역 청년서포트 스테이션' 제도를 도입하였는데 2017년 173개소가 설치되었으며 직업소개 서비스 기능을 제외하고 15~39세 청년 중 기술 및 커뮤니케이션 스킬이 부족한 청년을 대상으로 전문 직업상담사를 두어 면접 훈련, 직장 체험, 심리 상담 등의 서비스를 제공하고 있다.

일본은 이러한 청년들을 위한 미시적 정책들을 많은 시험과 개선을 통해 다듬어 나갔다. 또한 동시에 거시적으로 아베노믹스라는 경제 정책을 통해 경제의 파이를 크게 키워나갔다.

아베노믹스

2012년에 출범한 아베 정권은 20년간 이어져 온 장기불황을 탈출하기 위하여 '아베노믹스' 정책을 추진한다. 아베노믹스 정책은 통화 정책, 재정 정책, 경제 개혁 등 세 가지 축으로 구성된 정책이다.

첫 번째 화살은 통화 완화 정책으로 디플레이션을 탈출하기 위한 정책이다. 헬기에서 돈을 뿌리듯 엄청난 양의 통화가 통화 완화 정책으로 투입되었다. 바로 전 정부였던 하토야마 내각이 추진한 내수활성화 정책과는 정반대 정책으로 그 효과는 엔화 환율을 낮추어 일본 기업들의 수출을 돕는 것이다. 이로 인해 일본 기업들은 우리나라 기업들보다 세계 시장에서 가격 경쟁력 우위에 서게 되었다. 두 번째 화살은 15조 엔 규모의 재정 정책으로 동일본대지진의 재건비, 예방 시스템 구축, 민간 투자 활성화, 기업 해외 진출 지원, 인재육성, 지역 활성화 지원 등으로 구성되었다. 세 번째 화살은 규제 개혁을 기본으로 해서 민간 투자를 활성화하는 신성장 전략으로서 '전략 시장 창조' '일본 산업 재흥' '국제 전개 전략'으로 이루어져 있다.

아베노믹스로 인해 경기는 활성화되었고 일자리는 늘어났다. 2016년 신문기사에서 일본의 대졸 예정자의 취업률이 80%이고 '고등학교 졸업 예정자의 84%가 이미 취업을 결정지었다'는 기사가 보도되었다. 기사에 따르면 일본의 대졸 취업률은 96.7%, 문과 취업률은 96.5%를 달성했다고 한다. 그 후 3년, 2019년 일본의 대졸·고졸자 취업률은 모두 98%를 달성하였다. 조선일보의 기사에 의하면 취업이 너무 잘 돼서 공무원에 응시하는 비율이 줄어들고 있다고 한다.

이처럼 일본 경제는 30년 만에 다시 호황을 맞고 있는 것 같다. 일본은 우리보다 앞서 청년을 사회적 약자로 두고 사회 구조적 문제와 사회 안전망개선 등 다양한 청년 정책을 펼치고 동시에 거시적 경제를 성장시켜 경제의 파이를 키우려고 노력해왔다. 이러한 미거시적인 양방향의 노력이 지금의 결과를 만들어내는 듯 보인다.

하지만 아직도 일본은 정규직·비정규직의 노동구조를 개선하지 못하였고, 이로 인한 임금 격차는 심화되었다. 또한 살인적인 노동시간으로 인한 청년 근로자의 자살, 청년의 창업 기피는 여전히 해결해야 할 청년 사회 문제로 남아 있게 되었다.

청년이
진짜 원하는
희망 국가
만들기
프로젝트

제6장 ● ○

유럽의 다른 나라는?

1

스페인과 이탈리아 분석
왜 필요한가?

이번 장에서는 유럽의 사례를 살펴보고자 한다. 스페인과 이탈리아는 우리나라와 경제 규모가 비슷한 나라이다. 우리나라는 2018년 GDP 순위에서 10위를 기록하였으며 이탈리아는 8위, 그리고 스페인은 14위를 기록하였다. 문화와 경제 구조가 우리와 다르기 때문에 스페인과 이탈리아의 사례가 우리와 일치한다고는 볼 수 없지만 두 나라 또한 극심한 청년 실업 문제를 겪고 있는 나라들로서 향후 우리나라가 청년 실업에 어떻게 대응하여야 하는지에 대해 중요한 시사점을 줄 수 있을 것이다.

본론에 앞서 스페인과 이탈리아의 사례에서 우리가 얻을 수 있는 교훈은 청년 실업을 회복 탄력성이 있는 현상으로 보고 방임하고 있다가는 전 청년 세대를 통째로 잃을 수 있다는 것이다. 한번 높아진 청년 실업률이 장기화된다면 청년들이 희

망을 잃고 구직과 학업을 포기하는 상태가 되어 버린다. 그렇
게 된다면 나라의 미래를 짊어지고 갈 한 세대가 사라지게 되
어 국가 경제는 머지않아 무너져버릴 것이다.

2
스페인

스페인에는 '니니 세대'라는 말이 있다고 한다. 한국일보에 따르면 니니 세대란 2008년 미국발 서브프라임 세계 경제 위기로 인해 스페인의 경제가 타격을 받으면서 생겨난 신조어로, 학업도 일도 안하는^{ni estudia, ni trabaja} 청년층을 가리킨다. 무너져 내린 경제 탓에 실업률이 치솟아 취업과 학업 모두 포기하는 사상 최악의 상황에 빠져버린 청년층들이 생겨난 것이다.

경제 위기에 더 취약한 청년층

스페인은 2008년 세계 경제 위기 이후 청년 실업률이 2009년 37.7%를 시작으로 2013년 55.5%, 2016년 44.5%, 2017년 38.7%, 2019년 32.6%를 기록하는 등 조금씩 낮아지고 있지만,

경제 위기 전인 2006년 17.3%에 비해서는 아직까지 높은 수준을 유지하고 있다.

대외경제정책연구원에 따르면 경제위기 시 청년 실업률이 전체 실업률보다 높은 이유는 청년이 가지고 있는 특성에 기인한다고 한다. 특히 기업의 신규 채용 과정에서 발생하는 각종 비용 부담이 원인인데 이는 신규 직원에 대한 교육, 훈련 등에 대한 초기 비용이 많이 들기 때문이다. 또한 경제 위기 상황에서는 청년들의 낮은 숙련도와 생산성으로 인해 상대적으로 높은 숙련도 및 생산성을 보유하고 있는 중장년층보다 청년층을 해고하며, 장기간 근속한 직원보다는 입사한 지 얼마 되지 않은 청년들을 해고하는데 퇴직금 등 해고 비용이 덜 들어가기 때문이다.

이와는 반대로 일반적으로 경기 회복기에는 인적자본에 투자하는 여력이 생기기 때문에 청년에 대한 고용이 증가하기 마련이다. 하지만 실제 데이터를 살펴보면 스페인의 경제 상황은 2009년 GDP 성장률이 마이너스 3.75%를 찍은 후 2014년부터 플러스 성장률로 전환되어 전체적인 경제 상황이 호전되어 가고 있는데도 그에 따른 청년 실업률은 낮아지고 있지 않은 상황이다.

소극적인 정부

지난 10년간의 긴 경제 불황 동안 스페인의 청년들은 수많은 실패와 좌절을 겪어왔다. 구직을 위해, 더 나은 삶을 살기 위해 할 수 있는 최선을 다해 노력을 해왔을 것이다. 하지만 최선의 노력을 다해도 원하는 것을 얻을 수 없는 현실의 높은 벽 앞에서 청년들은 스스로 마음의 문을 닫아버릴 수밖에 없었다. 미래에 대한 삶의 비전과 꿈을 포기하고 평범한 일상을 영위하기 위한 직업을 찾으려고도 했지만 평범하게 사는 것조차 허락되지 않은 이 상황에서 포기만이 유일한 해결책이었다. 이러한 이유로 스페인 청년들은 그렇게 구직 활동과 학업을 멈춘 니니 세대가 되어버렸다.

상황이 이렇게 심각한데도 스페인 정부는 소극적인 정책으로 높은 청년 실업률에 제대로 대응을 하지 못하고 있었다. 스페인 노동부에 따르면 비정규직 등 단기간 일자리를 전전하는 청년들이 2012년 15만 명에서 2017년 27만 명으로 매년 증가하였다고 한다. 안정적인 양질의 일자리는 점점 줄어들고 질이 낮고 안정적이지 못한 일자리들이 많아지고 있는 것이다.

스페인 정부는 처음에는 청년 실업률에 대해 많은 관심을 두지 않았다. 높은 청년 실업률을 일시적인 현상으로 본 것이다. 청년들은 아직 젊고 패기도 있으며 능력도 있으니, 곧 알아서 잘 살아남을 것이라는 생각이 스페인 정부와 시민들이 가진 일반적인 생각이었다. 하지만 2009년에 국내총생산GDP 성장률이 -3.75%까지 하락했다가 2014년부터 플러스로 전환하면서 경기가 회복세로 돌아섰지만, 청년 실업률은 2019년 32.6%로 2012년 35.3%에 비해 많은 변화를 보이지 않았다. 스페인의 청년 실업률은 2012년 30%대로 진입한 이후 최근까지 30%대가 깨지지 않고 있다. 이는 스페인의 청년 실업률이 단순한 경기회복으로 해결될 고용 문제가 아니고 구조적이며 청년들의 희망 심리 상태의 문제에서 기인한다고 인식되는 계기가 되었다.

2008년 이후 10년간의 높은 청년 실업률은 스페인의 청년들로 하여금 미래의 스페인 경제를 비관하게 만들었다. 일본의 예처럼 장기간의 불황은 청년들을 희망을 포기한 상태, 모든 것에 비관적인 상태로 만들게 된다. 스페인도 일본과 마찬가지로 지난 10년간 청년 실업 문제에 대응하기 위한 제대로 된 청년 정책을 내놓지 못한 탓에 문제를 효율적으로 해결할 수 있는 골든타임을 놓치고 말았다.

스페인의 청년들은 스페인의 전반적인 경제 상황이 조금씩 나아지고 있는 상황에서도 청년의 미래가 비관적일 것이라는 생각에서 빠져나오지 못하고 있다. 지난 10년간의 청년 구직

불황이 구직의 의욕도, 학업의 의욕도 빼앗아 버린 탓이다. 구직 노력을 해도 양질의 직장을 얻지 못하고 공부를 한다고 해도 더 좋은 직장을 얻지 못할 것이라는 비관적인 심리가 청년들을 희망마저 포기한 심리적 노예 상태로 만들어버린 것이다.

비관적인 희망의 노예가 된다는 것은 누군가가 그것에서 해방시켜 주지 않으면 평생 계속될 수 있게 된다는 뜻이다. 높은 청년 실업률이 정말 무서운 이유는 희망을 잃은 청년 한 세대가 통째로 무기력증에 빠질 수 있다는 것이며 이것은 곧 그들이 주역으로서 경제 활동을 하는 40년 동안 스페인의 경제는 성장하지 않고 퇴보할 수 있다는 뜻을 의미한다.

사회에 대한 청년 실업률의 3가지 부정적인 영향

대외경제정책연구원에 의하면 높고 지속적인 청년 실업률은 3가지 측면에서 사회에 부정적인 영향을 끼친다. 첫째는 청년의 향후 고용 가능성에 영향을 끼치는데 대학생인 청년에게 첫 고용은 교육에서 경제 활동으로 이행되는 과정인 만큼 첫 직장이 향후 고용에 있어서 중요한 역할을 한다. 하지만 첫 고용에서 양질의 직장을 갖지 못하고 이에 따른 기술과 경험에 대한 축적의 기회를 잃어버린다면 향후 좋은 직장을 얻기가 힘들다.

두 번째는 높은 실업률로 인한 범죄 등 사회적 문제이다. 경제적 어려움 등으로 자신감과 희망을 잃은 청년들이 품은 사회에 대한 불만이 범죄율의 증가나 폭력 및 폭동 등으로 이어질 수 있다는 것이다. 실제로 2011년에는 영국의 런던 북부 토트넘에서부터 발발한 폭동이 전역으로 확산하였으며 10대 후반과 20대 후반의 청년들이 몰려다니면서 차량을 파손하고 상점을 약탈하는 행위가 벌어졌었다. 이 당시 영국의 청년 실업률은 20.4%였으며 청년 실업으로 인한 빈부격차가 폭동의 원인이라고 보도되었다.

프랑스에서는 2005년 파리 인근 빈민가에서 폭동이 일어나 2명이 죽고 3,000명에 달하는 시위자가 체포되었으며 2012년에는 프랑스의 북부 도시 아미앵에서 폭동이 일어났다. 폭동에 참여한 청년들은 대부분 모로코, 알제리, 튀니지 등 이민자 출신이라고 보도되었다. 프레시안 뉴스에 따르면 프랑스 사회당 출신인 질 디마이 아미앵 시장은 이번 폭동의 원인으로 지역의 높은 청년 실업률로 인해 항상 긴장감과 갈등이 고조되어 있었다면서 중앙 정부에 근본적인 해결방안을 요구하였다.

우리나라는 청년 실업률로 인한 폭동보다는 일본식 묻지마 살인 사건이 향후 다수 일어날 가능성이 크다. 일본에서는 높은 실업률로 인해 경쟁에서 탈락한 다수의 히키코모리들이 양산되어 길 가던 사람들을 칼로 무차별로 찌르는 등 다수의 청년 살인사건이 일어났었으며, 지금도 심심치 않게 일본 뉴스에 보도되고 있는 등 큰 사회적 문제를 가져왔다.

세 번째는 인적자본 훼손으로 인한 장기적인 경제 성장에 부정적 영향을 줄 수 있다는 것이다. 우리나라도 마찬가지지만 스페인도 고령화 사회에 진입하였다. 청년 인구는 줄어들고 있으면서 노인 인구는 증가하고 있다. 이러한 상황 속에서 한창 많이 일하면서 생산에 이바지해야 할 청년들이 희망을 잃고 일을 하지 않는다는 것은 곧 복지를 포함한 연금 시스템 그리고 경제를 이끌어가는 엔진이 꺼진다는 뜻이므로 경제 성장에 악영향을 끼칠 수밖에 없다.

스페인 정부의 늦은 노력

다행히도 이러한 심각성을 인지한 스페인 정부는 2018년 각료회의를 통해 청년실업 비상대책Plan de Choque por el empleo 2019~2021 플랜을 공표한다. 청년 실업을 회복력이 있는 일시적 현상으로 보지 않고 정부가 적극 개입하여 해결하여야 하는 문제로 인식한 것이다.

청년실업 비상대책의 내용에는 양질의 일자리, 남녀고용격차 축소, 청년 실업률 감소에 대한 구체적인 내용과 이행계획이 담겨 있다. 스페인 정부는 향후 2021년까지 3년간 총 20억 유로(약 한화 2조 6천억 원)의 예산을 투입하여 청년 실업률을 23.5%까지 낮출 예정이다.

청년실업 비상대책 플랜은 총 6개 분야의 50개 정책들로 구성되어 있으며 청년 취업 지원 서비스, 취업 보장 교육 훈련 프로그램 운영 등 교육 프로그램, 중소기업과의 직업교육 훈련 연계 등 취업기회 확대, 지방의 여성 고용 확대 등 공정한 취업기회 보장, 스타트업 지원 확대 등 창업, 이를 위한 제도 개선 등 8개 분야로 나뉘어져 있다.

주요 특징으로는 청년 고용을 위한 정보서비스를 구축하였으며 실업 상태에 있는 미취업 청년들을 대상으로 취업에 필요한 기술 및 저숙련 계층을 위한 언어, 수리 교육 등 다양한 과목에 대한 교육을 실시하여 청년들의 역량 강화에 초점을 맞추고 있다. 또한 기업의 비정규직 고용조건을 강화하여 기업에서 비정규직을 쉽게 늘릴 수 없도록 제도적 기반을 마련하였다.

3

이탈리아

이탈리아에는 밤보쵸니^{bamboccioni}라는 단어가 있다. 스페인의 니니 세대, 즉 공부도 안 하고 일도 안 하는 세대와 같은 맥락의 단어인데 '큰 아기'라는 뜻을 내포하고 있다. 청년 세대를 큰 아기로 부르는 이유는 극심한 불황으로 구직 활동을 포기한 세대가 부모로부터 독립하지 않고 부모의 은퇴자금을 축내고 있기 때문이다

2019년 경제협력개발기구^{OECD}에 따르면, 이탈리아에는 취업을 원하면서 구직 활동을 포기한 취업 연령대의 청년 비율이 34.46%에 달한다고 한다. 한국의 청년 니트족의 비율은 23.58%, 스페인 28.9%로 이탈리아가 높다. 이탈리아의 청년 니트족의 비율이 높은 이유는 청년들이 일자리를 구하려고 해도 일자리 자체의 공급이 수요를 훨씬 밑도는 상황으로 청년들이 눈을 낮추어도 직업을 구할 수 없는 상황이 계속되는 탓이다.

니트족이 되지 않은 일부 청년들은 구직을 위해 이탈리아를 떠나고 있다. 이탈리아 이민재단에 따르면 2016년 구직을 위해 해외로 이주한 이탈리아인은 4,076명으로 그 중 청년 비율은 39.2%에 달한다. 이 비율은 매년 증가하고 있는 추세이다. 세계 경제 위기 전만 하더라도 해외에 일자리를 찾아 떠나는 청년들은 대부분 저임금 노동자였지만 현재는 대졸 이상 비율이 30%에 달하는 등 두뇌 유출 상황도 심각하다.

혈연 · 지연의 사회

청년 니트족의 증가와 해외 두뇌 유출에는 이탈리아 특유의 혈연 · 지연이 바탕이 된 사회적 구조에도 원인이 있다. 경제가 불황을 거듭할수록 능력보다는 연줄에 의해 구직을 하는 사례가 많아지고 있기 때문이다.

프리드 글로벌 브리지Pride Global Bridge의 보고서에 의하면 이탈리아의 기업들은 대부분 혈연 또는 인척 관계로 운영되고 있으며 지방마다 지역의 고유한 기업들이 자리 잡고 있어서 다른 국가들보다 상대적으로 혈연 · 지연으로 회사에 취업하는 사례가 당연시되고 있다고 한다. 실력보다는 혈연 · 지연으로 회사에 들어가는 게 당연시되면서 능력이 있으면서 혈연과 지연이 없는 이탈리아의 청년들은 구직 활동을 포기하거나 외국으로 일자리를 찾아 떠나게 되었다. 이러한 혈연 · 지연 사회는 경제 불황으로 더욱 공고하게 되어가고 있으며, 실질적으로 경제 불황을 극복하기 위한 인재들이 이탈리아 안에서 효율적으로 쓰이지 않고 유럽의 다른 나라로 유출되면서 경제난과 실업난은 더욱 심화되고 있는 실정이다.

이처럼 경제난의 극복에는 인재의 효율적인 사용이 국가적으로 또는 기업적으로도 필요하다. 하지만 청년들에게 노력한만큼 결과를 얻을 수 있는 기회가 평등하게 주어지지 않는다면 결국 청년들은 실력을 쌓기보다는 인맥을 쌓으려는 요행에만 집중할 것이고 그마저도 얻지 못한다면 구직을 포기할 수밖에 없다. 이탈리아는 EU로 자유롭게 외국에 나가서 구직할수 있지만 우리나라는 그마저도 불가능하다.

정부의 적극적인 노력의 부재

이탈리아 통계청Istat에 따르면 2018년 이탈리아의 실업률은 10.6%였지만 청년 실업률은 32.2%였다. 이탈리아의 전체 실업률과 청년 실업률의 격차가 좀처럼 좁혀지지 않고 있다. 스페인과 마찬가지로 이탈리아 정부 또한 청년 실업 문제에 적극적이지 않은 탓이다.

　이탈리아 정부도 초기의 청년 실업 문제를 단순하게 보았다. 경제가 회복되면 자연스럽게 청년 실업이 낮아지리라 예측하였으며 청년들 스스로 노력하여 어떻게든 살아남을 수 있을 것으로 생각했다. 이러한 이유로 불황속에서도 고용 및 복지 관련 정책은 기존 근로자들에게만 유리하게 만들어졌다.

　프리드리히 에비트 재단코리아Friedrich Ebert Stiftung Korea의 보고서에 의하면 이탈리아 청년 실업 문제의 주요 원인 중 하나를 직업 교육의 취약과 부족한 실무경험이라고 분석하고 있으며, 대외경제정책연구원에 의하면 유럽의 경우 직업 교육 시스템이 발달한 나라일수록 청년 실업률이 낮다는 연구 결과가 있다고 한다.

　이처럼 유럽은 실무경험이 취업에 중요한 요소가 된다. 그래서 청년들이 취업에 앞서 인턴 등 다양한 업무 기회를 통해 실무경험을 쌓는다. 하지만 줄어든 일자리로 인해 청년들이 실무를 경험할 기회가 줄어들고 국가는 청년들을 다시 재교육하고 경험을 쌓을 수 있게 하는 정책들을 적극적으로 시행하지 않고 방치하였다. 관련 조사에 의하면 실제 청년 실업자의 25% 이상이 실무경험이 전혀 없는 것으로 나타났다.

　또한 학생들의 학교 교육에서 습득한 능력과 기업이 필요로 하는 인재상에 큰 차이를 보이고 있다. 매킨지Mckinsey 보고서에 따르면 이탈리아 기업들의 47%는 업무에 알맞는 인재를 찾지 못하고 있다고 관련 조사에서 답하였다. 따라서 정부는 이러한 고용의 미스매치를 해결하기 위하여 개입할 명분과 당위성을 갖게 된다. 이탈리아 정부가 가장 먼저 할 일은 청년들의 직업교육 시스템을 구축하는 것이다.

이탈리아의 기업들 또한 정부와 마찬가지로 청년들을 위해 적극적으로 행동에 나서지 않았다. 2008년 세계 경제 위기 이후 이탈리아의 기업들은 투자와 일자리 및 신규채용을 줄이면서 위기를 극복하려 했다. 또한 이탈리아의 기업들은 청년들이 경험을 쌓을 수 있는 인턴십 등을 줄여나갔다. 결국 줄어든 신규채용과 인턴십 기회의 부재로 인해 청년 문제는 더욱 수렁에 빠지게 되었다. 인턴십은 학교 교육과 직업 기술 간의 연계점에 있으며 회사에 실질적으로 필요한 인재가 되기 위한 첫 시작단계로서 매우 중요하다. 이탈리아의 입장에서는 이러한 문제를 먼저 해결하지 않으면 청년 문제를 해결하기 어려울 것이다.

실제로 이탈리아의 통계청 발표에 의하면 청년과 일반 실업률의 차이는 3배에 이를 만큼 유럽에서 가장 크며, 이탈리아 청년들의 구직에 소요되는 시간이 유럽에서 가장 긴 것으로 나타났다.

청년 문제의 초기 개입의 중요성

결국 스페인과 이탈리아의 사례를 분석해보면 청년 실업 문제는 국가가 초기에 적극 개입하여야 한다는 결론이 나온다. 청년들이 경제 불황 초기에는 의지와 희망을 갖고 구직 활동 노력을 하겠지만 높은 실업률이 장기화되고 구직이 되지 않으면 희망을 단념하고 구직 활동을 포기하기 때문이다. 심리적으로 미래에 대한 전망이 비관적으로 바뀌는 순간, 청년들의 미래를 위한 모든 노력들은 멈추어 버리고 만다. 청년들이 노력을 하지 않는 것이 아니다. 노력을 해도 무언가 얻을 수 없는 사회적 · 경제적 구조가 청년들의 희망을 단념시키는 것이다. 스페인과 이탈리아의 상황도 그렇다. 전체적인 경기 상황이 나아지고 전체 실업률이 낮아지는 상황에서도 청년 실업률만 줄어들지 않고 니트족이 늘어난다는 것은 구조적인 문제로 인해 지금의 청년들이 희망을 잃고 자포자기 상황이 되었다는 것으로 밖에는 설명이 되지 않는다.

국가는 노력하는 청년들에게 더욱 노력할 수 있는 동력을 만들어주고 포기하려는 청년이 다시 일어설 수 있도록 지원해 줘야 한다. 그리고 노력한다면 반드시 보상받는 사회를 만들어야 한다.

마지막으로 국가는 청년 실업을 해결하기 위해 초기에 모든 수단과 방법을 아끼지 않고 적극적으로 정책적 개입을 하여야 한다. 정책적 개입의 시기를 놓친다면 청년들의 희망을 다시 살리기란 꺼져가는 불씨를 살리는 것처럼 많은 힘이 들 것이다.

청년이
꿈꿀 수 있는
대한민국을
원한다

PART
3

청년이 말하는
희망 고문 탈출 전략

■ ● ▲

제7장 ●○

희망을 키우는

전략과 정책 방향은?

1

청년들이
희망을 갖기 어려운 이유는 무엇인가?

대한민국 청년들은 유독 미래의 행복을 위해 현재의 행복을 유예하고 있다. 입시와 취업이라는 미래를 위해 중고등학교 시절에 경험할 수 있는 행복을 유예하고, 결혼하면 잘살 것이라는 기대로 삶의 여유와 여가를 줄여가며 일을 하고 돈을 모아 결혼 준비를 한다. 미래의 행복을 위해 오늘을 희생하고 있지만, 희생한 만큼 미래가 보장되지 않는 것이 요즘의 현실이다.

이런 때일수록 '좋아질 거야, 좋아질 수 있어'라는 자신감과 의지가 중요하다. 단순히 미래에 잘될 것이라는 기대감에 대한 희망이 아니라 '지금의 이 노력이 내 미래에 도움이 될 수 있고, 나의 꿈과 목표는 반드시 이루어질 것이다'라는 가능성에 대한 희망이 중요한 것이다. 이러한 희망이 커질수록 자신감과 열정, 의지는 비례해서 커진다. 청년들이 자신감을 가지고 도전할 수 없는, 희망을 가지기 어려운 이유는 다양하다.

노력이라는 차원의 개인적인 영역과 사회 구조적으로 발생하는 문제가 맞물린 사회 문제들은 다양한 분야와 상황에 걸쳐 발생하곤 한다.

　꿈을 향해 도전할 수 없는 척박한 환경과 이미 출발선에서 뒤처진 공평하지 않은 삶의 격차에서 청년들은 시작하기도 전에 좌절한다. 사회에 나가서도 마치 관습처럼 적용되는 불공정한 대우와 수직적인 근로 문화는 청년들을 숨 막히게 한다. 하루하루 일상을 살아가다 보면 어느새 '나'는 사라지고 사회 기준에 맞춰진 직장인 A만이 존재할 뿐이다. 새로운 4차 산업 시대를 맞이했지만 제대로 된 교육과 기회를 얻지 못해 뒤처지고 있다. 갈수록 나빠지는 국가 경제, 부족한 외교력, 답답하고 신뢰할 수 없는 국내 정치는 국가에 대한 자부심과 자긍심마저 사라지게 만든다. 나라가 나라답지 못하고 국가가 존재하는 이유조차 명확하게 느껴지지 않는다.

　희망이 있다는 것은 내가 원하는 것을 할 수 있고 그 꿈을 이룰 수 있다는 기대감 또는 가능성을 가진 상태라고 간주한다. 그리고 그 희망은 어떠한 조건과 환경으로 인해 심리적·주관적으로 느끼게 되는 결과적 상태이다. 왜 그런 상태에 놓이게 되는지, 청년들에게 물었다. 그리고 그 결과적 상태인 희망이 없도록 만드는 환경과 조건을 영역별로 정리해보았다.

| 영역별 청년들이 희망을 갖기 어려운 이유

영역별	청년들의 어려운 상황
척박한 환경	하고 싶은 일로 삶을 영위하기에는 부족한 환경, 사회안전망의 부족과 주변의 무관심, 미래에 대한 불안과 외로움
불공평한 삶의 격차	뒤처진 출발선, 교육 격차, 감당하기 어려운 경제적 비용 부담
불공정한 대우	일자리 산업, 근로계약 관계에 따른 소득 차이, 불공정한 노동구조, 비합리적인 보상과 수직적이고 권위적인 근로 문화
생존력·경쟁력 상실	자격증, 시험 등 투자해온 것들이 기술진보로 인해 경쟁력 상실, 4차 산업시대를 대비하는 준비 부족
약한 국가 능력 미성숙한 문화	답답한 정치, 불안한 치안과 안전, 위태위태한 안보, 부족한 외교력 등 강하지 않은 국가의 힘. 위험을 안고 있는 세계발 경제 위기

2

희망을 갖기 위한 전략과
정책의 방향은?

그렇다면 청년들이 희망을 느끼는 상태가 되기 위한 조건과 환경은 무엇일까? 그리고 이를 위한 국가와 정부의 전략과 정책은 어떤 방향으로 이루어져야 할까?

청년들이 희망을 갖기 위한 환경과 조건은 개인적 측면에서 크게 다섯 가지로 볼 수 있다.

첫 번째는 하고 싶은 일과 좋아하는 일을 찾고 도전할 수 있는 경제적·사회적 환경이다. 이러한 환경이 우선으로 조성되지 않는다면 개인이 목표를 세우고 노력을 통해 원하는 것을 이뤄낼 수 있다는 희망을 갖기 어렵다.

두 번째는 도전을 통해 내가 하고 싶고 좋아하는 일을 시작할 가능성이 있어야 한다는 것이다. 좋아하고 목표하는 일을 시작조차 할 수 없다면 그 이상의 희망을 꿈꿀 수 없다. 다음은 만족할 만한 보상이다. 목표한 일을 해내면서 임금이든, 명

예든, 성취감이든 자신이 합리적으로 만족할 만한 공정한 보상이 뒤따라야만 한다. 이것과 더해 지속가능한 자아실현과 성장이 가능한 상태여야 더 나은 목표를 향해 끊임없이 도전하고 나아갈 수 있다.

마지막은 개인인 나를 지켜주고 보호해주는 외부 환경이다. 이것이 갖춰졌을 때 한 개인이 희망을 갖고 살아가며 내부적·외부적인 위기를 극복하며 온전히 살아갈 수 있다.

| 희망을 갖기 위한 외면적·내면적 조건

	희망 조건
외면적 요인	하고 싶은 일과 좋아하는 일을 찾고, 도전할 수 있는 환경 개인인 나를 지켜주고 보호해주는 외부 환경
내면적 요인	좋아하는 일 시작 가능
	합리적으로 만족할 만한 공정한 보상(임금, 명예, 성취)
	지속가능한 자아실현

이러한 희망을 갖기 위한 조건 속에서 청년들은 희망을 품고, 자신의 목표를 실현하기 위해 도전할 것이다. 그러나 희망을 품고 도전하는 과정에서 현재의 청년들이 겪고 있거나 앞으로 겪을 어려움은 개인의 노력만으로는 해결할 수 없고 희망을 실현하기도 어렵다. 그렇기 때문에 청년들이 어려운 상황을 극복하고 미래의 희망에 대한 실현 가능성을 높일 수 있도록 정부의 정책 개입이 절실하다.

희망 조건을 영역별로 하여 정책 개입이 가능한 부분을 정리해볼 수 있다. 목표를 향해 나아갈 수 있는 환경에 해당하는 생태계 구축과 교육 등을 통해 공평한 기회를 얻을 수 있는 기반 마련, 노력한 만큼 합리적으로 만족할 만한 결과를 얻을 수 있는 공정한 보상 체계, 지속가능한 자아실현 속에서 끊임없이 도전하고 성장할 수 있도록 만드는 경쟁력 확보와 방향 제시, 마지막으로는 국가 차원에서 국가의 희망을 만드는 요소인 정치, 외교, 국방, 경제 분야가 각 영역에 따른 희망을 갖고 바라는 미래의 실현 가능성을 높이기 위한 영역이다.

| 희망하는 미래의 실현 가능성을 높이기 위한 정책 개입 영역

정책 개입 영역	주요 내용
생태계	꿈을 향해 달려갈 수 있는 환경(분위기, 문화)
기반	뒤처진 출발선, 공평한 출발선으로(교육, 자립)
공정한 보상	합리적으로 만족할 만한 공정한 보상과 형평성 있는 구조
꿈, 방향, 경쟁력	국가에서 반드시 필요한 일^{must}, 청년들이 하고 싶은 일^{want}, 청년들이 잘할 수 있는 일^{can}
정치, 외교, 국방, 경제	국가 차원으로 국가의 희망을 만드는 요소

모든 것을 국가가 다 해주기를 바라는 것이 아니다. 희망은 그렇게 생겨나는 것이 아니다. 한 개인이 주체적인 삶을 사는 것, 내가 하고 싶은 일을 하며 내 스스로 세운 꿈과 목표를 위

해 도전하며 성장하고 발전하는 삶, 이러한 삶을 살아갈 수 있도록 옆에서 보완해주고 가능성을 높여주는 방향이 올바른 정책 개입의 방향이다. 그리고 이러한 정책 개입 영역이 전략과 정책으로 녹여질 때 '희망으로 가득 찬, 역동적인' 대한민국이 가능할 것이다.

희망을 키우는 정책의 전략 방향은?

그렇다면 정책 개입 영역별 국가가 제시하는 희망 정책은 어떠한 방향이어야 할까? 이는 무조건 청년 개개인이 자신의 꿈을 실현할 수 있는 방향이어야 한다. 희망의 조건 중 내적 요건인 내가 좋아하는 일이어야 할 것, 합리적으로 만족할 수 있는 공정한 보상이 뒤따라야 할 것, 나를 발전시킬 수 있는 일이어야 할 것, 이 세 가지 조건이 채워질 때 희망을 가질 수 있다고 보았다. 여기에 외적 희망 조건인 생태계와 외부환경을 포함하여 희망 조건을 채워주는 정책 개입 영역에 맞춰 전략을 도출하였다.

희망을 키우는 정책 설계 요소별 전략 도출 프로세스

개입 영역	희망 조건		희망 전략 도출	
생태계	하고 싶은 일과 좋아하는 일을 찾고, 도전할 수 있는 환경		1대 전략	
기반	좋아하는 일 시작 가능	↔	2대 전략	1단계
공정한 보상	합리적으로 만족할 만한 공정한 보상(임금, 명예, 성취)	↔		2단계
꿈, 방향, 경쟁력	지속가능한 자아실현	↔		3단계
정치, 외교, 국방, 경제	지켜주는 외부 환경		3대 전략	

청년들이 희망을 품을 수 있도록 도와주는 전략은 다음과 같은 방향이어야 한다.

1대 전략 개개인이 자신의 꿈을 향해 달려갈 수 있는 환경에 해당하는 생태계를 구축한다.

2대 전략 누구나 자신이 좋아하는 일을 찾아 새롭게 시작할 수 있어야 하며 공평한 기회와 합리적이고 공정한 보상이 따를 수 있는 공정한 사회 구조여야 한다. 그 과정에서 청년들은 자신이 하고 싶은 일에 집중하고 잘하는 일을 통해 지속가능한 성장을 할 수 있어야 한다.

3대 전략 나의 생명과 재산을 지켜주는 울타리인 국가의 국방, 경제적 기회와 위상을 높이는 외교, 세계 속 경제 위기에 잘 대비하고 개인의 능력과 노력에 따라 성장할 수 있는 포용적이고 효율적으로 경제가 잘 유지되어 나갈 때, 청년들이 나라에 대한 자긍심과 희망을 가질 수 있다.

청년이
진짜 원하는
희망 국가
만들기
프로젝트

제 8 장

청년 희망

3 대 전략

1
청년 희망
3대 전략의 개념과 특징

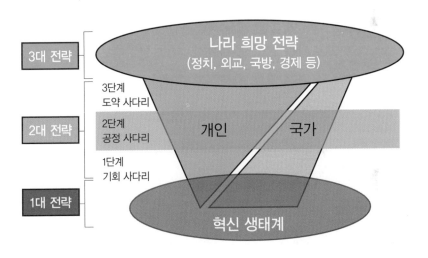

청년 희망을 만드는 조건 3가지가 실현될 수 있도록 3가지 대전략을 제시했다. 1대 전략은 청년들이 하고 싶은 일과 좋아하는 일을 찾고, 도전할 수 있는 환경으로 형성된 혁신 생태계가 만들어져야 희망의 토대가 형성된다고 보았다. 2대 전략은 청년 희망 프로세스에 따른 단계별 희망을 제시하였다. 2대 전략 내 1단계는 청년들에게 공평한 기회를 주는 교육 사다리, 2단계는 공정한 구조와 보상이 뒤따르는 사업 사다리, 3단계는 개인이 성장할 수 있는 도약 사다리를 제시한다. 3대 전략은 정치, 경제, 안보, 문화, 환경 등 국가 차원에서 청년들에게 희망을 보여줄 수 있는 나라 희망 전략이다. 3대 전략과 희망 프로세스 1, 2, 3 단계에 따라 청년이 느끼는 희망은 커지게 되고, 자신만의 주체적인 목표를 이루기 위해 끊임없이 도전하고 성취하는 역동적인 활력을 갖게 된다.

| 청년 희망 3대 전략과 내용

구분	전략 내용
3대 전략	나라 희망을 보여주는 미래 희망 전략(정치, 외교, 문화, 환경, 안보, 인권 등)
2대 전략	청년 희망 프로세스 3단계(기회, 공정, 도약 사다리)
1대 전략	다양한 기회를 만들어내는 희망 전략(일거리와 기회를 창출하는 혁신 생태계)

특히 2대 전략인 청년 희망 프로세스 3단계에서는 희망 전략 개념을 제시하기 위해 '청년'과 '국가'의 두 가지 관점으로 접근하였다. 이 관점은 청년들이 미래를 위해 만들어갈 희망이 있고, 국가가 청년들이 희망을 가질 수 있도록 도와줄 수 있다는 시각에서 출발한다.

청년과 국가의 역할 영역을 2개의 삼각형으로 잡았고, 왼쪽에 놓인 역삼각형은 청년 개인을, 오른쪽에 놓인 삼각형은 국가로 표현해보았다. 오른쪽 삼각형 영역이 국가가 청년에게 희망을 제시하기 위해 개입하는 영역이고, 왼쪽 역삼각형이 청년 개인이 스스로 희망을 채워가는 영역을 표현한다. 세로축은 희망의 차오르는 양의 정도를 표현하여 아래쪽은 희망

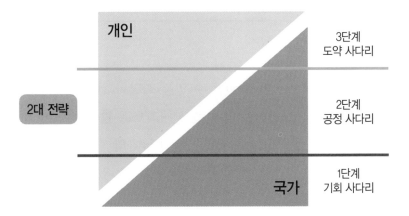

이 없고, 위쪽으로 갈수록 희망이 차오른다고 가정했다. 가로축은 부족하거나 희박했던 희망이 확대되는 것으로 청년 개인으로서는 희망이 차오르기 시작할수록, 희망에 대한 기대치가 높아진다. 현재 상태에서 나의 인생이 잘될 것이라는 기대감 또는 가능성이 높지 않은 경우, 국가가 정책 개입으로 주변의 환경을 개선해줌으로써 희망에 대한 기대치가 높아질 수 있는 환경을 확대해나갈 수 있을 것으로 보았다.

| 희망 전략별 희망 조건과 개입 영역

희망 전략 도출		희망 조건(청년 관점)	개입 영역(국가 관점)
1대 전략		하고 싶은 일과 좋아하는 일을 찾고 도전할 수 있는 환경	생태계
2대 전략	1단계	좋아하는 일 시작 가능	기반
	2단계	만족할 만한 보상(임금, 명예, 성취)	공정한 보상
	3단계	지속가능한 자아실현	꿈, 방향, 경쟁력
3대 전략		지켜주는 외부 환경	정치, 외교, 국방, 경제

결국 청년 스스로가 채워갈 수 있는 희망이 전혀 없는 상태에서는 국가가 개입하는 비중이 상대적으로 많을 수밖에 없다. 그러나 점점 희망이 채워짐에 따라 국가의 개입 영역은 줄어들고 개인이 스스로 헤쳐나가며, 나아갈 수 있는 영역의 비중이 늘어나게 된다.

희망을 가질 수 있도록 하는 정책 설계의 방향과 목표는 전략에 따라 차이를 가진다. 1대 전략의 정책 설계 목표는 창의적 발상을 자극하는 방향이어야 한다. 2대 전략 내 희망 프로세스 1단계의 목표는 누구에게나 공평한 기회를 마련하는 방향이다. 2단계는 불공정을 해소하는 방향이다. 3단계는 성장과 도약을 촉진하는 방향이다. 개인이 좋아하는 일을 찾고 몰입하는 일이 내적 요인이라면, 그에 따른 보상이 따르는 것은 외적 요인이다. 특히 외적 요인에 해당하는 보상이 기대한 만큼 이루어지지 않는 이유는 구조적 원인 또는 문화와 관련이 깊다. 마지막으로 3대 전략은 걱정과 불안을 해소하고, 국가에 대한 자긍심을 고취할 수 있는 정책 방향이어야 한다.

청년들이 희망을 갖게 되면 개인은 결국 목표를 향해 나아가고 활력 있는 행동을 하게 된다. 현재 사회 전반적으로 활력이 사라지고 청년들이 좌절감을 지니고 있다. 여기에서 국가가 해야 할 역할과 정부가 실행해야 할 정책은 청년들이 미래에 대한 희망감을 느끼지 못하는 장애물과 같은 좌절 요인을 제거하는 것이 중요하다.

2

다양한 기회를 만들어내는
청년 희망 1대 전략

| 일거리와 기회를 창출하는 혁신 생태계

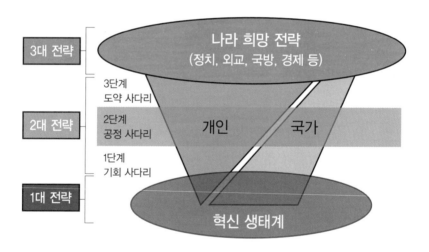

구분		정책 분야	
3대 전략		나라 희망을 보여주는 미래 희망 전략	
2대 전략	3단계	주체적 삶의 실현과 지속가능한 성장	방향, 공헌, 도약
	2단계	자아실현을 위한 도전, 일자리 선택	일거리, 공정한 구조, 보상, 문화
	1단계	희망하는 일 시작	교육 기회, 주거 지원, 공평한 기회, 경제적 안정
1대 전략		생태계 불편함(규제), 방해물(하고 싶은 것), 자극과 독립응원 독려	

1대 전략은 '혁신 생태계' 전략이다. 생명력이 꿈틀거리고 역동성이 살아 숨 쉬는 생태계여야 한다. 청년이 자신만의 생태계를 꾸려나갈 수 있어야 하고, 각 분야의 생태계가 합쳐져 분야가 융합되고 새롭게 확장될 때 진정한 일거리와 기회가 끊임없이 만들어지는 혁신 생태계가 마련될 수 있다. 이를 위해서는 청년들의 창의적인 발상과 도전 정신이 좌절되지 않고 이어져 나갈 수 있도록 만들어주고, 모든 사람이 자신만의 생태계를 무기로 공평하게 경쟁할 수 있는 환경을 제공하는 것을 목표로 한다. 세부 내용으로는 '4차 산업 규제 혁신, 창업 · 교육 · 고용 생태계, 혁신 · 사회 안전망, 제도와 환경, 거버넌스' 등과 관련된 정책 개입 전략이 있다.

살아 숨 쉬는 생태계 속에 많은 기회가 제공되는 사회를 만들기 위해서는 디지털혁명 시대인 4차 산업혁명이라는 변화를 감지하고 민감하게 반응에 대비해야 한다. 그래야만 기존의 시장을 넘어서서 경계를 넘나드는 새로운 분야와 신기술 시장에 대해 선점적으로 기회를 포착하고, 그에 따른 일거리를 만드는 희망 전략이 효과를 볼 수 있다. 이는 공평한 기회를 만드는 2대 전략을 실행하기 전 기회를 넓힐 수 있는 혁신 전략에 해당하며, 성장엔진의 원동력이 될 수 있다.

●● 혁신의 엔진을 일으키는 혁신 생태계 구축

지속적으로 새로운 산업, 제품, 플랫폼을 생산해내는 혁신 생태계 구축 전략이다. 혁신 생태계를 기반으로 사회, 경제의 성장엔진과 생태계를 활성화한다. 대학이 R&D 연구의 중심이 되고, 산학연이 유기적으로 협력하는 환경을 구축하는 데 집중한다. 더불어 빅데이터, 바이오, 공유 경제, 3D 프린팅 등 4차 산업혁명을 선도하는 기업들의 성장과 혁신을 막는 규제를 과감히 제거한다.

●● 고용 극대화 전략 + 포용적 고용 전략 + 혁신 촉진 전략

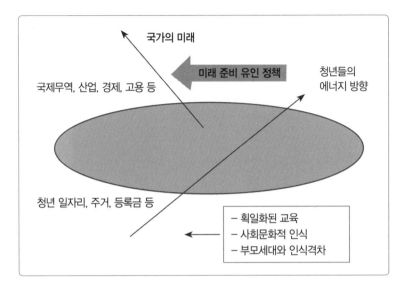

장기적으로 취업을 하지 못하고 있는 청년들을 대상으로 하는 고용 극대화 전략과 혁신적인 기업 또는 진취적인 청년들을 촉진하고 장려하는 전략 등 대상에 따른 투트랙two-track 전략이 요구된다. 중소기업 중심의 고용 극대화 전략을 통해 장기 미취업자 청년들을 고용시장 안에서 훈련시키고, 이를 통해 사회 역량을 갖추게 된 청년들을 혁신 생태계로 유인하여 사회 역동성을 생성한다. 여기에서 중요한 것은 청년 정책이 수동적 방향이 아닌 적극적이고 동적인 형태의 정책(교육을 통한 역량 강화 정책 등)을 통해 역동적인 국가 혁신 방향으로 연결될 수 있도록 해야 한다는 점이다.

신산업 기술 기반의 창업가 등 혁신적이고 진취적인 활동을 하는 청년들을 대상으로는 혁신 활동을 촉진하고 장려하는 환경 조성이 주요하며, 국가 주도의 새로운 시장 개척이 요구된다. 민간, 공공 부문의 비즈니스 모델 개발 및 판로 개척을 통해 대기업 등 기존의 정형화된 경제 주체 외 새로운 유형(스타트업, 소셜 벤처 등)의 경제 주체가 등장할 수 있는 생태계를 조성해야 한다. 다양한 사회 주체들이 활발하게 사회 경제 활동을 이뤄나가고, 주체 간 유기적 연결을 통해 상호보완하며 발전해 나갈 때 산업은 역동성을 띠고, 그 에너지를 기반으로 국가 성장엔진이 점화될 수 있다.

●● 미래 사회를 선도하는 인재 교육 정책

공식적인formal 교육보다 비공식적인informal 교육이 개인의 학습기회에 더 많은 영향을 끼치게 된다. 언제, 어디서, 누구든지 교육이 가능한 사회가 되도록 제도를 정비한다. 21세기를 살아가는 청소년, 미래 세대에게 '교육'이 어떤 의미인지, 어떠한 방식일 때 효과적으로 미래 역량을 갖출 수 있을지에 대해 전략을 재구축해야 한다. 교실 환경에 대한 변화는 물론, 교실 밖에서도 스스로 필요로 하는 지식자양분을 습득할 수 있도록 교육지식 정보를 공개하여 '자기조직화'하는 청년들에게 지원해주는 진정한 의미의 '자기주도학습'이 일상화된 사회를 목표로 해야 한다.

100세 시대를 넘어 살아갈 인생이 긴 현재의 세대들에게는 평생 직장의 의미는 사라진 지 오래다. 언제든 부담 없이 제2, 제3의 인생을 살 수 있도록 새로운 인생 전환을 모색하는 청년에게 '전환희망장학금ASSIST'을 지원한다. 대학에서는 전공, 학과 분야를 구분하지 않은 융합된 교육제도를 도입하고 무크 MOOK 교육을 청년뿐만 아니라 상대적으로 교육 접근성이 취약한 청소년, 노인 등도 들을 수 있도록 개방한다.

●● 일과 가정, 여가가 가능한 자유로운 업무방식으로의 혁신

디지털 시대 기술융합으로 업무 방식과 조직 구조가 변화하고 있지만, 기존의 조직 문화가 이러한 변화를 따라오지 못해 업무의 효율성이 극대화되지 못하고 있다. 정부는 전통적인 방식의 근무방식만을 기준으로 규제하지 말고, 다양한 방식의 근무방식이 가능하도록 기존의 지원제도 기준을 정비한다. 회사가 아닌 곳에서의 업무가 가능하도록 기업문화 변화를 촉진하고 일하는 장소를 넘어서 근무 방식과 방법을 혁신한다. 이를 통해 일과 가정 양립이 가능한 문화로, 생활이 자유로워질 수 있으며 이러한 변화는 낮아지는 혼인율과 저출산 문제를 해결할 수 있는 방안이 될 수 있다.

●● 새로운 대안 경제 주체가 등장할 수 있는 생태계

현재 대한민국 임금정책은 사용자, 근로자 관계로 노동법에 근간하여 임금분배가 이루어진다. 그러나 현대 사회는 사용자이면서 근로자이고, 근로자이면서 다른 사업을 영위하는 사용자로서, 한 경제 주체가 다양한 역할을 할 수 있는 시대가 되었다. 한 개인이 단 하나의 역할로만 규정지을 수 없게 된 사회가 된 것이다.

다양한 역할과 가치를 지닌 경제 주체들이 자신들의 기준대로 서로 상생하는 임금 '배분' 방식이 활성화되어 사회의 다양성을 더 확대할 필요가 있다. 이를 위해 임금제도, 회계규정, 의사결정 구조 등 운영과 관련된 사항에 대한 연구와 세부 사항에 따른 맞춤형 지원 제도를 확립한다.

●● 기술 도입을 통한 새로운 복지 생태계 구축

기술의 발달로 현금, 현물 등을 지급하는 복지 외에도 기술로 복지 서비스를 제공하는 방식이 생겨나고 있다. 장애인, 취약계층, 노인들에게 기술로 복지를 실현하고자 하는 개인 및 단체가 많이 등장하도록 기술 연구에 대한 지원 기금과 펀드를 조성한다. 또한 행정 업무의 간소화와 맞춤형 복지를 실현하기 위해 지자체 내 빅데이터, AI 등의 기술을 우선 도입하여 장기적으로 복지 재정 누수를 방지하고 지원 제도의 효과를 높이는데 기여한다.

이를 통해 맞춤형 지원이 가능함과 동시에 고령화 등으로 인해 증가할 수밖에 없는 복지 재정의 효과적 관리가 가능해 진다. 그리고 이는 놓쳐서는 안 될 중앙정부, 그리고 지자체의 선결 과제이기도 하다.

●● 국민들의 정책의사 결정 참여를 위한 거버넌스 촉진

국가의사 결정제도의 변화를 가하거나 기술을 활용하여 시민 참여를 촉진하는 벤처(정책, 정치 벤처)들이 활성화되도록 지원제도를 구축한다. 국민의 욕구가 정책으로 빠르게 입안 되고 정책 도입 시차를 효과적으로 줄이는 시빅 테크Civic-Tech를 활성화하여 시민 참여를 촉진한다. 이는 정치 산업과 시민 사회의 소통방식이 변화하여 국정 운영 거버넌스의 변화를 가져 온다. 대만의 경우 민간 IT 개발자들이 만든 사이트를 통해 일반 시민들을 대상으로 시빅 테크 관련 연구 주제를 공모했고, 선정된 사회 인프라, 복지, 국정운영과 관련된 소프트웨어 개발 등에 대한 시빅 테크 관련 연구에 따른 추진 비용을 과학기술 기금을 활용하여 지원한 바 있다.

[글로벌교육재정위원회 커미셔너로
세계의 학습혁명과 국내 교육 변화를 선도하는
이주호 전 교육과학기술부 장관
(KDI 국제정책대학원 교수)을 만나다]

1. 4차 산업혁명과 청년 문제, 어떠한 연관성이 있을까요?

1차 산업혁명은 영국에서 1860년, 2차 산업혁명은 19세기 후반, 3차 정보화 혁명은 1970년대부터 시작했습니다. 참고로 일본은 메이지 유신 때 아시아에서 가장 빨리 1, 2차 산업혁명에 적응하면서 아시아 강국이 될 수 있었고 1, 2차 산업혁명에 늦은 우리나라는 일본에 점령당하기도 했음을 기억할 것입니다. 1945년 광복 이후 2015년까지 70년을 35년으로 나누면 1, 2세대로 나뉩니다. 늦은 1, 2차 산업혁명을 정부와 전후 1세대가 따라 잡고, 3차 산업 정보화시대는 2세대가 등장해 대학 지식확산을 통해 선도국가로 들어가게 되죠. GDP로 보면 10위권을 오가는 경제 대국이 된 것입니다. 1, 2차에서 계속 뒤지다가 3차 때 선두권으로 들어간 거예요. 이제 2015~2050년은 3세대가 이끌어 가야 하는데, 현재는 4차 산업혁명에서 낙오되는 모습입니다. 청년 문제가 바로 이 3세대의 문제입니다. 청년들은 4차 산업혁명에 필요한 퍼스트 무버first mover가 되어야 합니다. 그래서 문제를 스스로 정의하고 협력하여 푸는 교육이 필요합니다.

2. 이러한 변화 속에 청년들의 모습은 어떠해야 할까요?

우리 사회가 어떻게 바뀌어야 할지 청년들은 잘 알고 있어요. 우리가 바뀌어야 하는 이유에 대해서도 더 잘 알고 있을 것이라 생각합니다. 기성 세대는 변화에 흥미가 없어요. 그렇기 때문에 변화를 가져오겠다는 사람들에게 길을 터주어야 합니다. 이젠 3세대가 원하는 것을 해주면 된다는 생각이 드네요. 하지만 그러지 못하니, 청년들이 기성 세대들을 설득해 바꿔내야 할 시기입니다. 4차 산업혁명은 1, 2 세대와 같은 팔로어follower들이 설 수 있는 자리가 없어요. 기존과는 다른 플랫폼 시장이니까요.

3. 앞으로 우리 사회가 어떤 방향으로 나아가야 할까요?

혁신 생태계를 조성하는데 집중해야 합니다. 대기업은 중소기업이 클 수 있게 플랫폼화하며, 창의적인 발상을 막고 있는 규제를 개혁해야 합니다. 청년들의 창의적인 발상을 막고 있는 것이 규제 아닌가요? 대학은 자기 전공을 넘어서는 융합 전공을 만들어야 합니다. 대학이 새로운 변화를 주도해야 해요. 활발한 M&A를 할 수 있는 조직문화 변화도 필요합니다. 또한 대기업 생태계 시스템은 중소기업, 벤처 등에 돈이 들어가는 역할을 하게 해야 합니다. 정부와 기업이 주도하는 기형적 형태로 지금까지 왔습니다. 이것을 빨리 고쳐야 4차 산업혁명에서 살아나갈 수 있습니다. 현실에서는 미래 사회의 비전을 보여주지 못하고 있어요. 청년들이 새로운 비전을 보여주어야 합니다. 퍼스트 무버 인재양성과 혁신 생태계가 조성되어 사회에 성장 엔진이 돌려지기 시작하면 사회를 어떻게 풍요롭게 하고 정의롭게 할 것인지 고민할 필요가 있어요. 4차 산업혁명 시대에는 복지 정책도 많이 달라질 것입니다. 혁신적인 아이디어와 소통하는 것도 중요합니다.

3

기회, 공정으로 도약하자!
청년 희망 2대 전략

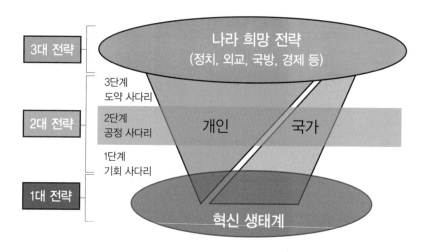

●● 1단계 교육 사다리 – 기회의 공평함

구분		정책 분야	
3대 전략		나라 희망을 보여주는 미래 희망 전략	
2대 전략	3단계	주체적 삶의 실현과 지속가능한 성장	방향, 공헌, 도약
	2단계	자아실현을 위한 도전 일자리 선택	일거리, 공정한 구조, 보상, 문화
	1단계	희망하는 일 시작	교육 기회, 주거 지원 공평한 기회, 경제적 안정
1대 전략		생태계 불편함(규제), 방해물(하고 싶은 것), 자극과 독립응원 독려	

    2대 전략의 1단계는 '교육 사다리'를 만드는 전략으로 기회의 공평함에 집중한다. '교육, 주거, 부채, 자립' 등과 관련된 정책 개입 영역이다. 특정 계층에 집중된 권력으로 인해 벌어진 격차 완화에 집중하여 개개인의 계층 상승이 가능하도록 하는 데 우선한다. 개인이 좋아하고 희망하는 일을 찾고 시작할 수 있도록 하는 최소한의 요건을 채워주는 정책 설계 분야이다. 특히 불운한 가정환경, 선천적 장애 등을 안고 태어나 사회에 나가는 출발선부터 다른 청년에 대한 경제적 안정과 교육의 공평한 기회, 안정적인 주거 등에 대한 정책 개입을 통해 자립할 수 있도록 만들어줘야 한다.

| 청년들이 보는 '희망 있는 삶'에 대한 최소한의 요건

개인적 관점	국가적 관점
자기존중, 자존감 자신만의 목표, 꿈 정서, 심리적 안정	(1단계) 학습, 교육의 평등한 기회 일자리, 취업의 공정한 기회 경제적(부채, 생활비) 안정
가족, 연인, 지인들의 격려와 인정	(2, 3단계) 치안, 위협으로부터의 안전

●● 2단계 사업 사다리 – 공정한 구조

구분		정책 분야	
3대 전략		나라 희망을 보여주는 미래 희망 전략	
2대 전략	3단계	주체적 삶의 실현과 지속가능한 성장	방향, 공헌, 도약
	2단계	자아실현을 위한 도전 일자리 선택	일거리, 공정한 구조, 보상, 문화
	1단계	희망하는 일 시작	교육 기회, 주거 지원 공평한 기회, 경제적 안정
1대 전략		생태계 불편함(규제), 방해물(하고 싶은 것), 자극과 독립응원 독려	

2단계는 '사업 사다리'를 만드는 전략이다. 노력한 만큼 보상을 받고 성장할 수 있는 공정하고 형평성 있는 사회적 구조에 집중한다. '일자리, 공정한 보상, 구조적 격차, 수평적 문화'와 관련된 정책 개입 영역이다. 1단계에서 좋아하는 일을 시작했다면 공정한 구조 속에서 합리적으로 만족할 만한 성취와 보상이 뒤따를 때 실패를 두려워하지 않고 도전을 지속할 수 있다. 물질적 성과인 임금과 승진뿐만 아니라 개인의 사

명과 자아성취를 통한 발전, 그리고 사회적 인정이 청년들 스스로의 노력으로 얻고자 하는 심리적 보상에 해당한다. 이를 위해서는 1단계는 교육 사다리를 통해 자그마한 희망을 갖고 도전한 청년들이 일자리 선택과 근무 등 사회 활동 과정에서 희망을 키울 수 있도록 해주며, 2단계에서는 급여, 여가, 문화, 근로환경에 '더욱 공정함'을 더하는 사회 구조적 개입 영역이다.

| 직장과 직업 선택 시 가장 중요하게 여기는 요인

내적 요인	외적 요인
– 본인의 적성(27.3%) – 개인적 사명 및 자아실현(16.3%)	– 급여(18.8%) – 개인생활 및 여가 보장(9.3%) – 사내 복지 및 문화(6.7%) – 고용의 안정성(14.3%)
	– 사회적 인정(명예, 권력, 6.1%) – 부모님 및 주변인의 의견(0.6%)

청년들이 말하는 좋은 일자리의 조건으로 고용환경, 보상제도, 조직 문화, 회사의 성장 가능성 요인이 이에 해당한다. 청년들은 개인의 여가시간이 없거나 초과 근로와 직장 내 공정하지 못한 평가, 낮은 임금, 수직적인 문화일수록 희망을 느끼지 못하고 있다.

| 청년들이 생각하는 좋은 일자리의 조건

	세부 요인
고용 환경 (45.6%)	– 개인 생활 및 여가의 보장(27.6%) – 적절한 근로시간(9.2%) – 고용의 안정성이 보장되는 일자리(8.8%)
보상 (27.3%)	– 능력에 따라 공정하게 인정받는 일자리(승진 등 16.5%) – 임금이 높은 일자리(10.8%)
문화 (9.4%)	– 위계적이지 않고 수평적인 조직 문화(9.4%)
가치, 명예 (17.8%)	– 미래 성장 가능성이 높은 일자리(12.0%) – 사회적으로 존중받는 일자리(명예, 가치 실현 등 5.8%)

●● 3단계 도약 사다리 – 성장과 발전의 기회

구분		정책 분야	
3대 전략		나라 희망을 보여주는 미래 희망 전략	
2대 전략	3단계	주체적 삶의 실현과 지속가능한 성장	방향, 공헌, 도약
	2단계	자아실현을 위한 도전 일자리 선택	일거리, 공정한 구조, 보상, 문화
	1단계	희망하는 일 시작	교육 기회, 주거 지원 공평한 기회, 경제적 안정
1대 전략		생태계 불편함(규제), 방해물(하고 싶은 것), 자극과 독립응원 독려	

　　3단계는 '도약 사다리'를 실현하는 전략으로 성장, 발전과 지속가능성이 높은 '주체적인 삶 속에서의 멀리 오래감'에 집중한다. '미래 성장 동력, 해외 진출'과 관련된 정책 개입 영역

이다. 3단계에서는 1, 2단계 희망 정책을 통해 자아실현 중인 청년을 더 높게 발돋움할 수 있도록 돕는다.

2대 전략의 3단계에서는 3가지 분야로 접근한다. 대한민국의 발전과 성숙을 위해 필요한 일 'Must', 청년들이 하고 싶은 일 'Want', 청년들이 잘할 수 있는 일 'Can'으로 나눠볼 수 있다. 'Must' 분야는 사회의 성숙과 발전을 위해 청년들의 도전적인 참여를 필요로 한다. 이는 청년들이 올바른 곳right place, not wrong에 도전하게 한다. 'Want' 분야는 청년이 원하는 일을 할 수 있도록 돕는다. 원하는 일을 하며 청년이 사회로부터 지원받은 것을 국가와 사회에 다시 보답하는 선순환 기능을 기대해볼 수 있다. 'Can' 분야는 자신의 일을 잘 해내고 있는 청년이 더 넓은 세계를 무대로 자신만의 꿈을 펼칠 수 있도록 정보를 제공하고 법적으로 보호하는 체계를 확립하는 방향의 정책 개입 영역이라 볼 수 있다.

4

나라 희망을 보여주는
청년 희망 3대 전략

국격을 높이고 자긍심을 고취하는 희망 사다리 전략

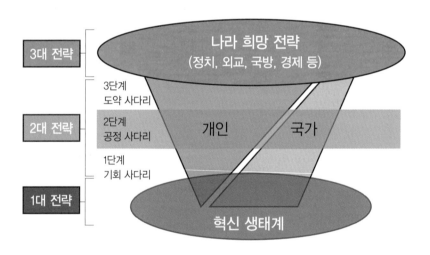

구분		정책 분야	
3대 전략		나라 희망을 보여주는 미래 희망 전략	
2대 전략	3단계	주체적 삶의 실현과 지속가능한 성장	방향, 공헌, 도약
	2단계	자아실현을 위한 도전 일자리 선택	일거리, 공정한 구조, 보상, 문화
	1단계	희망하는 일 시작	교육 기회, 주거 지원 공평한 기회, 경제적 안정
1대 전략		생태계 불편함(규제), 방해물(하고 싶은 것), 자극과 독립응원 독려	

　청년 희망 3대 전략은 '희망 사다리' 전략으로 청년이 노력하면 잘될 수 있다는 기대감과 나라가 잘될 수 있겠다는 기대감, 즉 희망을 보여주어 청년들에게 희망과 자긍심을 주는 전략이다. 현실적으로 잘될 것이라는 희망이 보이지 않으면 절망감을 느끼게 된다. 장애물이 극복할 수 없을 정도로 크고, 깨기 어려울 정도로 단단하면 그것을 넘어설 의지력이 꺾이게 되고, 절망감에 빠지게 된다. 청년 개개인에게 거대하고 크게 느껴지는 장애물은 외교, 국방안보, 정치, 경제, 문화 등을 들 수 있다. 이 장애물은 청년 개인 입장에서 희망을 자극하는 심리적인 내적 영역이 아닌, 외적 영역으로 볼 수 있다. 외적 영역에서 희망감을 덜 느끼게 만들고, 절망감을 자극하는 장애요인(외교, 국방안보, 정치, 경제, 문화 등의 문제점)을 걷어 내야 청년들이 희망감을 느낄 가능성이 커진다.

　청년이 현재의 환경과 제도 속에서 극복하기에는 너무나 높은 장애물을 걷어 내는 일을 국가 3대 전략으로 제시한다. 국격을 높이고 나라에 대한 자긍심을 고취시켜 나라의 희망을 제시하는 청년 희망 3대 전략은 '국가 전략, 정치, 외교, 국방, 경제, 문화' 등과 관련된 영역이다.

현재 대한민국의 청년들은 국가로부터 그 어떠한 자긍심, 소속감을 느끼기 어렵다. '헬조선'이라 부르며 대한민국을 떠나고 싶어 하고, 세계 속 대한민국의 모습을 더는 자랑스러워하지 않는다. 대한민국 국격과 대외적 자긍심 고취 전략이 절실하다.

청년들에게 국가에 대한 자부심과 자긍심을 불러일으켜 국가로부터의 희망을 보여주는 제도와 법, 더 나아가 선진 문화를 안착시키는 데 노력해야 한다. 이와 더불어 국가는 인간의 존엄성을 실현하기 위해 국제사회와 협력하여 어울려 살아가는 세상을 만들고 오래가는 평화로운 체제를 만드는 전략을 요구한다.

●● 청년과 정부의 상호작용의 기본인 신뢰를 갖춘 정치

제1장에서 분석한 대로 65%의 청년들이 국가와 정부를 신뢰하지 않으며, 바꿔야 하는 대상으로 인식하고 있다. 정부가 제시하는 청년 관련 정책이 청년들을 살기 좋게 만들지 못하고 있고, 수많은 정책이 있음에도 청년들에게는 그 혜택이 제

대로 체감되지 못하고 있다. 좋은 정책대안이 제시되어도 정책의 의도와 효과를 신뢰하지 않아 정책에 대한 지지와 공감대가 쉽게 형성되지 못한다. 청년 또는 미래 세대들이 불편함과 고통을 겪는 문제들에 대해서 정계, 학계, 시민사회계가 정책의제로 빠르게 대응하고, 정부가 나서서 실질적인 대안을 모색하고 이를 사회에 반영하는 모습을 보여 신뢰를 얻어가는 전략이 필요하다. 또한 정치 혁신과 그를 위한 근본적인 변화를 통해 신뢰를 회복하여 청년들에게 희망을 주어야 한다.

●● 합리적, 미래예측적인(과학적) 국가 전략과 정책의 필요성

대한민국 청년들은 초등학교부터 대학교까지, 기존의 교육제도와 사회 체제 속에서 공부하고 일자리를 구하기 위해 스펙을 쌓아왔지만, 4차 산업혁명이라는 기술 변화로 인해 목표했던 일자리의 미래가 불확실해졌다. 산업도 하루가 다르게 변하고 그에 따른 사회, 생활 양상 또한 급변하고 있으며, 더불어 국민들의 가치관, 인식도 달라지고 있다.

국가의 고급 정보력과 R&D 연구역량을 통해 합리적이고 과학적인 미래예측기반으로 국가 전략을 수립해야 한다. 장기적 관점으로 산업과 미래 변화를 예측하고 이를 기반으로 정책 설계가 이루어져야 한다. 단기 현안에 매몰되어 현상만을 주목하게 되고, 시류에 휩쓸리는 모습이 아닌 장기적 전략 속에 신뢰가 쌓이고, 불안감은 믿음으로 바뀔 수 있다.

●● 일자리를 창출하고 골고루 잘 살게 만드는 경제 시스템

그 무엇보다 가장 심각한 문제는 경제 영역이다. 청년들은 우리나라가 가장 시급히 해결해야 하는 여러 사회 현안 중에서 경제 영역의 문제인 '일자리 창출 및 안정(1위)' '경제 활성화(2위)' '서민, 중산층 소득기반 확대 등 생활안정(3위)'을 우선순위로 꼽았다. 다 함께 잘 살 수 있는 경제 전략이 절실하다.

●● 단절이 아닌 연결과 흐름으로, 사회 속의 국군 정책

대한민국은 세계 유일의 분단국가로, 모든 남성에게 병역의무가 있다. 하지만 이런 특수성에도 불구하고 그에 상응하는 지원 정책이 부족해, 청년들은 군 입대를 '사회와의 단절' '버리는 시간'으로 여기는 경우가 다반사다. 이에 군 역시 대한민국 사회의 일원이라는 방향성을 분명히 하여 군 복무와 제대 후의 삶이 연결될 수 있도록 적극 지원하여야 한다. 이를 통해 국가로부터 보호받고 사회로부터 인정받는 병역이 될 때, 청년들도 군 복무에 자긍심을 느끼며 또 다른 기회로 인식할 수 있을 것이다.

●● 국민의 기본권에는 여야가 없는 국방 전략

국방은 생명 보존에 대한 안정, 노력의 결과가 무너지지 않기를 바라는 소망 등을 기본적으로 충족시켜주어야 한다. 인간의 존엄성을 지키기 위해 생명과 인권을 소중히 하는 것을 최상위 목표로 두어야 하며, 일관성 있는 국방 목표 아래 정책 대안이 다양하게 검토되는 모습을 보여줘야 한다. 정권의 특성에 따라 빈번하게 국방 정책의 방향이 크게 달라지곤 한다. 국방 목표와 전략이 생명과 인권을 소중히 지켜주는 것을 기본 방향으로 하는 대안으로 하는 변화라면 청년들이 안전과 안도감을 느낄 수 있지만, 그것이 아닌 정권에 따라 변화하는 변동이 큰 국방 전략은 불안을 야기시키고 더 나아가 정부와 국가에 대한 신뢰를 잃게 만들기도 한다. 국민의 신뢰를 얻지 못하는 국가는 희망이 없고, 희망이 없는 국가는 발전할 수 없다.

[서울대 1호 벤처기업 에스엔유 창업자인
박희재 제2대 청년희망재단 이사장
(서울대학교 교수)을 만나다]

1. 교수에서 기업인으로, 그리고 세계로. 가장 중요한 것은 무엇일까요?

제가 창업을 하려 했을 때 대학교수는 법적으로 사업을 할 수 없었어요. 외국에서는 창고에서도 창업을 하는데 대학에서의 창업을 막는 건 이해할 수가 없었죠. 총리실 규제개혁 위원회 앞으로 4장의 탄원서를 보내는 노력 끝에 2년여 만에 벤처기업특별촉진법에 '대학에서 창업을 할 수 있다'라는 딱 한 줄의 문구가 추가되었어요. '두드려라 그러면 열릴 것이다'라는 성현 말씀이 실현되는 순간이었습니다. 창업 이후 글로벌 강소기업으로 성장한 회사는 협력사 직원과 가족까지 약 4천 명의 먹고사는 문제 해결에 기여를 하였습니다. 대학교수로 머물렀다면 가능한 일이었을까요? 이게 바로 도전 정신이자 기업가 정신이고 대한민국에 기업이 필요한 이유라고 생각합니다. 도전 정신과 함께 중요한 것은 성취감입니다. 큰 성취감일 필요는 없습니다. 작은 성취에서 얻는 기쁨을 느끼면서 한 계단씩 올라가면 이는 다음 도전으로 이어집니다. 국가는 청년들이 작은 성취감으로부터의 기쁨과 행복을 느낄 수 있도록 도와줘야 합니다. 산학협력단, 팁스TIPS(민간 투자 주도형 기술창업 지원) 같이 도움이 필요할 때 노크할 수 있는 곳이 필요합니다.

2. 현재 청년들은 어떤 노력을 해야 한다고 생각하십니까?

우리나라가 일제강점기 때 기술을 배울 수 없었던 점과 기술이 없는 아픔에 대해 대학원 시절 스승님으로부터 배웠습니다. 그리고 '이 분야에서는 최고가 되겠다'라는 결심을 하였습니다. 변화가 빠른 이 시대에 청년들은 실사구시적 지식이 있어야 합니다. 영국 유학 시절 제가 받았던 질문은 '당신의 기술은 어떤 기여를 하였는가?'였어요. 현장에서의 직접적인 영향력을 강조했던 것입니다. 책, 인터넷에 있는 것은 이미 낡아서 죽어가는 지식이에요. 현장에서 쓸 수 있는, 살아있는 지식을 얻으려 노력해야 합니다.

3. 청년들이 희망을 갖기 위해 가져야 하는 자세, 노력은 무엇이 있을까요?

희망을 위해서는 칭찬이 중요해요. 작은 성취에도 칭찬을 하였을 때 칭찬하는 사람과 받는 사람 모두 긍정적인 영향을 받습니다. 그리고 즐기세요. 어두운 오늘 밤이 오래갈 것 같아도 내일의 해는 반드시 뜹니다. 어렵고 힘들다고 주저앉지 말아야 하는 이유가 여기에 있습니다. 우리가 뛰는 곳은 글로벌 무대입니다. 많은 준비를 통해 글로벌하게 생각하고, 최고가 되려는 의지가 있어야 합니다. 그리고 성공한 사람들은 항상 글로벌 세계와 연결되어 있습니다. 전 세계 뉴스를 보고 정보를 얻고 글로벌 커뮤니티를 주목해야 합니다. 글로벌 마인드와 소통 능력이 갖춰진다면 다른 능력은 자연스럽게 따라올 것입니다.

제9장 ●○ 청년 희망 3대 전략별 정책

청년이 희망을 갖고 주체적인 삶을 살아갈 수 있도록 하는 청년 희망 3대 전략과 함께 실제 삶에 적용될 수 있는 세부 정책 구성은 필수이다. 각 전략의 목표를 실현해 나가기 위한 정책을 미래 변화의 요소이자 사회를 바꾸는 7대 요소인 'STEPPER(사회Society, 기술Technology, 환경Environment, 인구Population, 정치Politics, 경제Economy, 자원Resource)'를 기준으로 분류하여 구성했다. 각 요소별로 정책을 제시함으로써 사회의 유기적 형태를 온전히 담아내고 각각의 정책들이 상호 관계 속에 선순환 구조를 이뤄낼 수 있도록 노력하였다.

| 3대 전략별 정책 리스트

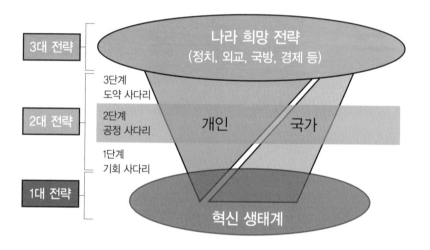

1대 전략 분야별 정책	
사회	- 새롭고 자유로운 근무방식의 혁신을 통해 업무 효율성과 노동 생산성을 극대화한다. - 대학입시 학생선발 기준을 다양하게 확대해야 한다. - 대학은 R&D 중심으로 기초 과학과 교육에 이바지하며, 전문 연구 인력을 양성해야 한다. - 대학 내 프로젝트 기반 학습PBL, Project Based Learning 안착을 통해 스스로 사고하는 미래형 인재를 양성한다. - 4차 산업혁명에 대비할 수 있는 기술 기반의 실무 중심으로 케이-무크K-MOOC(한국형 온라인 공개 강좌) 교육을 강화한다. - 청소년들이 4차 산업에 필요한 역량을 기를 수 있도록 장려한다. - 청년 예술인을 종합적으로 지원한다. - 문화예술 인프라 구축 지원을 통해 지역별 청년 예술인의 활동 기회를 높이고 문화예술 분야를 진흥시킨다.
기술	- 청년 종합 통계 시스템을 도입하여 통합 DB를 구축한다. - 4차 산업혁명 기술을 활용해 효율적인 행정 서비스와 맞춤형 정책을 제공한다. - IT 기술로 장애인과 취약계층 대상 맞춤형 복지를 실현한다.
경제	- 새로운 유형의 경제 주체들이 등장할 수 있도록 생태계를 조성한다. - 청년 농업 창업을 활성화한다. - 39세 이하 창업 시 법인 등록세를 면제한다. - 청년 창업 활성화와 초기 생태계 조성을 위해 공공기관은 청년 기업 제품을 의무 구입한다. - 2조 원의 4차 산업 관련 청년 창업펀드를 조성한다. - 신생 스타트업에 5년간 소득세 및 법인세를 100% 면제한다. - 창직 지원을 위해 크라우드 펀딩 지원 정책을 강화한다. - 모바일 앱을 통한 원스톱 창업 서비스를 구축한다. - 정부 공공기관의 민간 시장 진입을 규제한다. - 공유경제 관련 산업을 촉진하여 일자리를 창출한다. - ERP 등 전자시스템 구축에 대한 인프라를 지원하여 스타트업, 중소기업의 업무 효율성을 높인다. - (고용 극대화 전략) 중소기업 취업 청년의 주거, 금융 안전망을 구축한다. - (고용 극대화 전략) 중소기업 취업 청년의 학자금 대출 이자를 면제한다.
정치	- 청년 정신을 복원하고 자아실현을 고취하는 청년 기본법을 제정한다. - 시민 참여를 촉진하는 정치 벤처가 활성화되도록 지원제도를 구축한다. - 정책 의사 결정 참여를 위한 거버넌스 구축, 시빅 테크Civic-Tech를 활성화하여 시민 참여를 촉진한다.

자원	– 지역 거점 청년 허브센터를 운영한다. – 효율적이고 효과적인 청년 정책을 만들기 위한 국가 차원의 청년 데이터 아카이브를 설립한다.

2대 전략 분야별 정책 – 희망 프로세스 1단계	
사회	– 채용 과정의 차별대우를 막기 위한 제도적 장치를 마련한다. – 지역 내 젊은 인재 양성 정책으로 지역 사회를 부흥시킨다. – 꿈 탐색을 위한 고등학생 인턴제 도입이 필요하다. – 취약계층, 장애인 청년들의 자격증 취득 지원 등 직무 교육을 강화하여 고용을 촉진한다. – 아동과 청소년의 문화예술 경험을 확대하여 창의력을 증진한다. – 정보격차 해소를 위해 민간의 해외원서 및 논문 등의 번역비 및 로열티를 정부가 지원하여 시장에 공급한다.
경제	– 청년들이 저렴한 비용으로 살 수 있도록 빈집 거주 공유제도를 실시한다. – 공공임대의 자격조건 완화 및 공급을 늘린다. – 청년들의 주거생활 환경개선을 위해 고시원 건축 최저평수를 제한한다. – 청년 적금 우대금리지원을 통해 저축을 유도한다. – 청년 부채 절감 정책을 실행한다.

2대 전략 분야별 정책 – 희망 프로세스 2단계	
사회	– 공정한 사회 구조 안착 노동개혁을 추진한다. – 일하기 좋은 사내문화를 만들기 위해 지원 제도를 전폭적으로 확대하여 시행한다. – 청년 여성의 경력단절 이후의 노동 시장 재진입을 촉진시킨다. – 공모전 참여자의 저작권을 보호하는 제도를 만든다. – 정부 공공기관의 스타트업 아이디어 도용을 강력히 규제하고 아이디어 공유 · 투자 생태계를 조성한다. – 신혼(예비) 부부들이 올바른 육아 교육과 아이와의 의사소통 방법을 배울 수 있도록 교육을 지원한다.
경제	– 청년 스타트업 공간을 제공하여 창업을 활성화한다. – 근무시간의 유연화로 일과 가정을 양립하게 하여 업무의 효율을 높이고, 근로자의 만족도를 높인다. – 부분 실업급여 제도 도입으로 누구나 일한 만큼 혜택을 받는다. – 소득나눔형income sharing contract 학자금 대출 상환 제도를 도입한다.

2대 전략 분야별 정책 – 희망 프로세스 3단계	
사회	– 청년들이 글로벌 인재가 될 수 있도록 해외 진출을 지원한다. – 삶의 질을 높이고, 성인의 스트레스 해소와 효율성을 위해 모든 기업의 작업환경 변화를 유도한다. – 청년 예술인 대상으로 한국 고유의 문화예술 프로그램에 대한 해외 진출 지원을 강화한다. – 해외로 진출하는 청년 스타트업의 해외·국내 간 판권에 대한 저작권 보호를 위한 법률 서비스를 지원한다.
경제	– 가벼운 창업 시대, 1인 청년 기업가를 육성한다. – 4차 산업 관련 스타트업의 해외 진출 지원을 강화한다. – 지역 유휴공간을 활용한 청년(셰어) 오피스를 활성화한다.

3대 전략 분야별 정책	
사회	– 제대군인의 사회적 연결성을 높이기 위해 체계적 교육 지원 시스템을 구축하고, 군·민 경력 연계를 강화한다. – 휴먼 라이트를 중심으로 한 출산 장려 대책으로 엄마아빠도 살기 좋은 사회를 실현한다. – 미혼모(부)에 대해 출산, 육아, 보육 등 가족계획 지원을 강화한다.
경제	– 기업의 윤리를 평가하는 시스템을 구축한다. – 취약계층의 사병 가족에게 군 병원의 긴급 의료 지원 및 긴급 생계 대출 제도를 도입한다.
정치	– 중앙·지방정부 간 정책 전달 체계를 확립하고 지역 차원의 민관 협력 거버넌스를 구축한다. – 국회의원, 지자체장, 정부 국가기관의 평가지수를 개발하고 평가 점수를 공개하여 정치 신뢰도를 높인다. – 전문 정치인을 육성한다. – 지자체 위원회 내 청년 참여 비율을 30%로 확대한다.

1대 전략 – 사회^{Society}

정책 노트 S1

새롭고 자유로운 근무방식의 혁신을 통해 업무 효율성과 노동 생산성을 극대화한다

● **분야 :** 노동(근로환경)

● **목적 :** 전통적인 근무방식에서 벗어나 자유로운 근무방식으로의 변화를 통해 업무 효율성과 노동 생산력을 극대화한다.

● **배경 및 현황**

청년 창업, 스타트업이 활성화되고 디지털 시대의 기술 융합으로 과거와는 전혀 다른 업무 방식의 조직 형태가 활성화되고 있다. 국내 대기업들도 업무의 효율성을 높일 수 있는 젊고 미래지향적인 기업 문화와 업무 방식을 도입하고 있는 추세이다. 그러나 여전히 국가 정책 방향은 과거의 근무방식에 머물러 있어 콘텐츠 중심의 성장에 주력해야 할 스타트업들이 제도 기준에 맞추기 위해 불필요한 체계를 구축하는데 자원을 낭비하고 있다. 혁신적인 변화를 통해 업무 효율성과 노동 생산성을 극대화하는 데 앞장서는 선진 기업들이 더욱 성장할 수 있도록 도와주기보다는 오히려 규제에 막혀 발전 동력이 소모되고 있다. 개인 차원에서도 자신의 상황과 여건에 따라 근로시간, 형태 등을 다양하게 조정할 수 있다면 자율성과 함께 주체적인 삶의 영위가 가능하다. 정부는 전통적인 근무방식 기준만이 아닌 다양한 방식의 근무방식이 가능하도록 기존의 지원제도 기준을 정비하고 재택근무 등 새로운 업무처리 방식 도입이 활성화되도록 노력해야 한다.

● **주요 제안 내용**

① 유연근무제에 해당하는 시차 출퇴근, 재량근무 등의 지원 내용에 근로시간 범위(05:00~24:00) 확대와 유형(주말 포함)을 다양화한다.

② 재택, 원격근무를 도입하는 중소기업과 청년 스타트업에게 초기 인프라(장비, ERP 시스템 등)의 범위를 대폭 확대하고, 근로자에 대한 간접 노무비 지원 조건을 완화한다.

③ 특히 근무방식 혁신을 선도하는 기업(전체 근로자 수의 30% 이상이 유연, 재택, 원격 근무자)인 경우 기업 대출 조건을 완화하여 근무혁신 선진 기업이 성장할 수 있도록 지원한다.

정책 노트 S2
대학입시 학생선발 기준을 다양하게 확대해야 한다

● **분야** : 교육
● **목적** : 불필요한 과목을 줄이고 학생별 주특기를 판별하여 평가한다.

● 배경 및 현황

초등학교에 입학하는 순간부터 성적과 입시 경쟁이 시작된다. 이러한 입시 경쟁은 오로지 주입식 교육을 통한 오지선다형 시험과 점수에 따른 줄 세우기식 평가로 이루어진다.

자유학기제 도입 이후 다양한 진로교육이 이루어지고 있다. 그럼에도 여전히 대학에 대한 입시 평가는 획일적이며, 수험생의 각기 다른 역량이 평가될 수 있는 다양성이 확보되지 않고 있다. 학생마다 학습 스타일, 서로 가지고 있는 재능과 관심사가 다른 것을 인정하고, 자신만의 꿈을 실현하는 데 도움이 될 수 있도록 교육방식과 평가제도가 바뀌어야 한다.

체계적이고 다양성이 확보된 진로교육을 통하여 자신의 분야를 찾고, 특기에 맞는 평가 방식으로 대학 입학 기준을 설정해야 한다. 미술을 하는 사람에게는 수학 성적을 배제하고 역사 문제 또한 예술 중심으로 평가하는 방법을 하나의 예로 들 수 있겠다.

● 주요 제안 내용

① 모든 중학교는 담임, 전문 진로 선생님과의 상담을 통해 학생들의 관심 분야 등을 포함하여 매 학년 입시 계획 수립을 의무화한다.

② 고등학교에 대학교 수강 신청 방식을 도입한다. 평가에 배제, 추가할 과목을 담임, 진로 선생님과의 상담 등을 통해 학생이 직접 선택할 수 있도록 하고, 그에 따라 교과 과정을 평가한다.

③ 학생부 종합 전형의 문제점을 탈피하여 학생들의 흥미, 관심사, 특기 사항이 포함된 정상적인 입시 기준이 마련되어야 한다. 기준이 다양화될수록 줄 세우기식의 획일적인 평가는 사라질 것이다.

정책 노트 S3
대학은 R&D 중심으로 기초 과학과 교육에 이바지하며, 전문 연구 인력을 양성해야 한다

● **분야** : 교육

● **목적** : 각 대학은 창의적이고 융합적인 방향의 새로운 연구를 진행하는 주체 연구기관으로서 R&D 역량을 강화하고, 전문 연구 인력을 양성한다. 이를 통해 국내 R&D의 생산성을 높인다.

● **배경 및 현황**

그동안 우리나라 대학은 전문 연구 인력 양성이 중심이 되지 못하고 대학의 연구 방향이 특정 연구로 치중됨으로써 대학 내 기초 연구 환경은 열악해졌다. 특히 기존의 톱다운 방식의 연구비 지원은 연구의 자율성과 창의성을 악화시켜왔다.

자율적이고 창의적인 연구가 가능한 환경 속에서 기초 과학 분야를 중심으로 대학 내 R&D 역량이 높아지고, 연구 인력을 양성하며, R&D의 주체로서 국가 과학기술의 기초 체력을 강화하는 역할을 할 수 있어야 한다.

과학기술정보통신부가 발표한 2020년도 정부 연구개발 투자 방향
과 기준(안)에 따르면, 20조 원대의 정부 연구개발 중장기 투자 전
략 기조를 유지하며 과학기술 역량 확충을 위한 연구자 중심의 기
초 연구에 대한 투자를 2019년도 1조 7천억 원에서 2022년도 2조
5천억 원까지 확대할 방침이다. 또한 대학과 연구소의 연구 역량
을 높일 수 있도록 맞춤형으로 연구 개발을 강화하고 연구 현장의
자율과 책임도 강화할 계획이다.

그동안 정부 연구개발 투자가 지속적으로 확대됐음에도 불구하고
그 결과가 미비했다. 연구 비용 지원을 확대하는 것에서 그치지
않고, 이제는 효율적으로 투자 비용이 효과를 볼 수 있도록, 뚜렷
한 목표를 세우고 체계적으로 연구 사업을 기획하고 진행해야 한
다. 이제는 R&D의 생산성을 높여야 한다.

● 주요 제안 내용
① 정부 연구 개발 예산 중 자율적 연구를 지원하는 사업의 비율을 높여, 창
   의적인 연구 활동을 지원하고 기존 사회 수요를 넘어선 연구 범위의 다
   양성을 확보한다.
② 정부의 R&D 투자 가운데 대학 비중을 높이고 특히 신진 연구자, 소규모
   집단 연구자들을 위한 지원율을 높여 대학 내에서 전문 연구 인력이 양
   성될 수 있는 토대를 마련해야 한다.

③ 대학 내에서 양성된 전문 연구 인력이 활용될 수 있도록 R&D 기반의 일자리 창출이 이루어져 국가 역량 강화에 보탬이 되게 한다.

④ 기초 연구 결과, 전문 연구 인력 배출 등 국가의 과학기술 기초 체력을 강화하는데 기여한 대학의 경우 지원 비중을 높이는 등 국가와 대학 내 R&D 선순환 체계를 구축할 수 있도록 한다.

정책 노트 S4

대학 내 프로젝트 중심 교육 PBL, Project Based Learning 안착을 통해 스스로 사고하는 미래형 인재를 양성한다

- **분야** : 교육
- **목적** : 기존의 수업 방식에서 벗어나 IT를 활용한 프로젝트 기반 학습 방식으로 전환하여 스스로 문제를 발굴하고 이를 해결해나가는 과정을 통해 미래형 인재를 양성한다.

● 배경 및 현황

미국, 유럽 등에서는 이미 PBL 수업을 많이 진행하고 있으며, 이를 통해 스스로 사고하는 능력과 문제 발굴부터 해결 과정까지 자기주도적 학습을 통해 인재를 양성하고 있다. 그러나 우리나라의 경우 여전히 교사, 교수 중심의 일방적 지식 전달의 '공장형' 수업이 주를 이루고 있다. 2018년부터 일부 초중고 학생들에게 적용된 2015 개정 교육과정에서 학생들의 성취도를 PBL로 통합 관리하여 과정 중심의 평가로 전환하게 되었다. 대학의 경우 아직까지도 일부 대학에서만 PBL 수업을 적용하고 있다.

현재의 대학은 학생들이 취업하기 위해 학점을 주고 스펙을 채워주는 일종의 '취업 학원' 역할에 그치고 있는 것이 현실이다. 변화하는 시대에 대비하고 미래 역량을 갖춘 인재로 양성될 수 있는 교육 기관으로써의 변모가 시급하다. 청년들이 대학에 입학하여 장기적 차원의 대학 내 프로젝트 기반 학습으로 훈련이 되어 사회 구성원으로서 저마다의 역할을 해낼 수 있어야 한다. IT를 활용한다면, 효율적인 맞춤형 학습이 가능하다.

예를 들어 창업 프로젝트의 경우 1학년 때 공동의 관심사를 가진 학생들끼리 팀을 구성한다. 이때의 도전과제들은 학생의 미래 직업과 삶에 직접적인 연관이 되어야 한다. 프로젝트를 수행하는데 필요한 지식과 관련된 전공 수업을 이수하여, 핵심전공 또는 심화전공 등과 같이 의무적으로 이수해야 하는 전공점수의 기준을 유연하게 조정 가능하도록 한다. 학점의 기준은 프로젝트 도전과제를 해나가는 과정과 얼마나 성공적으로 해결했는지를 기준으로 한다. 졸업의 기준은 요구된 이수학점과 최종 결과물을 기준으로 잡아 평가한다. 학생들이 프로젝트를 수행하는 과정에 당면한 문제를 해결하고, 그 과정들을 스스로 헤쳐나가는 역량과 경험을 가질 수 있도록 한다.

● 주요 제안 내용

① 기존 대학의 경우 저·고학년에 따라 맞춤 PBL 교육을 실시한다. 저학년은 PBL 교육을 통해 스스로 사고하고 문제를 정의할 수 있도록 해야 한다. 고학년의 경우 전공과 관심에 따라 이론과 실습을 병행하여 실제 현장의 문제를 스스로 발굴하고 다양한 방법을 통해 그 문제를 해결하는 데 집중한다.

② 프로젝트 기반의 특수학과를 개설한다. 한 가지 전공에 국한되지 않고 통합하고 융합한 학문을 통해 자신이 되고자 하는 미래 인재상을 목표로 전체 PBL 수업으로 진행한다.

③ 학생들이 프로젝트를 진행할 경우 수업 과정으로만 그치는 것이 아니라 해당 산업과의 연계, 창업, 지역 사회 공헌까지 연결될 수 있도록 프로젝트의 현실 구현 체계를 구축한다. 해당 지역 사회 내 해당 산업과 관련된 기업과의 연계, 비즈니스 모델 발굴 시스템을 구축하기 위해서는 산학연 내 직간접적인 지원은 필수이다.

정책 노트 S5

4차 산업혁명에 대비할 수 있는 기술 기반의 실무 중심으로 케이 무크K-MOOC(한국형 온라인 공개강좌) 교육을 강화한다

● 분야 : 교육
● 목적 : 4차 산업혁명 시대의 디지털 기술에 대한 직업 실무 교육을 K-MOOC와 연계하여 실시한다.

● 배경 및 현황

2012년 세계로부터 주목받기 시작한 무크, 우리나라는 2015년 10월부터 우리나라 맞춤형인 K-MOOC로 온라인 강좌 시스템에 동참하였으며, 2019년 4월 말 기준 누적 수강신청 수는 93만 7천건, 강좌는 총 523개를 만들어 제공하고 있다.

선진국의 MOOC 시스템은 기업가, 디자인, 기술자 등을 양성 목표로 하는 커리큘럼이 제시되며 별도의 대학 시스템까지 구성되고 있다. 반면 우리나라의 411개 강좌 중 2/3 이상이 이론 수업에 불과하다. 유튜브 등을 통해 세계 석학의 강의가 오픈되는 상황에서 단순 강의식의 K-MOOC 수업은 유명무실하다. 특히 에듀테크 Edu-Tech로 교육 패러다임 전환이 이루어지고 있는 지금, K-MOOC가 이러한 변화에 얼마나 부합하여 발전하고 있는가에 대해 고민해야 한다.

K-MOOC만의 장점을 강화하여 접근성을 높여 대상을 확대하고, 4차 산업혁명에 대비할 수 있는 실무 기반의 직업전환 교육 중심으로 각 대학과 정부가 연계하여 실시한다면 효과성이 극대화될 것이다. 또한 AI 기술 등 신기술을 접목한 혁신을 이뤄내지 않는다면, K-MOOC는 단순한 인터넷 강의에 머무르게 될 것이다.

● 주요 제안 내용

① 정부는 K-MOOC의 역량과 기능을 강화하기 위해 각 기술 산업 분야의 전문가, 교육기관의 커리큘럼 도입 등을 통해 민간 분야의 질 좋은 콘텐

츠를 K-MOOC로 유입시켜야 한다.

② K-MOOC 과정에서 실무·실습이 가능하도록, 대학과 연계하여 수강자
가 주기적으로 실습할 수 있는 커리큘럼을 마련한다.

4차 산업혁명에 관련된 기술 교육은 코딩처럼 단순 이론보다는 실습을
많이 필요로 한다. K-MOOC에 참여하고 있는 대학 및 민간 교육 시설에
서 주기적으로 실습할 수 있는 인프라와 제도를 구축하여 안착되기까지
정부와 대학 간 연계가 필수이다.

③ 청년 및 직장인에게 K-MOOC를 통한 빅데이터 교육을 강화한다.

4차 산업시대를 맞이하여 직장인들에게는 기업 경영 및 업무에 필요한
빅데이터 교육이 중요하다. 점점 많은 기업이 빅데이터를 활용할 수 있
는 인재들의 고용을 늘리고 있다. 하지만 청년 및 직장인들이 빅데이터를
제대로 배울 수 있는 곳이 한정적이며, 시간과 비용도 많이 든다. 따라서
K-MOOC를 통해 양질의 빅데이터 교육 제공을 강화하고 강의 이수증이
자격증화되어 업무에 대한 공신력을 가질 수 있도록 제도화해야 한다.

정책 노트 S6

청소년들이 4차 산업에 필요한 역량을
기를 수 있도록 장려한다

● **분야** : 교육
● **목적** : 청소년 대상으로 미래 사회에 대비한 교육 커리큘럼 강화를
통해 4차 산업혁명을 선도할 인재를 양성한다.

● 배경 및 현황

2011년부터 미국의 대기업인 IBM의 P-테크^{Pathways in Technology Early}
^{College High School}, 마이크로소프트 회사의 쇼케이스 스쿨 등에서는 미
래 사회에 대비하여 IT 산업에 대한 인턴십과 현장체험 커리큘럼
을 도입하고 4차 산업에 대비한 에너지, 건강 등 다방면의 인재양
성을 위해 교육 혁신을 일으켜 왔다. 이러한 흐름에 맞추어 국내
기업들도 IT, 코딩, 스마트 스쿨 등 많은 투자를 하고 있지만 현실
적으로 단편적인 직업 소개 수준밖에 되지 못하고 있다.

우리나라도 현재 진행하는 IT뿐만 아니라 선진화에 어울리는 교육
콘텐츠를 혁신시킬 필요가 있다. 4차 산업혁명 시대의 미래 산업
에 맞추어 방향을 예측하고 이에 맞는 대비책으로 청소년 시기부
터 미리 교육을 받게 하는 교육 혁신이 필요한 시점이다.

● 주요 제안 내용

① **4차 산업혁명에 필요한 기술교육을 초등학교 단계부터 실시한다.**

영국은 2015년부터 기존 ICT 과목을 소프트웨어 교육이 가능하도록 컴퓨
팅 과목으로 변경하여 초중등학교 과정에 필수 과목으로 지정하고 있다.
이스라엘은 고등학교 이과생을 대상으로 소프트웨어 교육을 3년간 720
시간 교육하고 있으며 총 450시간의 교육을 수료해야 하는 심화 과정을
선택할 수 있도록 하고 있다.

② **4차 산업 기술과 역량을 갖춘 교육 전문가들을 육성한다.**

4차 산업 관련 학위 취득자를 신규 교사로 특별채용하거나 교육을 민간

에 아웃소싱하는 등 가르치는 교사의 질을 높여야 한다. 현재 코딩 및 4차 산업 관련 교육을 기존 초중등학교 선생님들이 연수 형식으로 가르치고 있다. 각 선생님마다 실력이 천차만별일 수밖에 없으며 전문 영역 기술의 경우 교육의 질을 보장하기가 어렵다. 따라서 관련 전문가가 초중등학교의 4차 산업 관련 교육을 담당하거나 기존 교사들을 4차 산업 관련 전문 교육을 받도록 유도한다.

③ 구청 중심으로 비인지적 역량 강화를 위한 교육 제도를 강화한다.

미래 인재 양성을 위해서는 인지적 교육뿐만 아니라 문제해결력, 사고력, 창의성, 리더십, 협동성 같은 비인지적 역량이 강화되어야 한다. 정규 과목 외 방과 후 활동을 통해 비인지적 역량이 강화될 수 있도록 구청 중심으로 교육 커리큘럼 등의 지원 제도를 구축하여 각 관내 초중고를 대상으로 한 비인지적 교육을 활성화한다.

④ 근본적으로 암기 위주의 교육에서 학생 스스로 문제를 창의적으로 해결하는 프로젝트 위주의 교육방식으로 전환하여야 한다.

정책 노트 S7
- - - - - - - - - - - - -
청년 예술인을 종합적으로 지원한다

- **분야** : 문화예술, 청년 예술인 복지
- **목적** : 다각적인 지원으로 청년 예술인들의 활동을 증진시킨다.

● 배경 및 현황

현재 해외를 선도하는 우리나라의 문화는 K-팝POP을 중심으로 한 한류 문화이다. 청년 문화예술인을 대상으로 하는 해외 진출 및 진흥정책이 많이 부족하고, 역량 있는 청년 문화예술인들은 판로 개척에 어려움을 느끼며, 현실적인 이유로 꿈을 접고 있다. 다수의 청년 문화예술인들이 문화예술 분야에서 성장하여 삶을 영위할 수 있는 정도의 경제적 소득을 갖추기란 쉽지 않다. 경험이 부족한 청년 예술인이 젊은 시절부터 성과를 내고 활동 기회를 얻기 어려운 분야의 특수성도 존재한다.

문화융성대국은 특정 분야만 치중하여 발전시키기보다는 다양한 문화 예술분야가 고루 발전해야 이룰 수 있다. 청년 예술인들이 예술 활동을 통해 성장하고, 국내에서 그리고 해외에서 다각적인 활동이 증진되어 지속적으로 예술 활동을 이어갈 수 있어야 한다.

● 주요 제안 내용

① 기존보다 완화된 청년 예술인 등록기준을 신설한다.

예술인 등록기준에서 청년(19세~34세) 예술인 부분을 별도로 신설하여 세부기준을 완화한 예술인 복지법을 시행해야 한다.

예술인인 고 최고은 작가가 숨진 이후로 만들어진 예술인복지법을 통해 한국 예술인 복지재단에서 예술인들을 보호하기 위해 많은 사업을 시행하고 있지만 예술인 복지 프로그램의 혜택을 받기 위해서는 예술인 복지법상 예술인으로 인정받아야 한다. 예술인으로 인정을 받는 기준은 저작물 연간 전시 횟수, 공연 횟수, 수입 등 기준이 정해져 있지만 학교를 졸업하고 막 사회에 진입한 청년 예술가들에겐 요원한 기준이다.

2018년 문화체육부에서 실시한 '2018 예술인 실태 조사'에 따르면 30대 이하 청년 예술가들의 20.3%는 소득이 없는 것으로 나타났고, 대부분의 청년 예술인들은 월 100만 원도 벌지 못하는 실정이다. 정부가 추정하는 예술가는 50만 명이지만 실제 예술가로 등록된 사람은 2만 명뿐이다.

② **청년 예술인들이 작품을 전시할 수 있는 청년 예술센터를 건립한다.**

　– 청년 예술작품을 전시하고 판매하기 위한 담당관을 두고 예술인 복지 법상 예술인으로 인정받기 위한 최소 전시기준을 지원한다.

　– 문화예술정책의 안내 및 홍보의 역할을 담당하여 문화예술정책 홍보가 부족하여 혜택을 받지 못하는 문화예술 종사자들에게 정보를 지원한다.

　– 아카데미 기능을 설치하여 문화예술인들에게 부족한 문화예술 외의 경 영, 행정, 마케팅 등 다양한 융합 강의를 제공한다.

③ **어플리케이션 및 홈페이지로 청년 예술작품을 전시 및 판매한다.**

현재 예술경영지원센터 공모를 통해 '작가 미술장터' 사업을 추진 중이며 이를 통해 청년 작가들이 예술작품을 전시하고 판매할 수 있도록 연계하 여 추진한다.

④ **청년 예술인 저작권 수수료 인하 및 1년 1회 수수료를 면제한다.**

저소득 청년 예술인 대상으로 저작권 위원회와 연계하여 저작권 등 수수 료를 20% 감면하고 1년 1회의 저작권 수수료를 면제한다.

⑤ **건축물 완공 시 청년 예술작품의 일정 비율 구입을 의무화한다.**

1995년 의무화된 '건축물에 대한 미술 장식 제도' 내용 중 공사비의 1% 공 공미술품 장식 의무사용에서 1%의 10분의 1을 청년 예술인 작품으로 의 무 할당해야 한다고 조항을 개정한다.

⑥ 청년 예술인 창작준비금 지원정책을 신설한다.

원로 예술인을 위한 창작준비 지원방안은 별도로 존재한다. 젊은 인재를 양성하고 청년들의 문화예술 활동 및 창작을 진흥하기 위해서는 청년들을 위한 별도의 창작지원금을 개설해야 한다.

⑦ 예술인 긴급 생계 대출 지원, 긴급생활 지원정책을 마련한다.

예술 활동증명이 완료된 예술인을 대상으로 예술 활동에 필요한 금액이나 생계 곤란 시 긴급대출을 지원해준다. 이미 전라북도 지자체는 1인 최대 5천만 원까지 금리 3%로 지원하는 예술인에 대한 특례보증 지원사업을 시행한 적이 있다.

질병, 재난 등의 이유로 인해 갑자기 재정적 위기에 처한 예술인들을 지원하고자 지역 및 국가 차원에서 '예술인 긴급생활 지원사업'을 시행한다. 대구문화재단은 2014년 '예술인 긴급생활 지원사업'으로 문화 예술분야에 종사하는 예술인 중 연 소득이 최저생계비의 150% 이하인 예술인들 중 질병, 재난 등으로 생계를 이어가기 어려운 경우 1인당 200만 원에서 최대 300만 원까지 연간 1인당 1회 긴급 재정 지원을 시행하였다.

⑧ 직업 역량 강화 사업(청년 예술인 교육바우처 지원)을 시행한다.

청년 예술인이 30대 이후가 되면 새롭게 직업을 전환하기가 쉽지 않은 상황이다. 이에 예술인 직업 전환을 위한 교육비를 지원한다.

2016년까지 예술현장의 전문성 확대를 위한 예술인 교육이용권 지원 사업이 운영되었다. 이는 예술인이 자신의 현재 직업인 예술 능력 강화를 위한 예술 관련 교육에 한정된 것이다. 이 제도를 확대하여 직업전환이나 타 직업 융합 교육을 지원하기 위해 교육바우처를 지급해야 한다. 교육 이수에 필요한 교육비를 최장 6개월 동안 최대 200만 원을 지원하며 선

교육비 지급 후 수강 증빙자료를 제출한다. 직업전환 장학금의 형태로 지급할 수 있다.

⑨ **청년 예술인 수당을 지급한다.**

서울시나 성남시의 청년 수당처럼 청년 예술인들에게 지급하는 청년 예술인 수당을 복지 및 창작 진흥 차원에서 지원한다. 지원대상은 소득하위 계층, 장래성 등을 종합하여 지원한다.

⑩ **모든 지자체에 예술 활동증명 도우미 제도를 신설한다.**

역량 있는 청년 예술인들이 예술인으로 인정받을 수 있는 최소 기준 충족을 돕기 위해 예술 활동증명 도우미 제도를 신설한다.

⑪ **화랑이 해외 아트페어에 청년 예술인 작품을 참여시킬 경우 지원사업에 대한 공모평가에 가산점을 부여한다.**

국제아트페어에 참여하는 갤러리들은 유명 예술가의 작품만을 선별하여 아트페어에 참여하고 있어 청년 예술가들의 참여가 불가능하다. 현재 예술경영지원센터 공모를 통해서 화랑이 해외 아트페어 참가 시 일정 금액을 지원하는 사업을 시행 중이다. 이 사업에 갤러리가 청년 작가를 아트페어에 참여시킨다면 공모평가를 통해 가산점 부여를 함으로써 청년 예술인 참여를 고취시킬 수 있다.

정책 노트 S8

문화예술 인프라 구축 지원을 통해 지역별 청년 예술인의 활동 기회를 높이고 문화예술 분야를 진흥시킨다

● **분야** : 문화예술
● **목적** : 문화예술 인프라 구축 지원을 통해 청년 예술인들의 활동 기회를 넓힘과 동시에 문화예술 분야의 접근성을 높인다.

● **배경 및 현황**

21세기는 문화예술이 선도해가는 시대이지만 해외 선진국들과 비교하면 우리나라의 문화예술 인프라와 소비시장은 매우 작다. 지자체별로 문화예술센터 및 큰 단위의 예술의전당, 세종문화회관이 있지만, 실제 기회를 가질 수 있는 예술인의 수는 지극히 한정적이다. 이러한 상황에서 청년 예술인들이 활동 기회를 얻기란 쉽지 않다.

체코 프라하는 도시 구석구석에 소규모 전시 및 오케스트라를 관람할 수 있는 문화예술 인프라가 잘 갖추어져 있다. 이곳에서 젊은 예술가들이 많이 활동하고 있으며 접근성 또한 매우 좋은 편이다. 우리나라는 큰 단위로 문화예술센터를 건립하고 있는데 장기적으로는 마을 단위별로 소규모 문화공연장이 설립되어 사람들의 삶 속에 문화예술이 스며들게 해야 한다. 지역별로 문화예술을 부흥시켜 젊은 예술가들에게 활동 기회를 넓혀주고 시민들에게는 문화예술을 쉽고 가깝게 접할 기회를 만들어주어야 한다.

● 주요 제안 내용

① 마을마다 전시, 공연을 위한 소규모 전시장 및 공연장을 설립한다.

현재 소규모 전시 공간의 확대는 한국문화예술위원회에서 '작은 미술관'
이란 사업을 진행하고 있다. 전국 곳곳에 미술문화를 전파할 수 있도록
기반을 마련하는 이 사업에 청년 작가들의 작품을 전시하고 청년 미술가
들이 직접 주민들에게 미술을 가르쳐 주는 등의 사업운영에도 함께 참여
해야 한다. 소규모 오케스트라 공연, 연극, 오페라 등을 볼 수 있는 공연장
또한 마련할 필요가 있다.

② 청년 예술인들에게 문화예술회관 무대를 공유한다.

큰 규모의 예술의전당이나 세종문화회관, 지자체 문화예술회관 등을 청
년들의 문화예술 전시 및 공연을 위해 일부 공유한다. 오디션을 통해 청
년 예술인 혹은 팀을 자체적으로 심사하여 선발한다.

③ 문화예술 티켓 사이트에 보고 싶은 공연 패키지화를 지원한다.

바르셀로나에는 6개 대표 미술관을 30유로(개별가격 57유로)로 한번에 볼
수 있는 통합티켓 제도가 있다. 우리나라도 누구나 손쉽게 국립, 민간이
운영하는 모든 문화예술 프로그램의 예약 사이트에서 보고 싶은 공연들
을 묶어서 할인받을 수 있는 공연패키지화 기능을 통해 문화예술 접근성
을 높여야 한다.

④ 문화예술지도 시스템을 구축한다.

해당 지역에 문화예술센터와 공연, 전시내용을 알려주는 온라인 지도를
제작하고 예약 등을 할 수 있게 만든다. 현재 국가문화예술지원 시스템에

문화예술지도가 있지만 모든 문화예술공연 및 전시 정보가 망라되어 있지 않다. 또한 기간별, 선호별 공연 및 전시 스케줄을 자동으로 추천해주는 시스템을 구축해야 한다.

⑤ 지자체는 번화가에 문화예술 티켓 부스를 설치한다.

특히 서울시에는 여행안내소가 많은데 그곳에서 공연 티켓을 판매할 수 있다. 또한 여행안내소가 없는 지역은 접근성이 좋은 번화가 중심 도로 위에 노점 형식으로 문화예술 안내소를 설치하여 티켓을 판매하고 지역 거주자에 한해 할인 제도를 적용한다.

⑥ 문화예술 통합 원데이 패스one day pass 및 전국 위클리 패스weekly pass 티켓을 판매한다.

현재 13개 국공립예술단체의 '문화릴레이티켓' 제도가 존재한다. 13곳 중 한 곳의 티켓을 가지고 있는 경우 다시 13개 중 최대 2개의 티켓 2매를 최대 50%까지 할인해주고 있다. 이 제도에 선별된 민간 문화예술단체를 포함시킨다.

또한 문화예술 통합 원데이 패스나 전국 위클리 패스 등의 문화예술 통합 티켓 제도를 만들어 하루나 일주일 동안 전국의 모든 문화예술공연을 한 가지 티켓으로 볼 수 있게 하여 문화예술관광을 활성화시키고 지역끼리 연계하여 지역의 문화와 문화예술을 통한 지역경제 발전을 도모한다.

1대 전략 – 기술^{Technology}

정책 노트 T1

청년 종합 통계 시스템을 도입하여 통합 DB를 구축한다

- **분야** : 정보, 빅데이터
- **목적** : 산발적으로 분산되어 있는 청년 관련 통계 정보를 종합할 수 있는 연계 시스템을 도입해 통합 DB를 구축한다.

● 배경 및 현황

통계청 등 관련 기관에서는 다양한 설문 조사를 통해 현황 분석을 진행하고 있다. 특히 청년에 대한 사회적 관심도가 높아짐에 따라 취업, 주거, 생활 등 다양한 분야와 기관에서 실태 조사가 이루어지고 있다. 그러나 이러한 통계 수치는 산발적으로 분산되어 있어 통합적으로 정보를 취합하기가 쉽지 않으며, 조사 수치가 외부로 공개되지 않은 경우도 빈번하다. 그러다 보니 국가, 기관, 개인 연구자들이 청년 관련 연구를 진행하려 해도 기초자료 조사부터 다시 시작해야 하는 시간적, 물질적 낭비가 발생하게 된다.

청년 사회와 정책이 발전하려면 각 기관마다 산발적으로 발표되어지는 기초 통계 자료를 통합하고 DB가 오랜 기간 축적되어야 한다. 체계적 연구가 부족한 청년 분야일수록 통합 DB가 구축되어야만 지속적인 연구가 가능하고 활성화될 수 있다.

● 주요 제안 내용

① 청년 관련 기초자료를 검색할 수 있는 종합 DB 사이트를 구축한다.

종합 DB 사이트의 경우 청년 관련 기초자료를 키워드 등을 중심으로 검색하고 결과를 다운 받을 수 있는 통계청과 같은 시스템으로 구축되어야 한다. 다양한 기관에서 실시한 검증된 기초 통계 자료가 연계되어 통합 DB 형태로 구축되는 것이다.

정책 노트 T2

4차 산업혁명 기술을 활용해 효율적인 행정 서비스와 맞춤형 정책을 제공한다

● 분야 : 교육

● 목적 : 빅데이터 등 4차 산업혁명 기술을 활용하여 정부, 지자체 등 행정 업무의 간소화와 맞춤형 정책 제공을 실현한다.

● 배경 및 현황

현재의 정부, 지자체 행정 서비스는 민원 중심의 일방향성 성격이 강하다. 행정의 과중된 업무로 인한 과부하, 중복으로 관리되는 서류 중심의 업무 절차 등은 업무 프로세스가 단축되지 못하고 비효율을 일으키는 주요한 문제점이다. 공급자 중심의 행정 서비스로는 시민들의 편의성을 증대시키기 어려우며, 비용은 비용대로 지출하고, 만족도와 효과는 높지 못하다.

빅데이터, 사물인터넷, AI 등 4차 산업혁명 기술 활용을 통해 정부와 지자체별 행정 프로세스를 체계화하고 정보를 클라우드화하여 통합 처리 시간을 단축한다. 개인 상황에 따라 맞춤형 서비스를 제공하는 행정으로 변화해야 한다.

● 주요 제안 내용

① 데이터 통합을 통해 업무별로 파편화되어 있는 민원 시스템을 일원화한다. 민원이 발생하면 빅데이터, AI가 인지하여 알고리즘을 통해 바로 최적의 서비스를 연결할 수 있도록 한다.

② 개인의 행정 서비스 이력 DB를 구축하여 지속적으로 관리한다. 이를 통해 개개인의 상황에 맞는 필요한 행정 서비스, 절차 등을 맞춤형으로 제공하고 생활의 편의성을 증대시킨다.

정책 노트 T3

IT 기술로 장애인과 취약계층 대상
맞춤형 복지를 실현한다

- **분야** : 복지, 정보화 기술
- **목적** : IT 기술을 활용해 장애인과 노인 등의 취약계층을 위한 복지 수요와 지원 현황을 실시간으로 파악하고, 손길이 필요한 취약계층에 맞춤형 복지가 실현될 수 있도록 한다.

● 배경 및 현황

장애인, 취약계층의 수요가 제대로 파악되지 않아 정부의 복지 재원이 엉뚱한 사람에게 전달되어 정말 필요한 사람에게 혜택이 가지 못하거나, 각종 부정수급과 중복 지원 등의 문제는 어제 오늘 일이 아니다.

복지 예산이 매년 증가함에 따라 사회복지 서비스의 전달 정비의 필요성은 더욱 높아지고 있으며 특히 예산이 잘 사용될 수 있도록 정확한 수요 조사와 관리가 이루어져야 한다. 인력이 할 수 있는 한계를 인지하고 이를 보충하기 위해 IT 기술을 활용해야 한다. 특히 세심한 복지 지원이 이루어져야 하는 지자체별 장애인과 노인 등의 취약계층에 대한 복지 수요와 지원 현황을 실시간으로 파악하고 누수되는 대상자가 없도록 개인별 맞춤형 복지 행정 서비스가 가능한 시스템을 구축해야 한다.

● 주요 제안 내용

① 지자체 DB 통합을 통해 복지 수요와 지원 현황을 한눈에 파악하고 구체적 현황을 검색할 수 있는 시스템이 구축되어야 한다.

부산 북구청은 '복지방문지도 시스템' 구축 작업을 진행하고 있다. 지도상으로 도움이 필요한 취약계층에 대한 지원의 시급성을 파악할 수 있게 되어 있고, 해당 가구 클릭 시 현재 상황과 상담 기록 등을 파악하여 복지 수요와 지원 현황을 제공한다.

1대 전략 – 경제^{Economy}

정책 노트 E1

새로운 유형의 경제 주체들이 등장할 수 있도록 생태계를 조성한다

- **분야** : 고용, 창업
- **목적** : 기존의 소상공인, 중소기업, 대기업 등으로만 분류되는 경제 주체에서 소셜 벤처, 협동조합 등 새로운 유형의 주체들이 등장하여 조화와 균형을 이루는 생태계를 조성한다.

● **배경 및 현황**

현재 대한민국의 경제 주체는 소상공인, 중소기업, 대기업 등 과거의 단순 분류를 통해 나눠지고 있다. 그리고 경제 주체에 대한 지원대상도 이와 같은 분류를 통해서 이루어지고 있다. 그러나 과거와는 다르게 협동조합, 소셜 벤처 등 다양한 경제 주체들이 저마다의 목적을 이루기 위한 다양한 방식으로 경제 활동을 해나가고 있으며, 조직 구성, 임금 배분 방식 또한 각기 다양하다. 다양한 생각과 가치를 지닌 경제 주체들이 일정 기준대로 경제 활동을 해나갈 수 있도록 사회의 다양성을 확대해야 한다. 이를 위해 제도 지원에 대해 대상의 확대와 운영에 관한 세부 사항에 따른 맞춤형 제도가 확립되어야 한다.

● **주요 제안 내용**

① 다양해진 경제 주체의 임금제도, 회계규정, 의사결정 구조 등 운영에 관한 사항에 대한 연구 개발 및 맞춤형 제도를 확립한다.

② 특히 사회적 경제 주체의 활성화를 위해 사용자, 근로자 관계의 노동법에 근거한 임금분배가 아닌 서로 상생하는 방식이 될 수 있도록 새로운 노동관계에 대한 사회적 대타협을 추진한다.

정책 노트 E2
청년 농업 창업을 활성화한다

● **분야** : 창업, 농업
● **목적** : 첨단 기술과 융합한 고부가가치 산업인 농업 분야에서의 청년 창업을 활성화해 실업난을 해소함과 동시에 새로운 경제 성장의 원동력으로써 미래를 대비한다.

● **배경 및 현황**

세계적으로 농업 분야는 기술을 융합한 생산, 가공 등을 결합한 6차 산업으로 주목받고 있다. 세계 농식품 시장 규모는 약 6조 3천억 달러로 가능성 높은 산업 분야이다.

그러나 이러한 세계적 위상에도 불구하고 대한민국 내 농업에 대한 인식은 낮고, 농업 창업에 대한 지원 또한 청년 농업인 수당 지원 등의 비용 지원이 주를 이루고 있다. 농업 분야의 창업을 증진시키기 위한 초기 비용 등을 지원하는 것 외에 장기적인 전략으로 농업의 기술 개발과 유통 등에 대한 기술 혁신 연구가 뒷받침되어야 한다. 그리고 연구와 기술에 대해 청년 농업 창업인들이 적용하고 더욱 발전시켜 새로운 농업 문화를 안착시켜나갈 수 있도록 해야 한다. 이러한 선순환 구조가 안착되어 정부의 지원 없이도 농업 창업이 활성화되고 자생적으로 확대될 수 있도록 해야 한다.

● 주요 제안 내용

① 농업의 기술 개발과 유통 구조 등에 대한 기술 혁신에 대한 연구개발비를 증대시키고 청년 신진연구자에 대한 지원을 강화한다.

② 특히 연구센터와 농업 산업을 연계한 농업 연구 클러스터가 구축된다면 연구와 산업의 시너지 효과가 가능하다.

농업 강국 네덜란드의 경우 바헤닝언대학연구센터WUR를 중심으로 지역 내 '푸드밸리'라는 식품산업 클러스트가 구성되었다. 해당 대학 내 우수한 청년 연구자들이 모이니, 기업이 찾아오고, 자연스레 연구들이 활성화되어 전체 기업 매출은 네덜란드 GDP의 10%에 달할 정도로 네덜란드 푸드밸리는 발전하고 있다. 이러한 성공의 중심은 농업 부문 연구였으며, 지금도 AI 농업 시스템을 구축하는 연구를 진행하고 있다.

③ 청년 농업인이 안정적으로 농가 지역 사회에 안착할 수 있도록 귀농, 귀촌 실습과 농업에 필요한 역량 강화 교육이 필수이다.

④ 지자체는 공동체 농장 시범사업 운영을 통해 지역 사회 내에서 실제 청년 농업가가 사업을 운영할 기회를 제공함과 동시에 개발된 농업 기술을

보급하는 교육 창구로 활용한다.

정책 노트 E3
39세 이하 창업 시 법인 등록세를 면제한다

● **분야** : 창업
● **목적** : 창업 시 소요되는 비용을 줄여 청년 창업을 활성화한다.

● **배경 및 현황**

세계은행의 2019년 기업환경평가 보고서Doing Business에 따르면 한국
의 창업여건은 세계 190개국 중 5위로 나타났다. 국가별 창업여건
순위는 뉴질랜드, 싱가포르, 덴마크, 홍콩에 이어 5년 연속 5위권
을 유지하고 있다. 전반적으로 기업환경은 좋은 국가라고 보여진
다. 그러나 세부 지표를 보면 개선이 필요한 곳들이 곳곳에 존재
한다.

그중 가장 대표적인 항목이 창업 비용이다. 대한민국에서 창업을
할 때 드는 제반비용은 OECD 국가 중 가장 높다(1인당 소득 대비
14.6%). OECD 전체 평균(3.1%)에 비해 10% 이상 높으며, 이는 국
내 창업가들이 창업할 때 부담이 되는 주요한 요인이다.
초기 창업 시 소요되는 비용이 크므로 청년들이 창업하기에는 많
은 부담이 있다. 이에 39세 이하 청년의 창업 등록비용을 면제 또

는 일정 부분 인하하여 청년 창업을 촉진하여야 한다.

● 주요 제안 내용

① 39세 이하 창업 법인 등록세를 면제하거나 일정 부분 인하하여 초기 자본이 비교적 많지 않은 청년들의 창업을 촉진한다.

정책 노트 E4

청년 창업 활성화와 초기 생태계 조성을 위해 공공기관은 청년 기업 제품을 의무 구입한다

● **분야** : 창업

● **목적** : 공공기관 내 청년 기업 제품 의무 구입 제도를 통해 청년 창업 및 청년 기업의 초기 생태계를 활성화한다.

● 배경 및 현황

공공기관의 구매 입찰에서 사업 이력이 많지 않은 청년 기업이 선정되는 경우는 매우 드물며 현실적으로도 어렵다. 신생 청년 기업이 손익분기점을 넘기거나 자립을 하기 위해서는 평균 3년이 소요되며 그 기간 전까지는 일정 품질 기준을 넘어선 우수 청년 기업에 한해 공공기관의 3% 할당제를 의무화한다면 청년 기업들이 자생하여 성장하고 생태계를 조성하는 데 도움이 될 것이다.

● 주요 제안 내용

① 공공기관 내 청년 기업 제품 및 용역의 의무 구매 및 입찰을 3% 의무 할당한다(청년 인센티브 제도의 일환).

신규 법률 제정을 통해 제도를 도입한다. 현행 '판로지원법'에는 맞지 않는 내용으로, 별도의 법률이 필요하다. 기타 공공구매 지원 대상에는 여성 기업, 장애인 기업, 중증장애인 생산시설 등이 사회적 약자로 인식되어 개별 법률에 우선구매 근거가 존재한다. 따라서 이 법이 통과되기 위해서는 청년들이 '사회적 약자'에 해당한다는 '사회적 합의'가 우선되어야 한다. 일반 청년이 아닌, 청년 창업가에 한해서 초기 사업화하는 과정에 시장 내 취약층으로 인지하는 사회적 공감대 형성이 필요하다.

정책 노트 E5

2조 원의 4차 산업 관련 청년 창업펀드를 조성한다

● **분야** : 창업
● **목적** : 청년 창업펀드 조성을 통해 4차 산업 관련 청년 스타트업을 지원하고 활성화하여 일자리를 창출한다.

● 배경 및 현황

4차 산업과 관련된 참신한 아이디어와 우수한 기술력을 가진 청년들의 창업을 지원하고, 이를 통해 청년 일자리 창출을 도모한다. 서울시의 경우 111억 원의 펀드로 청년 및 G밸리 기업에 2016년 8

월부터 투자를 시작했으며, 2020년까지 G밸리 펀드 4개를 조성해 운용할 계획이다. 대구시의 경우 2014년 조성한 '청년 창업펀드'로 2017년까지 9개 기업에 100억 원의 투자를 완료했으며, 펀드 규모는 총 405억 원이다.

● 주요 제안 내용

① 4차 산업 청년 창업펀드를 설립하여 관련 스타트업을 지원한다.

4차 산업 청년 창업펀드를 설립하여 2022년까지 2조 원을 조성한다. 청년 창업기업 당 1억 원 투자 가정 시 20,000여 개사를 대상으로 지원이 가능하며 우수한 기술을 가진 청년 창업 기업에게 더 많은 투자를 하여 국가 경쟁력을 높여 해외 진출 판로도 개척한다. 결국 청년 스타트업이 자생력을 갖춰 우수 기업으로 발돋움하고 국내 경제 산업에 이바지하는 데 목표를 둔다.

정책 노트 E6

신생 스타트업에 5년간 소득세 및 법인세를 100% 면제한다

● **분야** : 창업
● **목적** : 청년 스타트업 활성화 및 경제적 지속가능성을 강화한다.

● 배경 및 현황

현재는 창업 후 5년간 50% 감면이 이루어지고 있으며 이것 또한 수도권 과밀억제권역 외에서만 적용이 되는 실정이다. 5년간 재산

세 50% 감면과 4년 이내 사업용 자산의 취득세를 75% 감면해주고 있지만 스타트업 설립 후 손익분기점에 도달하기까지 평균 3~4년이 걸리는 것으로 나타났으며 이후 투자비용 및 경영이 안정적인 궤도에 올라가기까지 최소 5년이 필요하다. 신생 청년 스타트업의 경우 소득세와 법인세 100% 지원은 사업 지속가능성을 크게 높이는 요인 중 하나이다.

● **주요 제안 내용**

① 청년 스타트업 대상으로 최초 소득발생 과세연도와 그 후 5년간의 법인세 및 소득세를 100% 면제한다.

스타트업의 불안정성에 대비하여 투자 및 위험대비 자산을 쌓을 수 있도록 5년간 100%를 감면한다. 전체 창업 기업 중 절반 이상이 창업 3년 이하 기업으로 창업 후 손익분기점 및 매출액이 본격 상승하는 업력이 평균 4년임을 감안하여 창업 3년 이하 기업을 대상으로 하는 것이 적정하다. 이에 '중소기업창업지원법' 제2조에 따른 창업 후 3년 이하 중소기업 요건에 해당하는 대상을 면제 대상으로 하여 지원한다.

정책 노트 E7
·······························
창직 지원을 위해 크라우드 펀딩 지원 정책을 강화한다

● **분야** : 창업
● **목적** : 4차 산업 시대에 크라우드 펀딩을 통해 창직을 지원한다.

● 배경 및 현황

창직은 기존에 없는 직업, 직종을 새롭게 만들어 내거나 기존의 직업을 융합시키는 활동이다. '바리스타' '정리 컨설턴트' 등 새롭게 창출되거나 명명된 직업, 직종이 현재 실제로 일자리를 창출하는 효과를 보이고 있다. 특히 4차 산업혁명 시대에 창직은 일자리를 창출하는 새로운 트렌드이다.

현재 크라우드 펀딩은 다수에게 투자를 받는 만큼 창업 기업을 중심으로 이루어지고 있다. 새로운 트렌드로 자리잡은 소셜 크라우드 펀딩은 사회적 기업 등이 하고자 하는 프로젝트에 불특정 다수가 투자하는 방식이며, 미디어 매체 활용과 함께 활성화되고 있다. 2016년 1월 국내 크라우드 펀딩 제도가 도입되었으며, 2013년 7조 원에서 2년만인 2015년 40조 원 규모로 성장하였다.

금융위원회에 따르면 2016년부터 2018년까지 크라우드 펀딩을 통해 총 417개 창업, 벤처기업이 755억 원의 자금을 조달했다. 이처럼 크라우드 펀딩은 새로운 투자 형태로 떠오르고 있으며, 이를 창직과 연계하여 창직 활동을 투자 형태로 지원할 수 있도록 한다.

● 주요 제안 내용

① 민관 협력 '창직' 크라우드 펀딩을 조성한다.

자신만의 분야를 개척하여 창직까지 이르는 개인, 단체 등을 지원하고 양성하기 위해 '크라우드 펀딩'을 조성한다. 초기 사업을 지원하고 수익이 창출되면 분배한다. 자본은 국가 50%, 민간 참여 50% 비율로 구성한다. 사업 공모는 '중소벤처기업부'가 심사하여 사이트에 선정된 아이디어 100여 개를 공개하여 펀딩을 조성한다.

② 민관 협력 크라우드 펀딩 조성 및 운용 과정에서 기존 크라우드 펀딩의 문제점으로 드러난 투자자 보호 보장, 과대·과장 광고로 낮아진 신뢰성 제고가 가능하도록 질적 성장을 동반한 기반을 마련하도록 노력한다.

정책 노트 E8
모바일 앱을 통한 원스톱 창업 서비스를 구축한다

● **분야** : 창업
● **목적** : 쉽고 빠른 창업 서비스를 구축하여 활성화에 기여한다.

● **배경 및 현황**

현재 원스톱 창업 서비스라고 지칭하는 사업처는 중소벤처기업부, 민간 컨설팅 회사, 대학 내 창업지원 센터 등 매우 많다. 그러나 정작 제공하는 창업 서비스는 멘토링 매칭, 홈페이지 지원, 일부 컨설팅 등 부가적인 지원에 그치고 있다.

많은 청년이 창업 과정에서 가장 어려워하는 점으로 복잡하고 까다로운 창업 행정 절차를 꼽는다. 법인 인감 제작, 잔액증명 신청, 법인등록면허세 신고 및 납부, 법인설립등기 신청, 사업자등록신청 및 4대 보험 신고 등 5단계의 행정 절차는 평균 5.5일이 소요된다고 조사되었다. 창업 여건이 1위로 꼽힌 뉴질랜드의 경우 반나절 만에 모든 절차를 마칠 수 있다고 한다. 창업이 활성화되기 위해서는 진입 요소를 간소화하는 것이 무엇보다 중요하며 국내 IT와 모바일을 접목하여 행정 절차에 필요한 서류와 등록 절차에 대한 소요 기간이 가능한 짧게 구축해야 한다.

● **주요 제안 내용**
① 모바일 앱을 통해 원스톱 창업 등록 서비스를 구축한다.

오프라인으로 기관을 방문하지 않아도 모바일 앱을 통해 창업 등록 절차를 거칠 수 있도록 법인 설립 시 필요한 총 15종의 서류를 전자문서로 체계화한다. 현재의 온라인법인설립시스템(웹)을 앱으로 호환시키고 절차 솔루션을 개발하여 도입한다.

정책 노트 E9
정부 공공기관의 민간 시장 진입을 규제한다

● **분야** : 창업, 경제
● **목적** : 정부 공공기관의 민간 시장에 대한 사업 진출을 일정 부분 규제하여 창업 생태계를 보호한다.

● 배경 및 현황

정부 공공기관의 사업 진출은 기존 민간 시장의 생태계를 파괴하고 있다. 예를 들어 3D 프린터를 이용하려면 장비를 갖추지 못한 업체는 민간 업체의 기기를 유료로 이용했는데 정부가 3D 프린터 무료 이용 사업을 진행하며 기존의 민간 업체가 문을 닫게 되었다. 이는 민간 창업 생태계를 무너뜨리고 창업 의지를 꺾는 부정적인 효과를 야기한다.

● 주요 제안 내용

① 정부 기관의 민간 시장 진입 시 시장 영향 평가 실시를 의무화한다.

정부의 민간 시장 진입 시 기존 민간 사업자에 대한 시장 영향 평가를 실시한다. 시장 영향 평가 시 민간 시장의 생태계를 해치는 부정적인 영향이 나오면 사업 진입을 되도록 축소해야 한다.

② 정부가 해당 사업을 청년 스타트업에 아웃소싱하여 소비자에게 지원하는 간접 형태의 지원을 확대한다.

정부의 3D 프린팅 출력소 시장 진입 사례에서 보듯이 직접 운영보다는 민간 3D 프린팅 출력소들이 많이 생길 수 있도록 사용료를 낮추는 데 간접 지원을 하거나, 청년 스타트업에 아웃소싱을 통해 이용업체가 저렴한 가격으로 소비자에게 제공할 수 있도록 접근성을 높이는 등의 정책이 필요하다.

공유 경제 관련 산업을 촉진하여 일자리를 창출한다

● **분야** : 창업, 경제
● **목적** : 공유 경제 관련 산업을 촉진하여 창업 및 고용을 증대한다.

● **배경 및 현황**

공유 경제는 청년들이 가장 확보하기 어려운 '자산과 자본'을 소유하지 않아도 된다. 우버는 세계 최대의 운송업체이지만 단 한 대의 차량도 소유하지 않으며 에어비앤비는 세계 최대의 숙박업체이지만 단 한 채의 호텔도 소유하고 있지 않다. 자산을 소유하지 않아도 되는 사업 플랫폼으로 청년들이 아이디어만 가지고 창업하여 대기업을 만들 수 있는 거의 유일한 분야이다. 과거 소유 중심의 산업 경제에서 벗어나 공유와 경험의 소비를 추구하는 시민 중심의 경제, 즉 '공유 경제', 더 나아가서 '구독 경제'로의 전환이 빠르게 되고 있다. 우리나라는 이러한 세계적 흐름 속에 공유 경제 산업을 청년 스타트업 중심으로 육성하기 위해 관련 규제를 낮추고 재정적 지원을 아끼지 않아야 한다.

● **주요 제안 내용**

① 공유 경제 관련 산업이 촉진될 수 있도록 관련 법안과 정책이 조속히 제정 및 실행되도록 한다.

공유경제촉진기본법을 제정하여 관련 규제 철폐 및 기준을 완화하고 관련 산업 청년 스타트업을 활성화시키기 위해 국가와 기업이 협력하여 펀드 조성 및 투자 생태계 활성화를 시켜야 한다. 크라우드 펀딩을 조성하여 아이디어를 갖고 있는 청년들을 선발하여 사업에 성공할 수 있도록 사업적 지원을 아끼지 않아야 하며, 지자체 및 정부는 적극적으로 행정 지원을 해야 한다.

정책 노트 E11

ERP 등 전자시스템 구축에 대한 인프라를 지원하여 스타트업, 중소기업의 업무 효율성을 높인다

● **분야** : 고용, 경제
● **목적** : 스타트업, 중소기업 내 전자시스템 구축을 위한 인프라를 지원하여 근무 환경을 개선하고 업무 효율성을 높인다.

● **배경 및 현황**

현재 청년 스타트업, 중소기업의 경우 인트라넷, ERP 등 전자시스템이 구축되어 있지 않은 경우가 많다. 특히 업무 결제 방식, 연차 신청 등이 직접 보고 방식으로 이루어지는 근무 환경과 문화는 업무 효율성이 높지 않으며 불필요한 절차를 불러일으키기도 한다. 실제로 많은 청년이 중소기업에 취직하고 싶어 하지 않는 이유 중 하나로 체계화되어 있지 않은 근무 환경을 꼽는다. 정확한 업무 전달과 보고 방식, 체계화되어 있는 시스템적인 근무 관리

방식은 업무의 효율성을 높이고 기업에 대한 신뢰성을 높일 수 있다. 그러나 청년 스타트업, 중소기업의 경우 초기 인프라 구축 비용과 업무 담당 인력을 배치하기가 어렵기 때문에 전자시스템을 구축하기가 쉽지 않다. 초기 인프라 구축에 대한 지원을 통해 전반적인 근무 환경이 개선되는 데 도움을 줘야 한다.

● **주요 제안 내용**

① 청년 스타트업, 중소기업 대상으로 ERP, 인트라넷 등 국가기관에서 사용하고 있는 전자시스템을 3년간 무료로 지원한다.

② 업무 양식, 근태관리, 휴가 신청 등에 대한 전자문서 플랫폼을 전자시스템 내 무료로 제공하여 체계를 구축하는 데 지원한다.

정책 노트 E12
중소기업 취업 청년의 주거, 금융 안전망을 구축한다

● **분야 :** 청년 경제, 주거

● **목적 :** 주거, 금융 지원을 통해 중소기업 취업 청년의 경제적 안정성을 일부 보장하여, 불안감 없이 더 나은 삶을 위해 도전할 수 있는 심리적 안정망을 구축해준다.

● **배경 및 현황**

현재 국내 산업 구조상 임금 격차, 업무체계, 복지 수준 등 중소기업과 대기업 간의 격차를 단시간에 해소하기란 쉽지 않다. 그 과정에서 중소기업의 기피 현상 또한 심화되고 있다. 중소기업에 취업한 청년들도 자신만의 꿈과 목표를 위해 도전할 수 있도록 최소한의 경제적 안전망을 구축해줘야 한다.

특히 주거, 금융 대출 등에 대한 영역은 청년 개인이 해결하기 어려운 사회적 문제로 대두되고 있다. 이에 대한 최소한의 경제적 안전망이 구축된다면 중소기업에 취업한 청년들도 불안감을 갖지 않고 자신의 꿈을 위해 도전함으로써 활력을 되찾을 수 있으며, 더불어 중소기업에 취업할 유인 정책으로도 가능할 것으로 보인다.

● 주요 제안 내용

① 중소기업(스타트업 포함)에 6개월 이상 재직한 청년들에게 행복주택, 공공임대주택 등에 1순위로 선정될 수 있도록 제도를 설계한다. 여기에서 가장 중요한 것은 전체 신청자 대비 선발된 청년 비율을 정책성과 목표치로 두는 것이다. 이를 통해 과거 주거 정책에 있어 가장 문제였던 정책 수혜도를 높이는 것이 가능하다.

② 중소기업(스타트업 포함)에 6개월 이상 재직한 청년들의 경우 국가 신용보증을 통해 제1금융권의 신용 대출이 쉽게 이루어질 수 있도록 한다.

정책 노트 E13

중소기업 취업 청년의 학자금 대출 이자를 면제한다

● **분야** : 청년 경제, 고용
● **목적** : 중소기업에 다니는 청년들의 학자금 이자 및 원금 일부분을 면제해주는 정책을 통해 중소기업으로의 고용을 유인한다.

● **배경 및 현황**

현재 많은 청년이 학자금 대출을 통해 학비를 내고 취업 후 이자와 원금을 상환하고 있다. 그러나 극심한 취업난과 비정규직 증가 등의 고용 환경과 비싼 주거비, 생활비로 인해 학자금 이자마저도 갚지 못하는 학생들이 많아지고 있다.

학자금 대출 상환을 연체할 경우 개인 신용등급이 낮아져 금융권에 불이익을 받을 수 있는 신용유의자로 등록되게 되는데, 신용유의자 수도 2016년 17,773명에서 2017년 17,893명, 2018년에는 18,400명으로 증가하고 있는 추세이다.

중소기업 취업자의 경우 사회 구조적 문제로 인해 대기업과의 임금 격차가 큰 상황에서 경제적으로 여유롭지 못해 학자금 대출 상환을 하지 못하게 될 경우 신용유의자로 등록되면 경제생활뿐만 아니라 사회생활에도 불이익을 받을 수 있다. 아직 취업하지 못한 취업 준비생의 경우는 더하다. 취업 과정에서도 부정적인 영향을 끼칠 수 있기 때문이다. 중소기업 취업자에게 학자금 대출이자를 지원해주는 정책을 통해 청년들은 학자금 대출에 대한 이자 부담을 줄이고, 중소기업은 구인난을 해소할 수 있다.

● **주요 제안 내용**

① **중소기업 취업 청년의 일반 학자금 대출 이자를 면제한다.**

　　현재 일반 학자금, 취업 후 상환 학자금을 대출한 학생들 중 중소기업에

　　취업한 학생들에 한해서 학자금 대출 이자를 면제한다.

② **중소기업 취업 청년의 일반 학자금 대출 원금을 연 20%씩 감면한다.**

　　중소기업에 취업한 청년을 대상으로 5년간 연 20%씩 학자금 원리금을

　　감면하여 최소 5년 동안 중소기업으로의 장기 고용을 유인한다.

1대 전략 – 정치 | Politics

정책 노트 P1

청년 정신을 복원하고 자아실현을 고취하는 청년 기본법을 제정한다

- **분야** : 정치, 정부 조직
- **목적** : 청년의 권리와 책임을 담은 청년기본법 제정으로 청년 정신을 복원하고 자아실현을 고취한다.

● **배경 및 현황**

청년의 정의와 정신을 담은 권리와 책임에 대한 법적 정의 부재로, 청년 정책 수립 및 계획 단계에서 청년의 의견 수렴이 될 수 있는 제도 또한 부재한 실정이다. 이러한 상황이다 보니 교육부, 고용부, 국토부 등 각 부처에서 청년들에게 다양한 정책을 집행하고 있지만 정책 체감도는 낮다.

또한 청년에 대한 명확한 정의 부재로 정책 대상이 불분명하여 각 부처에서 청년 정책의 방향성이 각기 다르고, 단편적인 문제 해결에 치중된 정책 위주로 집행되고 있다. 부처 간 효율적인 정책 집행을 위한 통합적 근거 법률 마련이 필요하다. 청년 기본법 제정을 통해 본질적인 청년 문제 해결을 위한 통합적인 상위 근거법률로써 청년 정책 기본계획수립의 법적 근거 확보가 가능할 것이다.

● 주요 제안 내용

① 통합적인 상위 근거법률로써 청년 기본법을 제정한다. 이를 통해 각 부처
별로 시행 중인 청년 관련 정책을 조정한다.

② 청년 기본법 내 청년 정책의 기본계획 수립과 주관 부처, 정책 사항을 심
의, 조정하는 기구 조직 개편 사항을 포함한다.

정책 노트 P2

시민 참여를 촉진하는 정치 벤처가 활성화되도록
지원제도를 구축한다

● **분야** : 정치, 시민 참여
● **목적** : 정책 정보 접근이 용이하고 시민들이 직접 참여가 가능할 수
있도록 정치 벤처를 활성화하여 정치 참여를 촉진한다.

● 배경 및 현황

국민들의 정치에 대한 관심은 점점 높아지고 있는 추세이지만 정치
에 참여하는 비율은 높지 않다. 투표를 제외하고 시민들이 정치에
참여할 수 있는 방법으로는 온라인 등을 통해 의견을 개진하는 등
의 간접 참여와 시위, 집회 등의 직접 참여 방식 등으로만 한정되어
있다는 것이 시민들의 정치 참여의 한계점으로 꼽힌다. 시민들의

삶과 밀접하게 연관된 정책 또한 시민들의 참여가 가장 필요한 부분임에도 불구하고 정책에 대한 정보 접근도 어려우며, 정책 개발 과정에서 시민들의 의사 반영은 제대로 이루어지지 않고 있다. 이러한 높은 문턱은 정치에 대한 거리감과 불신으로까지 이어지며 사회의 갈등을 야기한다.

원하는 사람이라면 누구나 쉽게 정치에 참여할 수 있도록 참여 방법을 다양화하여야 한다. 꼭 정당 내에서만, 정부 기관에서 일해야만 정치에 참여하고 정책 개발 과정에 참여할 수 있는 것이 아니라 일상과 가까이 맞닿아 있는 형태로의 방법이어야 한다.

● 주요 제안 내용

① 정책 정보 제공, 시민 의사를 반영한 정책 개발 등 공적 영역의 프로젝트를 수행하는 시민 참여 형태의 정치 벤처를 활성화한다.

정치 벤처를 대상으로 하여 기존의 스타트업, 창업 지원과 유사한 방식의 지원제도가 구축되어야만 활성화가 가능하다. 사회 내부의 정치에 대한 신뢰를 확산하고 정치에 대한 참여를 촉구하여 궁극적으로는 민주주의를 발전시키는 데 사회적 의의를 둔다.

② 정치 벤처를 대상으로 IT 솔루션 구축에 대한 지원을 강화한다.

시간과 공간을 초월하여 시민들의 의사를 모아 이를 정책에 반영할 수 있으려면 IT 솔루션이 기반이 되어야 한다. 그러나 웹 개발, 서버 등 초기 구축 비용이 많이 소요되기 때문에 이에 대한 서버 구축비 지원 등의 인프라 구축 지원을 특히 강화해야 한다.

정책 의사 결정 참여를 위한 거버넌스 구축, 시빅 테크를 활성화하여 시민 참여를 촉진한다

● **분야** : 정치, 거버넌스

● **목적** : 국민의 욕구가 정책으로 빠르게 입안되는 시빅 테크^{Civic-Tech}를 활성화해 시민 참여를 촉진하고, 시민 사회 소통방식의 변화를 통해 국정 운영 거버넌스를 구축한다.

● **배경 및 현황**

그동안 정부가 수많은 청년 정책을 많은 예산을 들여 시행하고 있지만 정작 청년들은 그 효과를 전혀 체감하지 못하거나 직접적인 도움을 받지 못하는 경우도 많다. 이는 정책 개발과 수립 과정, 정책 의사 결정 과정에서 정책의 직접적인 수혜 대상이 되거나 관련 이해 당사자들의 의사를 반영한 정책이 아닌 경우가 많기 때문이다. 현재의 정책 의사 결정 구조는 특정 계층만이 참여하고 소수의 의견만이 반영되는 체계로 이루어졌다.

국민이 정책 의사 결정에 참여할 수 있어야 한다. 참여뿐만 아니라 국민의 욕구가 정책으로 빠르게 입안되고 정책 도입 시차를 효과적으로 줄이는 시빅 테크를 활성화해야 한다. 그리고 이는 정부가 주도하여 추진해야 한다. 대만의 경우 민간 IT 개발자들이 만든 사이트를 통해 일반 시민들을 대상으로 시빅 테크 관련 연구주제를 공모했고, 선정된 사회 인프라, 복지, 국정 운영과 관련된 소프트웨어 개발 등에 대한 시빅 테크 관련 연구에 대한 추진 비용을 과학기술 기금을 활용하여 지원한 바 있다.

● **주요 제안 내용**

① **민관 협력하에 시빅 테크 기금을 조성하여 시빅 테크 활성화 방안 연구 주제를 공모하고, 비용을 지원하여 추진한다.**

연구 공모에 대해서는 심사평가 및 선발은 민간이 담당하고 정책자금 지원 등은 정부가 역할을 맡는다. 연구 주제는 더욱 많은 시민이 참여할 수 있도록 지원하는 정보개방, 인프라 등의 시빅 테크 분야로 정하고 선정하여 추진하는 것을 목적으로 한다.

② **전자정부 내 의사 결정 투표 시스템을 구축하여 시민들이 전자 투표를 통해 직접적인 의사 결정 구조에 참여할 수 있도록 한다.**

지역 사회를 중심으로 정책, 의제 결정 등에 대한 주민 의사 결정 체계 활성화를 시작으로 하여 정당, 국가 단위로도 확대한다.

1대 전략 – 자원Resource

정책 노트 R1

지역 거점 청년 허브센터를 운영한다

● **분야 :** 행정

● **목적 :** 거버넌스 차원의 지역 거점 청년 허브센터를 운영하여 지역
에 거주하는 청년들의 청년 정책에 대한 접근성을 높인다.

● **배경 및 현황**

전반적으로 청년 지원 인프라가 부족하고 특히 수도권 대비 지역
의 경우 회의실, 스터디룸 등 청년들이 자유롭게 사용할 수 있는
공간이 부족한 상황이다. 특히 청년 정책에 대한 맞춤형 정보를
제공받거나 상담을 받는 데 있어 기존 고용센터와의 물리적, 심리
적인 접근성이 높지 않아 실제 이용률과 접근성이 높지 않다.

● **주요 제안 내용**

① 지자체 간 연계를 통해 각 지역 내 비어있는 공간 및 기존 센터의 일부
공간을 활용하여 거점별 청년 허브센터 구축에 대한 실제 비용을 최소화
한다.

② 사전 실태 조사를 실시하여 각 지역에 따라 필요한 서비스를 제공하는
지역 특화형 맞춤 청년센터 설계가 필요하다.

청년들의 접근성이 높은 지리적 위치와 함께 센터의 필수 여건인 회의실 대여, 프린트 무료 사용 등 물질적인 서비스 제공이 필요하다.

③ 취업, 창업, 금융, 주거 등 전반에 걸친 매칭 상담 등 대민 서비스에 집중하여 청년과의 정서적 교감이 이루어지는 공간으로 설계해야 한다(사례: 토닥토닥협동조합, 대구 심리상담 카페).

④ 지역 내 청년 사회적 기업, 청년 정책 거버넌스가 중심이 되어 해당 청년 센터를 위탁 운영한다면 지역 청년들의 센터에 대한 심리적 접근성이 높아지고 활용성이 높아질 수 있다.

정책 노트 R2

효율적이고 효과적인 청년 정책을 만들기 위한 국가 차원의 청년 데이터 아카이브를 설립한다

● **분야** : 행정
● **목적** : 정부, 국가 차원의 청년에 대한 데이터 아카이브 구축을 통해 효과적인 청년 정책을 수립한다.

● **배경 및 현황**

현재는 청년에 대한 전문적인 데이터가 많지 않을뿐더러 정보 또한 통합적으로 구축되어 있지 않다. 대한민국 정책 포털 '정책브리핑'에 소개된 여러 분야 중 청년 데이터를 종합해서 볼 수 있는 청년 분야는 부재한 상황이다. 청년 문제는 고용 등의 한 분야에서만 그치는 것이 아닌, 교육, 주거, 출산 등 전 범위에 걸쳐 연계되는 것이 특징이다. 이에 청년과 관련된 기존 연구 자료, 현황 분석 등 존재하는 온오프라인 데이터를 모아 가공하여 구축하고 이를 민간에 개방하여 청년 정책의 개발과 연구를 촉진해야 한다. 또한 정부도 축적된 데이터를 이용한다면 현안을 정확하게 파악하고 미래를 정확하게 예측하여 지속가능하면서 효과적인 청년 정책을 수립할 수 있을 것이다.

● **주요 제안 내용**

① 국가 차원의 청년 데이터 아카이브를 설립하고 전 부처가 연계된, 정보 통합 시스템으로 구축한다.

- 각 부처별 파편화된 청년 자료를 취합한 후 학계 및 사회에서 생산되는 청년 자료를 추가 통합하여 복합정보센터로 활용한다.
- 청년 정책 관련 자료의 통합으로 구체적인 문제의 원인을 해결할 수 있는 양질의 청년 정책 입안이 가능하다.
- 각계각층의 청년 인터뷰 자료 등을 통합·정리·보관하고 추후 빅데이터로 활용하여 청년 사회의 변화를 빠르게 파악할 수 있는 창구로 활용한다.

정책 노트 S1

채용 과정의 차별대우를 막기 위한 제도적 장치를 마련한다

- **분야** : 청년 고용
- **목적** : 채용 과정에서 성별 등으로 인한 차별대우를 막고 불공정한 특혜 행위가 행해지지 않도록 제도적 장치를 마련한다.

● **배경 및 현황**

국내의 경우 블라인드 채용 등 채용 과정의 공정성을 확보하기 위해 다양한 제도를 시행하고 있지만 여전히 불공정 특혜를 통한 채용은 만연하다. 공정하게 채용하기 위한 정책도 중요하지만 공정하게 채용하지 않은 경우에 대한 명확한 법적 규정과 처벌 조치, 그리고 불공정한 채용으로 인해 피해를 본 구직자에 대한 구제 조치가 더욱 필요한 시점이다.

해외에는 채용 차별 금지 제도가 명확히 규정되어 있다. 일본(평등권 · 고용대책법 · 직업안정법 등)의 경우 남녀 간 평등한 기회와 대우 확보 등에 관한 법률을 제정하고, 훈련, 사내 복지에서의 차별을 하지 못하도록 하고 있으며 이력서 표준양식 제도를 운영하고 있다. 영국(평등법)의 경우 남성들이 즐겨보는 매체 등 특정 언론에만 채용 광고를 올리는 행위를 간접차별로 분류, 광고를 올린 업체와 매체에 책임을 묻고 있다. 또한 영어가 필요하지 않은 직무를 수행하는 분야에서 직원 모집 과정 중 영어로 된 시험을 진행하는 것을 불공정하다고 여긴다. 단, 영어 시험을 진행할 때는 직무상 영어의 필요성을 입증해야 한다.

미국의 경우 시민권법·연령차별금지법에 따라 고용평등기회위원회EEOC를 운영하여 채용차별 피해 구직자를 구제하는 등 차별 채용으로 인한 구제 조치에 대한 시스템도 구축되어 있다.

● **주요 제안 내용**

① 고용부 산하에 채용 차별 피해를 받은 구직자들이 해당 사항을 신고하고 노무사 상담 등의 과정을 거쳐 즉각적인 법적 절차를 통해 구제를 받을 수 있는 위원회를 구성한다. 또한 이 모든 절차는 간편하고 신속하게 이루어져야 한다.

② 특정 성비를 우대하는 공고를 내는 경우 직무상의 필요성 표기를 의무화하고 모든 기업의 지원자 및 합격자 성비를 공개한다.

여전히 취업 과정에서 성차별이 존재하며, 기업 또한 지원자의 성별을 고려하는 경우가 많다. 고용평등법을 해치지 않는 선에서 양성평등이 이루어져야 하며, 기업 내부적으로도 공정하게 채용 절차를 가져야 한다는 문화 확산이 필요하다.

정책 노트 S2

지역 내 젊은 인재 양성 정책으로 지역 사회를 부흥시킨다

● **분야** : 교육, 경제, 고용
● **목적** : 지역 내 청소년, 청년들이 지자체 차원의 양성 지원 정책을 통해 미래 인재로 자라나 지역 사회가 활기를 되찾고 발전하는 선순환 체계를 구축한다.

● **배경 및 현황**

비수도권 지역의 청년들은 수도권을 중심으로 이루어지는 정보 접근, 주거 환경, 보건의료, 교육, 문화 등 다양한 분야의 지원 정책에 대한 접근성이 상대적으로 낮을 수밖에 없다.

뿐만 아니라 대부분의 지역 청년들이 서울로 이주하는 가장 큰 이유는 취업 때문이다. 지역 내에서 살고 싶어도 취업 준비를 할 수 있는 정보, 인프라와 취업을 희망하는 기업이 수도권에 집중되어 있다 보니 많은 청년들이 어쩔 수 없이 서울로 이주하여 높은 주거비와 생활비를 감내하며 살아간다.

● **주요 제안 내용**

① 지역 내 창업 허브, 고용지원센터 등 고용 정책에 대한 안내, 지원을 받을 수 있고 더불어 창업 멘토링, 취업 관련 교육을 이수 받을 수 있는 센터

수를 지역별로 대폭 확대하고 이에 대해 지자체별 활동 지수(프로그램 수, 담당자 배치 등)를 매년 평가한다.

단, 센터 확대 시 기존의 유휴공간을 활용함으로써 설립 비용보다는 해당 센터를 채우는 콘텐츠의 질과 담당자의 전문성을 높이는 것이 중요하다.

② 현재의 지역·산업맞춤형 인력양성 사업을 전면 확대하여 기업과 연계하여 재직자, 취업 예정자 대상으로 맞춤형 훈련을 실시한다.

단, 정책의 효과를 높이기 위해서는 취업 성공패키지 훈련제도, 일 경험 지원제도(재학생 직무 체험, 대학생 현장실습 등)의 참여기업 DB 활용, 고용센터 등 연계가 필수적으로 선행되어야 한다.

③ 지역 내 중소기업에 대한 관리 감독을 철저히 하여 근로 문화를 개선시키고 중소기업에 취직한 청년들이 성장하고 발전할 수 있도록 직무교육 기회 등의 지원제도를 활성화하여 지역 인재로 양성될 수 있는 시스템을 구축한다.

④ 지역 공공기관 내 계약직 공무원 비율을 확대하고 선발 시 지역 내 거주 기간에 따라 가산점을 부여하여 지역 청년을 우대한다.

⑤ 지방대학의 기능을 강화할 수 있도록 지방대학 통합 및 평생대학원 기능 강화, 4차 산업대학 등 전문특화대학으로 전환한다.

⑥ 지역 청소년들이 정보의 격차를 뛰어넘을 수 있도록 고등학교를 기준으로 도서관을 건립한다. 수도권보다는 상대적으로 대형 서점이 적기 때문에 정보 접근성이 떨어진다.

⑦ 지역 창업 시 대출 금리 인하 등의 우대 정책을 펼친다.

청년이 자신의 고향이나 지역 대학 졸업 후 해당 지역에서 창업을 하게 될 경우, 지역 은행과 지자체 연계 하에 창업대출금리 인하 등 창업 과정에서의 지역 금융 우대 혜택을 받게 한다.

정책 노트 S3
꿈 탐색을 위한 고등학생 인턴제 도입이 필요하다

● **분야** : 교육
● **목적** : 고등학생 때부터 자신의 진로를 파악하고 직업을 탐색할 수 있는 직업 체험 기회를 확대한다.

● **배경 및 현황**

많은 고등학생이 성인이 되어서도 자신이 하고 싶은 일을 찾지 못하고 결국 대기업이나 공무원 등의 안정적인 직업만을 선택하는 현실에서, 청소년들이 자신의 진로 방향을 찾고, 직업이 무엇인지를 탐색할 수 있도록 연수 개념의 인턴제도 시스템을 도입할 필요가 있다. 현재까지는 대학생 및 대학 졸업자, 대학을 가지 않는 고등학교 졸업 예정자를 대상으로 하는 인턴제도만 활성화되어 있다.

고등학교 연수 인턴제는 산업 내 직무를 경험할 수 있도록 실무지향적인 커리큘럼으로 진행되어야 한다. 빠르게 변화하는 사회에서 고등학생 때부터 여러 가지 직무와 산업에 대한 이해도를 높이고 능력을 갖추길 바라는 취지에서 추진되어야 한다.

● **주요 제안 내용**

① 지자체 중심으로 해당 지역에 사는 고등학생이 원하는 직업을 경험할 수 있도록 방학 때 민간 및 공공기업 인턴제를 도입한다.

   민간의 경우 고등학생 인턴의 임금은 기업, 정부가 50%씩 분담하되 청소년이 성년이 된 후에 고용으로 연결될 수 있도록 대학교와 기업을 연계한다. 이를 통해 지역 인재 유출을 막을 수 있고, 동시에 인턴제를 이수하는 청소년, 청년들을 해당 산업에 대한 직무 능력과 경험을 겸비한 인재로 양성시키는 것이 가능하다.

② 연수 인턴제의 평가는 기업이 학생을, 그리고 학생도 기업을 평가하는 양방향 평가로 이루어져야 한다.

③ 긍정 평가를 받는 기업에게는 지역 내 소득세 감면 등 인센티브를 제공한다. 반면, 학생들이 연수 과정 중 해당 기업에서 부당한 대우를 받을 경우 신고와 구제절차를 공정하게 진행할 수 있도록 학교와 기업 밖에 담당 기구를 설치하고, 향후 부당 대우가 적발될 경우 해당 기업에 대해 엄격한 조치를 취한다.

정책 노트 S4
·······················

취약계층, 장애인 청년들의 자격증 취득 지원 등 직무 교육을 강화하여 고용을 촉진한다

● **분야** : 청년 복지, 고용
● **목적** : 취약계층, 장애인 청년들의 자격증 취득 지원을 통해 직무

교육을 강화하여 고용을 촉진한다.

● 배경 및 현황

바리스타, 요양보호사, 조리사 등 산업이 다양화해짐에 따라 자격증 취득을 통해 전문성을 확보하여 직업을 가질 수 있는 기회가 높아졌다. 그러나 지역일수록, 그리고 취약계층의 청년일수록 교육 기관과 해당 정보에 대한 접근성이 낮고, 자격증을 준비하는 과정에서 비용에 대한 부담감을 안고 있는 것이 현실이다. 뿐만 아니라 청년 장애인의 경우에도 직업 재활이 제일 필요한 대상임에도 불구하고 이러한 전문 영역의 직무 교육 기회를 쉽게 제공받지 못하고 있다.

경제적 활동을 통해 사회적으로 자립하는 데 도움을 주는 직무 훈련과 자격증 취득의 활동은 고용 촉진에 필수적이다. 특히 취약계층과 장애인 청년을 대상으로 한 자격증 취득 지원을 확대하는 것이 시급하다. 국가와 지역 사회는 그들이 자립할 수 있는 최소한의 요건을 만드는 데 노력해야 한다.

● 주요 제안 내용

① 지자체별 직무 교육에 필요한 교육 커리큘럼, 자격증 취득, 자립·직무교육 강사 양성 등 교육 지원 체계를 구축하고 운영한다.

② 특히 청년 장애인의 경우 교육 커리큘럼을 이수하고 자격증을 취득한 경우 지역 사회 내 기업 인턴제도와 연계한다.

정책 노트 S5

아동과 청소년의 문화예술 경험을 확대하여 창의력을 증진한다

- **분야** : 교육, 문화예술
- **목적** : 지역 사회를 중심으로 아동과 청소년기 학생들의 문화예술 경험을 확대하여 창의성을 함양한다.

● 배경 및 현황

창의 교육의 일환으로 문화예술의 경험이 중요하지만, 현재 학교와 일상에서 문화예술을 접할 기회는 사실상 적다. 또한 미술 전시, 공연 등 문화예술공간은 특정 지역에 몰려있어 지역의 경우 접근성이 낮은 것이 현실이다. 문화체육관광부의 '2018 문화향수 실태 조사'에 따르면 1년 동안 박물관, 미술관 방문 경험자는 16.5%에 그쳤다. 2018년 기준 국내 박물관, 미술관 수는 1,124개로 2013년에 비해 양적으로 증가했지만 1개관 당 인구수는 OECD 주요 국가 인구수에 미치지 못한다. 2019년 기준 국내의 경우 박물관, 미술관 1개관 당 인구수는 4만 5,000명이지만, 독일은 2016년 기준 1만 2,000명, 덴마크는 2만 5,000명, 영국은 2012년 기준 3만 7,000명 수준이다.

어렸을 때부터 문화예술에 대한 다양한 자극과 경험은 창의성을 높여 줄 수 있다. 삶의 질 또한 올라간다. 풍부한 감성과 창발적

사고력이 높은 미래 인재로 양성되기 위해서는 문화예술에 대한 경험 기회의 확대와 접근성을 높이는 정책이 필요하다.

● **주요 제안 내용**

① 문화예술공간을 특정 지역이 아닌 마을 단위의 소규모 예술공간 및 장소를 만들어 일상생활 속에서 접근성을 높인다.

② 마을예술공간을 설립하여 청년 문화예술인들의 참여를 높인다.

해당 지역에 거주하는 청년 문화예술인들의 참여를 통해 청년 문화예술인들의 작품 전시 기회를 높임과 동시에 지역 사회 내 문화예술 특화산업을 활성화하여 지역 산업을 부흥시킨다.

정책 노트 S6

정보격차 해소를 위해 민간의 해외원서 및 논문 등의 번역비 및 로열티를 정부가 지원하여 시장에 공급한다

● **분야** : 교육, 경제

● **목적** : 해외원서 및 논문 등의 번역 출판을 지원하여 청년들이 양질의 지식을 쉽고 저렴하게 습득할 수 있게 한다.

● **배경 및 현황**

많은 청년이 외국의 원서 및 논문을 보며 최신 정보를 습득하고 공부하고 싶어 하지만 영어, 프랑스어, 중국어 등 다양한 각국의 언어로 작성된 출판물들은 개인적으로 번역하여 정보에 접근하기가 수월치 않다. 또한 정식으로 출판된 번역서들의 경우 가짓수가 많지 않고 대중적으로 인기있는 책들로만 구성되어 있어 선택의 폭이 좁다. 이에 청년들이 세계 각국의 양질의 정보와 자료들을 쉽고 저렴하게 볼 수 있도록 지원하는 번역 출판 지원 정책이 필요하다.

민간 출판업체는 수익성을 고려할 수밖에 없어 화제성이 있는 책 위주로 출판을 할 수밖에 없다. 예를 들어 중동 산업에 관한 연구 저서를 한국에 보급하기 위해서는 번역비 등 출판 비용이 수천만 원 소요되지만, 대중성이 높지 않기 때문에 포기하게 되는 경우가 많다.

● **주요 제안 내용**

① 주요 산업 및 연구 분야에 대한 각국의 전문도서 및 해외원서, 논문 등의 번역비, 출판 로열티 일부를 민간 출판업체에 지원하여 저렴한 가격에 다양한 도서가 시장에 공급될 수 있도록 한다.

정책 노트 E1

청년들이 저렴한 비용으로 살 수 있도록
빈집 거주 공유제도를 실시한다

- **분야** : 주거
- **목적** : 비어있는 집을 대상으로 거주 공유제도를 실시하여 청년들이 저렴한 비용으로 살 수 있도록 제공한다.

배경 및 현황

통계청에 따르면 우리나라 전국에 있는 빈집은 2015년 기준 107만 호에 달하며 전체 주택의 6.5%에 해당한다. 2017년도에는 126만 가구로 전국 주택의 7.4%에 해당하며, 수도권에 있는 빈집만 전국의 27.3%인 34만 5,813채에 달한다. 빈집은 토지 이용의 효율성을 저해할뿐더러 범죄 등 생활환경을 저해시키는 사회적 요인이 될 수 있다.

주요 제안 내용

① 청년 대상으로 빈집 거주 공유제도를 실시한다.

- 정부 주도로 빈집을 가진 소유자와 입주할 청년을 매칭시켜주는 형태로 일정 계약 동안 국가는 소유자 대신 집을 관리해주고 세금을 감면해

주는 인센티브를 제공한다.

– 민간 주도로 거주 공유 사업을 활성화한다. 이를 위해 해당 사업을 진행할 의지가 있는 청년 소셜 벤처, 사회적 경제 기업을 선정하여 우선 사업권과 인프라 구축에 대한 지원을 통해 국내 주거에 대한 새로운 문화로 안착할 수 있도록 한다.

② 중앙정부 차원에서 '빈집 및 소규모 주택 정비에 관한 특례법'에 따라 빈집 정비에 필요한 실태 조사를 아직도 시행하지 않은 지자체를 독려하여 실태 파악에 따른 빈집 활용성을 높인다.

정책 노트 E2

공공임대의 자격조건 완화 및 공급을 늘린다

● **분야** : 주거
● **목적** : 공공임대 자격조건을 완화하고 공급을 확대하여 청년 주거 문제를 해결한다.

● **배경 및 현황**

정부는 주택 문제의 해결을 위해 임대주택 공급량을 늘려왔지만, 수급자나 차상위 계층이 아니면 일반 청년층은 입주대상이 될 가능성이 적다. 하지만 주거 문제는 취약계층뿐만 아니라 일반적인 청년들에게도 취업난과 맞물려 심각한 사회 문제로 대두되고 있다. 특히 주거 문제는 청년들의 낮은 결혼율과 저출산 문제와도 연관되어 있다. 현재의 행복주택 공급 수치는 전국 단위로 이루어져 청년들이 많이 모여 있는 수도권 지역의 공급은 상대적으로 부족한 실정이고, 선정 경쟁률도 매우 높다. 주거 정책은 수요 대비 공급이 너무 적음에서 오는 낮은 수혜율이 가장 큰 문제이며, 이를 해결하기 위한 확대 정책이 필요하다.

● **주요 제안 내용**

① **공공임대 자격조건을 완화한다.**

　공공임대 자격조건을 소득분위에 따라 순차적으로 확대한다.

② **공공임대주택 공급을 확대한다.**

　공공임대주택(행복주택)의 공급을 늘려가야 한다. 그리고 실질적으로 청년들의 주요 거주 밀집 지역에 집중해야 한다.

③ **공공임대주택을 주민들이 사용할 수 있는 공유 문화시설과 연계 설계하여 주민의 건축 반대를 완화하고 지역 사회와 공존한다.**

　마을 주민들은 공공임대주택이 들어오면 집값이 내려간다는 이유로 임대주택 건설을 반대하는 경우가 많다. 공공임대주택에 주민들이 이용할 수 있는 체력단련장, 공연장, 수영장, 도서관 등 공공시설을 만들어 주민을 설득하고 지역 사회와 공존할 수 있도록 한다.

정책 노트 E3

청년들의 주거생활 환경개선을 위해
고시원 건축 최저평수를 제한한다

● **분야** : 주거

● **목적** : 청년들이 거주하는 경우가 많은 고시원 건축의 최저평수를 제한하여 주거생활 환경을 개선한다.

● **배경 및 현황**

주거 환경은 한 개인의 삶의 질에 있어 큰 부분을 차지한다. 그러나 많은 청년이 높은 주거비와 취업난에 맞물려 생활 환경보다는 비용에 맞춰 생활하게 되는 경우가 많다. 그중에서도 보증금이 필요 없고 즉시 거주가 가능한 고시원에서 생활하는 청년들이 많으며, 실제로 고시원 수도 큰 폭으로 증가했다. 대부분의 고시원 환경은 현재 1~1.5 평 정도로 생활하기가 매우 불편한 구조로 되어 있으며 청년들은 이러한 환경에서 희망을 잃어가고 있다. 주거 빈곤을 해결함과 동시에 고시원도 1인 가구로 생활하는 주거 장소로써 최소한의 기준으로 설계될 수 있도록 해야 하며, 이미 건축된 고시원도 확장 공사를 진행할 수 있도록 추진해야 한다.

● **주요 내용**

① 고시원 건축 최저평수를 2.5평으로 제한하고 건물 불법 사용 등에 대한 관리 감독을 강화한다.

청년 적금 우대금리 지원을 통해 저축을 유도한다

● **분야** : 청년 경제, 금융
● **목적** : 청년의 저축 유도를 통해 미래 삶의 질 향상에 기여한다.

● **배경 및 현황**

대부분의 청년은 학자금 상환, 주거비 등으로 인해 아르바이트나 직장 월급만으로는 많은 돈을 저축할 수 있는 상황이 되지 못한다. 안정적인 직장일수록 낮은 금리로 대출받고, 여유분의 금액을 저축하며 살아가는 비율이 높지만 대부분 사회 경험이 적거나 없는 20대 청년들은 낮은 신용도로 인해 제1금융권에서 대출을 받지도 못하고, 수익도 적어 경제 상황이 여의치 못하다. 특히 미래를 위해 의지와 심리적인 안정감을 가지고 도전하기 위해서는 저축을 통한 여유자금이 더욱 절실하다.

● **주요 제안 내용**

① 청년 적금상품을 만들어 저축 우대금리를 적용한다.

청년들이 소액이나마 저축할 수 있는 장치 및 금융제도를 마련해야 한다. 경제 사정이 불확실할수록 더 많은 저축을 해야만 미래를 대비하여 안정감 있게 자기 계발에 투자할 수 있다. 청년 예금상품에 우대금리를 적용할 수도 있고 청년 적금통장을 만들어 우대금리로 저축을 유인할 수도 있다.

② 군인 적금 통장 제도를 만든다.

군대에도 이러한 시스템을 적용해야 한다. 현역병은 복무 중 최저임금에
도 못 미치는 급여를 받고 있다. 그들이 제대 후 복학하거나 사회에서 사
용할 생활비를 마련하거나 미래의 자신의 꿈을 위해 저축하는 것은 현재
의 급여로는 불가능하다. 따라서 서울시 및 경기도의 청년 통장제도를 바
탕으로 현역병 적금통장 제도를 만들어, 매년 월급 인상분 중 일부를 적
립하고 국가지원금을 더해 제대 후 일괄 지급한다.

정책 노트 E5

청년 부채 절감 정책을 실행한다

● **분야** : 청년 경제
● **목적** : 적극적인 정책을 통해 청년 부채를 절감한다.

● **배경 및 현황**

일자리를 구하지 못하여 저소득의 청년들이 빚을 지게 되고, 해당
부채를 제때 상환하지 못하는 경우가 많다. 또한 신용등급이 낮은
청년들의 경우 제1금융권에서는 대출이 이루어지지 않아 고금리
의 제2금융권, 제3금융권 등에서 대출을 받게 되면서 높은 이자와
원금을 감당하지 못해 신용불량자가 되는 경우도 많다. 이러한 경
제적 어려움은 학업의 포기로 이어지고, 지속되는 낮은 소득과 낮
은 신용은 결국 삶을 살아갈 때 필요한 최소한의 자산도 형성하지

못하는 원인이 된다. 청년 부채는 미래의 장애물일 뿐만 아니라 기본적인 생활이 어려워지고, 더 나아가 연애, 결혼, 출산을 포기하게 되는 등 사회적으로도 커다란 문제가 되므로 반드시 해결해야 한다.

● **주요 제안 내용**

① 청년신용회복기금을 조성하여 청년층의 단기 신용회복을 돕는다.

② 대학생, 청년 햇살론 연령 범위를 확대하고 첫 신용등급을 상향 조정한다. 또한 일정 기준에 부합하는 대학생, 취업준비생의 경우 금융 관련 신용을 국가가 보증하여 신용 대출이 가능하게 한다.

③ 전문가가 무료로 진행하는 청년 금융 복지상담 서비스를 실시한다.

④ 취업 후 소득이 일정 금액이 될 때까지 학자금 상환을 유예한다.

⑤ 취약계층 대상으로 학자금 무이자 정책을 실행한다.

⑥ 중소기업 취업 청년에게 학자금을 일정 부분 감면 및 면제한다.

2대 전략 희망 2단계 – 사회^{Society}

정책 노트 S1

공정한 사회 구조 안착을 위해 노동개혁을 추진한다

● **분야** : 고용, 노동, 창업
● **목적** : 노동개혁과 혁신을 통해 공정한 사회구조를 안착시킨다.

● **배경 및 현황**

노동시장은 현재 문제점이 다양하고 심각한 상황에 놓여 있다. 중소기업과 대기업 간의 불공정한 임금 격차, 임금과 승진에 대한 공정함과 투명성 확보, 정규직과 비정규직 간의 격차, 고용 안전망의 사각지대에 놓인 취약 실업자 등 사회 구조적으로 공정하지 못한 문제점이 산적하다. 현재 다양한 방법을 시도하고 있지만 격차를 줄이기에는 어려워 보인다. 각각의 문제에 따른 대대적인 개혁 수준의 방안이 필요하다. 성과공유제 등 많은 정책들이 이루어져야 한다.

● **주요 제안 내용**

① 공정한 사회구조로 안착될 수 있도록 노동개혁을 추진한다.

    – 임금의 공정성 : 직무 성과 중심의 임금체계 확립 및 확산 지원

    – 근로시간의 유연성 : 유연근무제 확산, 근로 방식의 다양성 등

    – 직장 내 투명성 : 외부 환경에 영향을 받지 않는 공정한 인사(승진) 시스

템 안착, 직장 내 불합리한 차별 해소

- 산업 내 투명성 : 원·하청업체 간 상생 협력 및 임금 격차 해소 지원
- 든든한 고용안전망 : 비정규직 및 프리랜서의 고용보험 등 사회안전망 강화, 실업 시 직무 훈련의 체계화, 실업급여비 증가 및 보장성 강화, 자발적 사직에 대한 실업급여 대상 확대, 실업급여 조건 단축 등

정책 노트 S2
일하기 좋은 사내문화를 만들기 위해 지원 제도를 전폭적으로 확대하여 시행한다

● **분야** : 노동, 고용, 복지

● **목적** : 직장 내 권위적인 수직 문화, 출산 및 양육 과정의 애로사항 등 불합리하고 불공정한 사내문화를 개선하고 일하기 좋은 문화를 안착시킨다.

● **배경 및 현황**

취업하더라도 수직적인 사내 문화에 적응하기 어렵거나, 상사의 언어폭력 등 업무 외적 상황 등으로 퇴사를 결심하게 되는 경우가 많다. 이에 대해 문제의 심각성을 인식하고, 상명하복의 조직 문화, 직장 내 괴롭힘과 차별 등 근로환경을 개선하고자 하는 사회적 공감대가 형성되고 있음에도 실제 직장 문화로는 안착하지 못하는 현상이 지속되고 있다.

특히 기업 대부분이 중소기업에 해당하며, 또한 중소기업의 구인 난을 해소하기 위해서라도 중소기업 중심의 일하기 좋은 사내문화를 안착하는 제도 및 지원이 대폭적으로 확대되어야 한다.

실제로 한국여성정책연구원이 조사한 결과 20대 미취업 여성의 92.9%가 좋은 조직 문화를 가지고 있다면 중소기업이라도 취업할 의향이 있다고 답했다. 직원뿐만 아니라, 기업 스스로도 일하기 좋은 사내 문화를 안착하는데 거부감 없이 받아들일 수 있도록 하는 제도의 설계가 중요하다. 좋은 사내 문화가 형성되면 업무 생산성과 고용 안정이라는 긍정적 효과를 얻을 수 있도록 선순환 구조가 될 수 있게 하는 것이 중요하다. 또한 청년 일자리 창출이 가능하고, 근무 지속력이 높은 청년 스타트업의 경우에는 별도의 정책 지원 대상 기준 개설을 통해 정책 수혜에 대한 진입 장벽을 낮춰 줌으로써 스타트업들이 지원을 받으면서 좋은 사내 문화를 안착시키는 데 주요한 역할을 해낼 수 있어야 한다.

● 주요 제안 내용

① 직장 내 괴롭힘과 조직 문화 개선을 위해 군 인권법인 '가혹행위 및 언어 폭력 금지법'을 민간에 적용시킨다.

　프랑스는 노동법에 '직장 내 괴롭힘' 금지 조문을 제정했으며 특히 직장 내 괴롭힘을 '근로자의 존엄성과 정신 건강을 훼손하거나 직업적 미래를 위태롭게 하는 근로조건의 변경'으로 정의하면서 이에 대한 증명 책임을 사업주가 한 바 있다.

② 사내 부당처우를 고발한 신고자 신분이 사업장과 외부에 공개되지 않도

록 신분보호를 강화한다.

③ 출산 전 6개월, 출산 후 3년 이내 해고 및 해고 예고를 제한한다.

현행법은 근로자가 1년 이내에 육아휴직을 할 수 있고, 그 기간동안 사업주는 해당 근로자를 해고할 수 없게 되어 있으나, 실제로는 해당 기간이 아닌 육아휴직 전후로 해고를 당하는 경우가 많다.

④ 근로기간 규정을 6개월로 완화하여 신입사원의 연차를 보장한다.

계속근로기간 1년 규정을 6개월로 완화하고 인턴사원의 경우 휴가 사용을 의무화하는 등 연차 보장성을 확대한다.

⑤ 업무 적응도를 높이기 위해, 미숙련자, 저성과자를 대상으로 하는 사내 고용훈련 제도를 확대하고 교육 시스템을 체계화한다.

기업 내 체계적인 인력양성이 가능하도록 초기에 기업 내 사내훈련제도가 구축되는 과정에 대한 전폭적인 지원이 필요하다. 강사, 커리큘럼 지원뿐만 아니라 관련 교육으로 인해 부담되는 업무에 대한 노무비, 대체인력 등의 실질적 지원이 있어야만 중소기업과 청년 스타트업 중심으로 확대가 가능하다.

정책 노트 S3

청년 여성의 경력단절 이후의
노동 시장 재진입을 촉진시킨다

● **분야 :** 고용
● **목적 :** 청년 여성의 경력단절 현상으로 인한 미취업 기간을 줄이

고, 출산과 육아 이후에도 경력개발과 사회 복귀가 가능한 사회를 만든다.

● 배경 및 현황

'생애주기별 주요 특성 분석(통계청, 2017)'에 따르면 청년 여성의 경우 결혼, 출산 등의 경력단절 현상이 청년 여성의 비취업 인구증가라는 결과로 나타나는 것을 볼 수 있다. 25~29세 취업자 비중 분석 결과 남성(67.5%)과 여성(68.6%)이 유사한 수준이지만 30~34세 취업자 비중은 남성이 87.1%, 여성이 59.8%로 여성 취업자가 남성보다 현저히 떨어지는 결과를 보인다. 30대 후반 여성 취업자 비중은 56.5%로 가장 낮은 수치이다. 청년 여성의 결혼 이후 육아로 인한 경력단절 현상 이후의 재취업 기간을 줄이고, 경력단절 현상 이전처럼 경제 활동이 얼마든지 다시 가능하도록 지원해주는 정부 정책이 필요한 시점이다.

● 주요 제안 내용

① 경력이 단절되는 기간동안 직무 훈련 등 일 경험 기회를 제공하는 지역 내 프로그램을 확대한다.

육아 등으로 인해 출근이 어려워 필연적으로 경력단절이 일어나는 기간 동안 재택근무 형태의 기업 직무 경험(일종의 연수 프로그램)을 할 수 있는 프로그램을 지자체 중심으로 마련해야 한다. 여기에서 중요한 것은 해당 제도 참여자의 경우 아이돌보미 서비스를 추가로 지원 받을 수 있게 설계하여 경력단절 여성에게 최소한의 시간을 확보시켜주는 것이 관건이다.

② 청년 여성들의 상황에 따른 맞춤형 직업훈련 시스템을 도입한다.

육아 과정에서도 교육 훈련이 용이하도록 온라인 시스템 중심으로 운영한다. 이를 위한 노트북 등의 기기 대여 및 인프라 지원이 필수이다. 이를 통해 직업훈련 이후 취업 연계를 위해 화상 면접 등을 진행하여 노동시장 재진입 기간을 최대한 단축시킨다.

정책 노트 S4

공모전 참여자의 저작권을 보호하는 제도를 만든다

● **분야 :** 지식재산보호
● **목적 :** 공모전 참여자의 저작권을 보호하고 노력에 대한 정당한 권리와 노력에 따른 보상을 보장한다.

● **배경 및 현황**

많은 청년들이 스팩을 쌓기 위해 공모전에 참여한다. 하지만 아이디어를 기반으로 하는 대부분의 공모전 제출 자료들의 저작권은 공모전 주최 측에게 귀속된다. 또한 공모전 주최 측이 청년이 제출한 아이디어나 지식을 바탕으로 영리활동을 하였을 시 모든 이익은 주최 측이 갖는다. 이는 청년의 아이디어가 보호받지 못하고, 정당한 권리에 대한 보상을 받지 못하지만, 이를 보호하는 장치는 부재한 상황이다.

● 주요 제안 내용

① 공모전 참여자에게 공모 완료 이후 저작권 교육을 의무화하고 초기 아이디어 제안자로서의 권리를 보장한다. 만약, 해당 아이디어로 인하여 새로운 수익이 발생할 시 이익의 일부를 보상받게 한다.

정책 노트 S5

정부 공공기관의 스타트업 아이디어 도용을 강력히 규제하고 아이디어 공유 · 투자 생태계를 조성한다

- **● 분야** : 지식재산보호
- **● 목적** : 정부기관의 스타트업 아이디어 도용을 막는다.

● 배경 및 현황

많은 스타트업의 아이디어들이 대기업의 베끼기 관행에 어려움을 겪고 있다. 공공기관 또한 민간 부문과 유사한 웹서비스, 스마트폰 앱 등을 출시하는 경우가 많아 지식재산권 침해에 대한 논란이 많이 있었다. 이러한 행위는 스타트업을 시작하는 청년들의 창업 의욕을 꺾어 민간 창업 활성화에 악영향을 끼치는 것임을 알아야 한다. 이에 정부 공공기관을 중심으로 민간 스타트업의 아이디어 등의 지식재산이 침해되지 않도록 관련 규제를 제정하는 것이 필요하다.

● 주요 제안 내용

① 정부 공공기관 및 대기업의 스타트업 아이디어 도용을 법적으로 강력하게 규제하고, 이에 대한 정당한 보상 시스템을 만든다.

정부는 민간에 이미 출시된 웹서비스나 스마트폰 앱이 있을 경우 아이디어 공유 차원에 해당하는 일정 보상 체계를 규정한다.

② 기술 아이디어 컨벤션 개최를 통해 아이디어를 갖고 있으나 자본이 부족한 스타트업 개발자와 아이디어가 필요한 투자자(민간 기업, 공공기관 등)가 테이블에서 직접 만나 조율하고 투자가 이뤄질 수 있는 장을 마련한다.

정책 노트 S6
신혼(예비) 부부들이 올바른 육아 교육과 아이와의 의사소통 방법을 배울 수 있도록 교육을 지원한다

● **분야** : 교육, 복지

● **목적** : 신혼부부에게 보육, 육아에 대한 체계적 접근을 통해 가정 교육을 올바르게 하고 아이의 성장에 도움이 되게 한다.

● 배경 및 현황

아동 심리 연구를 보면 부모가 아이에게 하는 말, 감정 하나하나가 아이의 정서뿐 아니라 성장에도 큰 영향을 미친다. 대한민국의 성장 동력은 인재양성에 있으며, 미래 세대들을 위한 국가적 제도도 중요하지만, 그에 못지않게 가정 내 부모들의 교육이 높은 중요도를 차지한다. 특히 우리나라 교육 환경상 가정 내에서 이루어지는 가정 교육이 아이의 성장에 중요하기 때문에 부모의 유아 교육에 대한 올바른 접근과 방법을 익히는 것이 중요하다.

● **주요 제안 내용**

① 해당 교육을 이수할 경우, 아이의 취미활동을 위한(음악, 수영, 미술 학원 등) 교육 비용을 일부 지원하는 등 육아와 관련한 바우처 인센티브를 설계한다.

① 장기간, 체계적인 수업을 받을 경우 교육 수료 대상의 부부에게 자격증을 발급하여 지역 사회 내에서 강의, 봉사활동 등의 다양한 사회 활동으로 연계되도록 커리큘럼화한다.

2대 전략 희망 2단계 – 경제Economy

정책 노트 E1
청년 스타트업 공간을 제공하여 창업을 활성화한다

● **분야** : 창업
● **목적** : 인프라 지원을 통해 청년 창업을 활성화한다.

● **배경 및 현황**

청년 창업의 기본적 필요 조건 3가지는 공간, 자본, 아이디어이다. 이 중 스타트업을 운영하는 청년들이 가장 많이 겪는 어려움은 적절한 공간(사무실)을 구하는 것이다. 그나마 민간에서 저렴하게 제공하는 공유사무실은 작은 평수에 월 평균 70만 원이 넘는 가격으로 처음 사업을 시작하는 청년들이나 아직 손익분기점을 넘지 못한 청년들에게는 부담이 된다.

● **주요 제안 내용**

① 폐교를 청년 스타트업 사무실로 활용한다.

　학생 수의 감소로 인해 폐교되는 도시의 학교가 많아지고 있다. 이러한 학교들을 청년 스타트업의 사무실로 무료나 저렴한 가격으로 임대해주고 운동장은 드론이나 각종 4차 산업의 실험장으로 활용한다. 도시 재생 사업의 일환으로 진행이 가능하다.

② 민간 및 공공기관의 사무실을 공유한다.

지자체, 기업, 공공기관들의 유휴공간, 혹 사용하지 않는 시간(주말)에는 청년들에게 공간을 공유한다. 참여를 원하는 기업 등에게 정보를 받아 구청, 시 홈페이지를 통해 예약 서비스를 제공한다.

정책 노트 E2

근무시간의 유연화로 일과 가정을 양립하게 하여
업무의 효율을 높이고, 근로자의 만족도를 높인다

● **분야** : 고용, 노동, 복지
● **목적** : 근무시간의 유연화로 일과 가정의 양립을 달성한다.

● **배경 및 현황**

일과 가정을 양립하게 하는 방안 중 하나로 유연근무제가 대표적이다. 유연근무제의 만족도는 96.7%에 육박하지만 시행률은 22% 정도에 불과하다. 만족도에 더해서 생산성 향상 92%, 이직률 감소 92%로 나타났다(대한상공회의소, 2016).

유연근무제의 종류는 다양하나, 한국에서의 활용률은 매우 떨어진다. 시차출퇴근제는 13%(미국 81%), 시간제 근로 11.3%(유럽 69%), 탄력적 근무제 9.2%(일본 52.8%), 재택근무 도입 3%에 그친다. 활용률이 적게 나타난 이유는 대체인력 채용의 인건비 부담(24.7%)과 기존 근로자의 업무 증가의 불만(23.3%), 인사관리의 어려움(22.7%) 등이 있다.

기업의 규모가 작을수록 유연근무제의 도입률도 낮아진다(기업은행 IBK경제연구소, 2018). 300인 이상 대기업의 경우 유연근무제 도입률이 37%이지만, 100~299인 사업장 도입률은 26.2%, 10~29인 사업장은 18.5%, 5~9인 사업장은 17.5%까지 낮아진다. 큰 규모의 기업에 비해 자본이 여유롭지 못하고, 인력난이 심각한 중소기업, 소규모 기업의 경우에는 당연한 이야기일 수 있다.

인건비 부담을 기업이나 정책 차원에서 지원하고, 기업이 더욱 적극적으로 유연근무제에 맞출 수 있는 운영시스템을 갖춘다면 도입은 어렵지 않을 것이다.

● 주요 제안 내용

① 직장 내 시간탄력제가 확대 도입될 수 있도록 참여를 독려하고, 시간탄력제 근무가 활성화되는 기업에게 인센티브를 제공한다.

② 민간 기업에 육아휴직 등 대체 인력을 연결해주는 지역 내 인력 매칭 시스템을 구축하고 비용 면에서 대체 인력을 쓰기 부담스러워하는 중소기업에게 대체 인력비를 보조한다.

단기 근무에 해당하는 대체 인력의 경우에도 지역 내 경력단절 여성, 은퇴자 등을 활용한다면 일자리의 선순환 구조 정착이 가능하다.

③ 유연근무 직원이 많아짐으로 인해 높아지는 인사 노무 관리비는 IT 기술을 활용해 보완한다. 인트라넷 등 프로그램, 기기 등 인프라 지원을 우선한다.

정책 노트 E3

부분 실업급여 제도 도입으로
누구나 일한 만큼 혜택을 받는다

● **분야 :** 고용, 복지
● **목적 :** 경력단절 여성, 청년, 고령자 등의 시간제 일자리 안정망을
강화하고 누구나 일한 만큼 혜택을 받을 수 있는 부분실업 급여
제도를 도입한다.

● **배경 및 현황**

복수의 사업장에서 취업한 시간제 근로자에게 피보험자격 이중취
득이 허용되지 않고 있어 실직을 할 경우 피보험자격을 취득하지
않은 일자리에서는 실업급여를 받지 못하고 있다. 특히 현재 1개
월간 소정근로시간이 60시간 미만인 자(1주간 소정근로시간이 15시
간 미만인 자 포함)의 경우 실업급여 적용대상에서 제외되고 있다
(단, 3개월 이상 근로자 적용).

● **주요 제안 내용**

① 현행 복수 사업장 피보험 자격취득 불허에서 복수 사업장 피보험 자격취
득 허용으로 경력단절 여성 · 청년 · 고령자 등의 시간제 일자리 안전망을
강화한다(고용보험법 제18조 피보험자격 이중 취득의 제한 개정).
② 개인별 합산적용으로 일한 시간을 비례해 고용보험 혜택을 제공하고, 복
수 일자리 보유자의 부분 실업급여partial unemployment benefit를 허용한다.

전일제 근로자보다 적게 일하고 주당weekly 급여 수준도 낮게 받는 근로자를 대상으로 부분 실업급여를 허용한다.

정책 노트 E4

소득나눔형income sharing contract
학자금 대출 상환 제도를 도입한다

● **분야** : 교육, 경제
● **목적** : 학자금 대출 상환율을 소득과 연계해 상환하는 제도를 도입하여 청년들의 경제 안정과 대출 연체율을 낮추는 효과를 기대할 수 있다.

● **배경 및 현황**

현재 학생들이 학자금 대출을 받을 경우, 소득의 크기와 관계없이 정해진 이자율과 상환기간에 따라 원금과 이자를 회수하는 상환 제도를 실시하고 있다. 그로 인해 취직을 해도 낮은 소득으로 인해 많은 청년이 경제적 안정을 얻지 못하고 있으며, 대출 연체율도 높아지고 있는 실정이다.

최근 미국, 호주 등에서는 투자자(재단, 기업, 학교)가 개인의 미래 소득의 지분을 사는 방식으로 등록금에 투자하고, 미래에 학생이 벌어들이는 소득에 대해 일정 지분을 나누는 소득나눔협약Income-share agreemant을 실행 중이다.

● **주요 제안 내용**

① 한국장학재단뿐만 아니라 민간투자회사, 대학교, 재단이 투자 형태로 학자금 대출을 실행할 수 있도록 한다. 투자자로부터 학자금을 학생에게 연결해주거나, 기관이 직접 학자금 대출을 실행 가능하도록 제도를 개선한다.

② 학자금에 대해 부채가 아닌 벤처캐피털 투자 형식으로 매칭 진행한다. 투자자(민간투자회사, 대학, 재단)가 학생들의 등록금을 기부하고, 학생이 졸업 후 소득이 발생하면, 미래에 벌고 있는 소득의 3% 이내로 10년간 나누어 상환한다.

정책 노트 S1

청년들이 글로벌 인재가 될 수 있도록 해외 진출을 지원한다

● **분야** : 교육

● **목적** : 청년들이 글로벌 인재가 될 수 있도록 해외 진출을 돕는다.

● **배경 및 현황**

청년들이 글로벌 인재로 양성될 수 있도록 해외 진출을 지원해야 한다. 이를 위해 다양한 정보와 경험은 필수이다. 특히 해외 수출이 많은 비중을 차지하는 우리나라의 기업들은 트렌드에 뒤처지거나 전략의 방향이 세계 트렌드와 어긋날 시 큰 손해를 보게 된다. 또 노키아의 사례에서 보듯이 아무리 큰 기업도 무너지는 것은 한순간이다.

21세기를 살아가는 청년들에게 타문화를 받아들이고 융합하고 재창조하는 개방성과 국제 역량 강화가 필수이다. 국제사회에서는 원조를 통한 국제협력 활동이 국력의 척도가 되고 세계 속에서 국가의 자긍심을 높인다. 이에 청년들을 민간 산업뿐만 아니라 국제적 이슈가 있는 곳으로 파견하여 세계 현안에 대해 배우고 국제정세를 읽고 판단할 수 있는 인재로 양성한다. 이러한 방향의 지원 제도를 통해 중장기적으로 국격을 높이고, 세계적으로 주요한 역할을 할 수 있는 글로벌 미래 인재로 양성한다.

● **주요 제안 내용**

① 공공기관 및 민간 기업의 청년 해외파견 제도를 강화하며 청년이 참여할 수 있는 기회의 폭을 넓힌다.

현대, 삼성 같은 민간 기업, 국내 연구소의 해외파견, 국제협력기구로의 파견 기회를 넓힌다. 특히 코트라나 코이카의 해외 사무실로의 청년 인턴 파견은 미래의 글로벌 인재를 기르기에 매우 적합한 제도이다. 20대 청년기에 해외 파견된 인턴은 장래에 그가 파견된 국가와 관련된 직업을 갖거나 공부를 하게 되는 경우가 많다. 또한 코트라, 코이카는 평소 청년들이 경험하기 힘든 개발도상국 및 저개발 국가들에서 안전하게 일할 기회를 제공한다. 이는 다양한 민족과 문화를 습득하여 포용력이 넓은 인재를 기를 수 있으며, 또한 민간 기업에서는 이러한 인재들을 활용한다면 해외 판로를 개척하거나, 세계를 무대로 사업을 영위하는 수출 중심의 기업들에게 많은 도움이 될 것이다.

정책 노트 S2
삶의 질을 높이고, 성인의 스트레스 해소와 효율성을 위해 모든 기업의 작업환경 변화를 유도한다

● **분야** : 기업 문화
● **목적** : 일을 하고자 하는 기업이라면 업무의 효율성과 노동자들의 스트레스 해소를 위한 작업환경의 변화를 유도한다.

● **배경 및 현황**

작업환경은 근로자의 스트레스와 작업의 생산성 등에 직접적으로 영향을 주는 요인 중 하나이다. 구글, 애플 등 놀라운 성과를 내는 기업들은 이미 자유로운 분위기의 높은 천장과 가장 일하기 편한 조도 등 세세한 부분을 신경 쓰며 근로자의 작업환경에 많은 공을 들이고 있다. 업무의 환경이 직원 개개인에게 미치는 영향은 꽤 크다. 사소하게는 의자, 책상을 바꾸는 것에서부터 기업의 규정, 사내 분위기 형성도 한 요소이다.

이는 업무의 생산성과 효율성을 넘어서서 직원 개개인의 삶의 질을 높이는 데에도 도움을 준다. 국민의 행복을 높이는 것을 목표로 대단위의 프로젝트를 시행하는 것도 중요하지만, 하루 중 대부분의 시간을 보내는 직장, 사무실의 환경변화를 유도하는 것도 높은 효과를 볼 수 있는 정책적 목표라고 볼 수 있다.

● 주요 제안 내용

① 고용환경개선 지원제도의 기준을 4차 산업혁명 시대에 맞게 개정한다. 기업 또한 창의적인 사무환경 개선을 유도하기 위해 관련 인센티브 제도를 설계한다.

현재의 고용환경개선 지원제도의 기준은 건축물, 시설물 등의 개선에만 초점이 맞춰져 있다. 자택 근무, 공유 사무실 등의 개념이 등장하는 지금의 사무환경에 맞는 기준으로 전환이 필요하다.

② 외부적 환경뿐만 아니라, 소속감과 유대감을 높이고 협업의 공간이 될 수 있게끔 내적 환경도 변화될 수 있도록 지원한다.

지방고용노동청 또는 고용환경개선 담당 지방관서의 주관으로 근로자들에 대한 심층 설문 조사를 실시하여 근무 환경 실태를 조사한다. 이 과정에서 환경개선에 도움이 될 수 있는 전문가와의 매칭을 지원하여 자문을 통해 전문적인 환경 개선을 촉진시킨다.

정책 노트 S3

청년 예술인 대상으로 한국 고유의 문화예술 프로그램에 대한 해외 진출 지원을 강화한다

- ● **분야** : 문화예술
- ● **목적** : '효孝' '정情' 같은 한국 고유의 정서가 가미된 문화예술 프로그램을 집중 개발하여 청년 문화예술인이 해외에 진출할 수 있는 기회를 제공한다.

● 배경 및 현황

창극과 같은 전통 예술문화는 해외를 무대로 발전 잠재력이 무궁무진하다. '효' '정'과 같은 한국 고유의 정서, 문화를 세계에 알리고 국격을 높이는 데 얼마든지 기여할 수 있음에도 불구하고 여전히 국가의 지원이 부족한 상황이다.

많은 문화예술인들이 작품을 해외에 알릴 수 있도록 공연화하고 프로그램을 개발하여 한국 문화를 알리는 데 노력하고 있다. 특히 청년 문화예술인에게 기회를 제공해 해외로 진출할 수 있도록 하고, 향후 대한민국 고유의 문화가 되살려지고 해외로 소개되는 데 주요한 역할을 해낼 수 있도록 해야 한다.

● 주요 제안 내용

① 선비 문화, 정, 효의 문화 등 한국의 문화에 대한 정체성을 키우고 세계로 알리는 데 기여하는 문화예술인 활동을 지원한다.

프로그램 개발, 청년 문화예술인 교육, 인프라 지원, 해외 공연 활동 등에 대한 비용과 인프라 지원을 우선으로 한다.

정책 노트 S4

해외로 진출하는 청년 스타트업의 해외·국내 간 판권에 대한 저작권 보호를 위해 법률 서비스를 지원한다

● **분야** : 법률
● **목적** : 청년 스타트업 권익 보호를 통해 해외 진출을 증진한다.

● **배경 및 현황**

과거 제조물 중심으로 이루어졌던 복제 상품으로 인한 저작권 침해와 그로 인한 경제적 손실은 IT 기술 발달로 피해 범위는 확대되고 손실 비용도 높아지고 있다. 소프트웨어 저작권 침해는 물론 영화, 음악 등의 예술작품과 출판, 게임, 웹툰 시장의 저작권 침해 사례까지 그 문제가 사회적으로 확산되고 있다. 그러나 그 근거지가 해외에 있을 경우, 개인이나 개별 기업 차원에서 대처하기가 쉽지 않으며, 법적 지식과 서비스가 근간이 되지 않는 이상 고스란히 피해에 노출될 수밖에 없는 상황이다.

2017년 초, 민간 주도의 저작권해외진흥협회COA가 설립되어 해외 저작권 침해 피해에 대응하고 구제 조치를 지원하는 비영리법인이 설립되었다. 그러나 여전히 본인의 아이디어로 해외에 진출하려는 젊은 청년 창업가들의 저작권 피해 사례 수는 증가하고 있다. 이에 저작권해외진흥협회뿐만 아니라 한국저작권보호원 등 유관 기관과의 협력과 피해 구제를 위한 법률 서비스를 제공할 수 있는 법무법인 등의 법조계 기관과의 협력이 필요하다.

● 주요 제안 내용

① 해외 시장에 진출한 청년 스타트업의 저작권 피해 사례를 공공기관 차원에서 조사하여 위법행위에 대해 기관·협회 차원에서 강경한 대응을 지원한다. 또한 이를 예방할 수 있도록 사전 정보 등을 관련 분야 업무 종사자, 시민 사회 등에 공유한다.

② 온라인 콘텐츠 등의 저작권 피해 사례 발생 시 국내 저작권 보호 유관 기관과 해외 저작권 법률서비스를 제공할 수 있는 전문가와의 협력을 통해 강경하게 대응한다.

웹툰의 경우 해외 불법사이트를 통한 저작권 피해 사례가 발생해도 저작권해외진흥협회를 통해 불법성을 모니터링한 후 게시글을 내리거나 사이트를 없애는 정도의 소극적인 대응만 하고 있다.

2대 전략 희망 3단계 – 경제Economy

정책 노트 E1

가벼운 창업 시대, 1인 청년 기업가를 육성한다

- **분야** : 창업
- **목적** : 1인 청년 기업가 육성을 위해 지원한다.

- **배경 및 현황** : 청년 창업과 비즈니스를 활성화시키기 위해서는 초기 창업에 대한 물질적, 심리적 비용에 대한 부담을 줄여줘야 한다. 2018년 창업기업 실태 조사(중소벤처기업부, 창업진흥원)에 따르면 창업 시 장애 요인에 대해 질문하자 1순위로 '창업 자금 확보(66.3%)'를 꼽았다. 한국의 평균 창업비용 3,100만 원, 중국은 1,880만 원으로 한국의 2/3 수준이다(중국 칭화대 창업연수센터, 2016).

  물질적인 비용 외에도 심리적으로 실패에 대한 부담감을 없애고 얼마든지 재기할 수 있다는 경험적 믿음이 중요하다. 초기 비용을 줄이고 자신만의 재능과 아이디어로 사무실, 인력 없이도 비즈니스가 가능한 1인 기업가를 육성하고 1인 비즈니스 생태계를 구축하는 데 지원해야 한다.

● **주요 제안 내용**

① 정부, 지자체 차원의 1인 기업 비즈니스 중개 서비스(웹사이트 기반) 및 오
프라인 커뮤니티 활성화를 지원한다.

② 1인 기업에 대한 세금, 법적 권리 보호 등 운영 컨설팅을 지원하고 시장
내 협상력 균형을 위한 법제도 및 사회 안전망을 구축해야 한다.

정책 노트 E2

4차 산업 관련 스타트업의 해외 진출 지원을 강화한다

● **분야** : 창업
● **목적** : 스타트업 해외 진출 지원을 통해 국제 경쟁력을 강화한다.

● **배경 및 현황**

청년 스타트업이 초기에 스스로 해외에 진출하여 국제 경쟁력을
확보하기란 매우 어렵다. 따라서 관련 기관에서 역량 있는 스타트
업을 선발하여 해외에서 다양한 경험을 하면서 국제 경쟁력을 쌓
는 축적의 시간을 지원해야 한다. 이러한 제도의 확대는 4차 산업
에 대한 국제 경쟁력 및 노하우를 스타트업이 경험을 통해 축적하
고 성장할 수 있게 되고, 이를 지원해준 국가에 대해 자긍심을 느
끼며, 국민의 한 사람으로서 역할을 해내고자 하는 마음가짐을 가
지게 한다. 실질적으로는 이러한 인재들이 국가를 위해 세계 무대
에서 역할을 해내며, 국가차원에서 산업의 경쟁력을 높일 수 있다.

● 주요 제안 내용

① 4차 산업 관련 스타트업의 해외진출 지원제도를 확대한다.

코이카의 민간 아웃소싱 프로그램과 같이 공공기관이 해외사업에 필요한 청년 스타트업들을 선발하여 아웃소싱한다. 선발된 스타트업은 일정 기간 예산을 받아 사업을 주체적으로 계획하고 실행한다. 코이카, 코트라, 대사관 등 국가기관은 선발된 민간 업체가 외국에서 사업을 잘할 수 있도록 외국 현지의 기업들 및 정부 기관과의 네트워크를 구축해주고 인프라를 지원해주는 역할을 한다.

정책 노트 E3

지역 유휴공간을 활용한 청년(셰어) 오피스를 활성화한다

● 분야 : 창업, 경제
● 목적 : 지역 내 유휴공간을 활용하여 청년 오피스를 활성화한다. 이를 통해 지역 경제 활성화도 가능하다.

● 배경 및 현황

청년 창업가, 기업인들에게는 사무실 대여 비용이 큰 부담으로 작용하고 있으며, 실제 창업 초기에는 높은 임대료 때문에 폐업하는 경우도 비일비재하다. 반면 2019년 2분기 상업용 임대시장 동향 조사 결과 중대형 상가 공실률은 11.5%, 소규모 상가 공실률은 5.5%로 모두 지난해 대비 증가했다(한국감정원).

저렴한 비용으로 대여할 수 있는 공간이 필요한 청년 창업가들과 지역 내 빈 공간으로 놀고 있는 상가 사무실을 매칭할 수 있다면 공간의 활용성을 높임과 동시에 해당 지역 경제 활성화도 가능할 것이다.

● 주요 제안 내용

① 지역 내 민간·공공 대상으로 유휴공간(공실) 전수조사를 실시한다.

② 지자체가 해당 공간을 대신 임대해 사무실이 필요한 지역 청년 경제인에게 저렴한 비용으로 제공한다(복사기, 책상, 의자 등 사무실 집기에 대한 공유 서비스 포함).

③ 공유 오피스 지역 사업의 일환으로 시간대(아침, 낮, 밤)를 나누어 오피스를 공유하는 청년 셰어 오피스 방안도 가능하다.

3대 전략 – 사회 Society

정책 노트 S1

제대군인의 사회적 연결성을 높이기 위해 체계적 교육 지원 시스템을 구축하고, 군 · 민 경력 연계를 강화한다

● **분야** : 국방, 노동, 교육

● **목적** : 군 복무를 사회와의 연장선으로 제시하여, 군에 대한 사회적 인식을 재고하고 청년 장병이 진로에 대해 느끼는 막막함을 덜어준다.

● **배경 및 현황**

대한민국은 세계 유일의 분단국가로 모든 남성이 병역의무를 지고 있다. 대다수의 청년이 군 복무에 대해 자긍심을 느끼기보다는, 군 복무 기간을 '사회와의 단절' '버리는 시간'으로 인식하고 있다. 사회에서도 20대 초중반 청년들의 헌신과 노력을 '당연한 의무'로 인식함에 따라, 경력관리나 보상 등의 지원에는 소홀하다.

● **주요 제안 내용**

① 국방부, 노동부, 교육부, 제대군인지원부 등 다양한 관계기관이 협력해 지원 프로그램을 마련하되, 의무 복무병을 포함해 5년 이하의 단기 제대

군인에게 특화된 통합 서비스를 제공한다.

② 군 복무 중 진로를 설계하고 교육을 받을 수 있도록 체계적인 지원 시스템을 도입한다. 일본의 경우 복무기간에 따라 '(1단계)직업능력개발, (2단계)재취직활동'으로 단계별 지원 시스템을 도입한 사례가 있다. 이를 벤치마킹해 복무 초기에 '라이프플랜' 프로그램을 통해 개개인의 적성 도출 및 인생 설계를 돕고 이를 적절한 교육으로 연결해, 전역을 기점으로 취업으로 이어지도록 지원하는 생태계적 지원 시스템을 도입한다.

③ 입대 시 민에서 군으로, 전역 시 군에서 민으로 연계되는 경력 인증제를 강화한다. 제대군인 제도가 잘 마련되어 있는 미국 및 독일에서는 군 특기 교육, 훈련과정 등을 상세히 기록해 그와 관련된 민간 직업 자격으로 발부하는 등 군과 사회의 연계성을 높이기 위해 노력하고 있다. 이처럼 맞춤형 보직 배정(민 → 군 차원), 인증서 발부(군 → 민 차원) 등의 정책을 발굴·도입한다.

정책 노트 S2

휴먼 라이트를 중심으로 한 출산 장려 대책으로 엄마아빠도 살기 좋은 사회를 실현한다

● **분야** : 보건복지, 경제
● **목적** : 청년 관점에서 저출산 문제를 다시 보고, 가족친화적이며 휴먼 라이트Human right를 중심으로 하는 출산 장려 정책을 모색한다.

● 배경 및 현황

2018년 합계 출산율은 0.98명으로 OECD 국가 중 최하위를 기록했으며, OECD 국가 중 합계 출산율이 1명 미만인 나라는 한국이 유일하다. 2018년도 출생아 수는 32만 6,900명으로 초저출산 현상이 심화되고 있다.

청년 실업률과 높아지는 비혼율, 만혼 현상, 여성의 출산 기피 요인 등 저출산은 청년 사회 문제와 관련이 깊다. 그러나 이에 대한 현실적인 대책이 부재한 상황이다. 특히 주체성이 높은 젊은 세대들의 가치관이 변화하고 있으며, 이는 기존의 저출산 대책으로는 해결하기 어렵다는 점을 시사한다.

결혼과 출산으로 인해 현재의 저출산 대책과는 다르게 변화하는 시대 속에 살아가는 청년들의 관점에서 저출산 현상을 바라보고, 출산장려 대책이 '저출산 해소'를 위한 대책이 아닌 개개인의 행복 관점에서 출산을 통해 얻게 될 가치가 더욱 크기 때문에 선택될 수 있도록 휴먼 라이트 중심으로 대책을 모색한다.

● 주요 제안 내용

① '저출산'보다는 '저출생'이라는 단어를 사용하여 출산에 대한 책임을 여성에게만 지우는 사회적 인식을 개선하고 '출산'이 아닌 '출생'을 위한 대책이 모색될 수 있도록 패러다임을 전환한다.

② 결혼한 부부들이 육아로 인해 자신의 삶을 희생하게 되는 일이 많지 않을 수 있도록 지역 사회 내에서 공동체 지역 육아 정책을 실시하여 사회

가 함께 육아를 책임지는 의식 문화를 형성한다.

③ 지역 거점별로 24시간 어린이집 개설을 통해 불가피한 상황(야근 등)에서 아이를 쉽게, 그리고 안심하고 맡길 수 있도록 한다. 특히 지자체 중심으로 운영하되 기존의 민간 어린이집 대상으로 신청을 받아 운영 공간을 활용하고 지역 내 경력단절 여성을 활용한다.

④ 가족친화적 문화를 확산시키기 위한 일환으로, 지자체 내 출산을 한 부부(한부모)에게 출산 과정부터 육아까지 필요한 물품을 신청받아 집까지 배달시켜주는 축하패키지 서비스를 지원한다.

정책 노트 S3

미혼모(부)에 대해 출산, 육아, 보육 등
가족계획 지원을 강화한다

● **분야** : 보건복지, 경제
● **목적** : 미혼모(부)의 가족계획 지원 강화를 통해 가족 부양에 대한 경제적 부담을 완화한다.

● **배경 및 현황**

가족 형태도 빠르게 변화하고 있다. 인구주택총조사에 따르면 2018년 1인 가구는 578만 8,000가구로 전체 가구 중 29.3%에 달한다. 2030년에는 33.2%, 2040년에는 35.6% 비율로 높아질 것으로 전망하고 있다(통계청, 2019).

혼인율 역시 최저치를 기록하고 있고, 인식의 변화에 따라 비혼을 선택하는 흐름도 강해지고 있다. 반면, 미혼모(부)를 포함한 한부모가족은 전체 153만 2,166가구로 전체 가구의 7.6%를 차지하고 있다.

한부모가족은 일반 가구와 비교하여 소득은 50%, 자산은 20% 수준에 불과해 빈곤 위험이 높고, 돌봄 네트워크가 약화된 상태이다. 한부모 가장들이 원하는 정책 1순위는 생계비, 양육비 등 현금 지원이었으며, 그 뒤로 주거 지원, 의료 지원, 아이 돌봄 지원, 직업훈련 지원 등으로 조사되었다.

아직도 국내에서는 미혼모(부)에 대한 부정적인 사회적 인식 속에 사회관계에 대한 어려움과 가족 부양 역할에 대한 과중, 경제적 어려움을 복합적으로 겪고 있는 경우가 많다. 프랑스의 경우 기존의 가족관계 외 자유계약 형태의 관계를 새로운 형태로 인정하고 일부 행정적 지위를 일반 가족관계와 동일하게 적용하여 수당을 지급하는 등의 정책을 펼치고 있다.

● 주요 제안 내용

① 현재 추진하고 있는 저소득 한부모가족을 대상으로만 지원하는 제도 외 출산, 보육, 육아 등의 정책 지원을 미혼모(부)도 동일하게 지원받을 수 있게 하고, 특히 아이돌보미, 공동육아나눔터와 같은 육아 과중을 나눌 수 있는 지원 제도(비용 인하 등)를 강화한다.

② 한부모 가장의 경제적 자립을 도울 수 있는 지원 제도가 강화되어야 한다. 기업 채용에서 한부모 가장이 불공정한 대우를 받지 않도록 제도적으로 지원하고, 근무 시간을 탄력적으로 활용할 수 있는 일자리를 매칭해줌으로써 일에 집중하고, 그 외 시간은 육아를 전담할 수 있도록 해주어야 한다.

3대 전략 – 경제 Economy

정책 노트 E1

기업의 윤리를 평가하는 시스템을 구축한다

- **분야** : 기업윤리
- **목적** : 기업의 윤리 감시 강화를 통한 청년이 신뢰할 수 있는 기업 환경 문화를 조성한다.

- **배경 및 현황**

현재 우리나라의 기업들은 직원에게 임금 체불 및 정당한 임금 미지급, 소비자에게 불량 물품을 판매하거나 하청업체에 대한 각종 불합리한 갑질을 하는 등 기업 윤리의식이 떨어지는 사회적 문제가 연이어 불거지고 있다. 여타 다른 선진국에 비해서도 기업 윤리의식과 기업가 정신이 매우 부족하며, 이는 국민들로 하여금 기업에 대한 신뢰도를 떨어뜨리고 있다. 2019 에델만 신뢰도 지표 결과를 보더라도 기업의 CEO를 신뢰한다는 응답은 56.6%로 26개국 중 최하위를 기록했다. 이러한 국내 기업에 대한 신뢰도의 하락은 사회 갈등 비용을 야기하고 있으며, 통합하고 공감하는 하나의 대한민국을 만들기 위한 노력을 저해하는 주요한 요인 중 하나이다.

● 주요 제안 내용

① 기업의 윤리를 측정하고 평가하는 시스템을 만들어 공개하고, 특히 윤리적 차원에서 사회적 물의를 일으킨 기업의 경우 국가사업 참여 과정에서 불이익을 준다.

평가 시스템 구축 및 진행 과정에서는 공정거래위원회 주관, 외부 전문가 참여 비율을 의무화한다. 기업 사회공헌지수를 산정하고 기업정보포털을 통해 기업의 사회공헌도, 윤리 평가를 공유한다.

사회적 물의를 일으킨 기업은 기업윤리 지수가 하락하게 되며 대외적 신용평가 및 기업 대출 그리고 정부 지원 및 공공사업 입찰에 영향을 받게 한다. 사회적 물의란 직원과 하청업체에 대한 갑질, 임금 체불 등 노동환경, 옥시의 독성 가습기 소독제와 살충제 계란 판매 같은 소비자에 위해를 끼치는 행동 등을 포함한다. 반면, 기업의 사회공헌도 및 윤리 평가가 높은 기업에게는 정부의 각종 혜택을 우선 제공한다.

정책 노트 E2

취약계층의 사병 가족에게 군 병원의 긴급 의료 지원 및 긴급 생계 대출 제도를 도입한다

● **분야** : 군인복지, 인권
● **목적** : 취약계층 병사의 가족이 급작스러운 곤란에 빠졌을 시 경제적인 여건을 걱정하지 않고 복무에 집중할 수 있게 한다.

● 배경 및 현황

생계 곤란 및 기타 문제로 인해 가족의 병원비가 부족하지만, 군 복무 중인 병사는 병사의 신분으로 영리활동을 할 수 없는 등의 곤란한 경우, 해당 가족에 대한 의료 지원 대책이 필요하다. 현 제도하에서는 사병 봉급으로는 민간 병원의 비용 부담이 불가능하다. 따라서 현행 간부 및 간부 가족에게만 적용되는 군 병원 50% 할인을 확대 적용해야 하며, 민간 병원에도 해당 제도가 운영될 수 있도록 한다.

또한 가족 중에 영리활동을 할 수 없는 상황에 놓여 가족 생계유지 곤란 및 실질적 부양책임자가 된 사병을 위해 가족의 생계를 위한 대출제도를 마련한다. 간부의 경우 '긴급 생계 지원'과 같은 제도이다.

● 주요 제안 내용

① 경제적 취약계층의 사병 직계가족 긴급 의료 지원 제도를 신설한다.

병사의 부모 및 형제 자매가 수술이나 거동이 불편한 장애가 있거나 기타 영리활동을 하지 못할 경우에 처할 수가 있다. 가령, 해당 병사가 가정의 유일한 자녀이고 유일하게 영리활동을 하는 아버지가 질병을 얻으면 소득수단이 사라지게 되어 남아있는 가족들이 병원비로 인해 고통을 받게 된다. 그러나 군의 규정에 의해 병사는 복무 중에 영리활동을 할 수 없다. 이에 직속 부대 상관의 추천 및 상급 부대(사단급) 심사로 해당 병사 부모가 군 병원을 할인된 가격으로 이용할 수 있게 한다. 또한 해당 병사 가족의 병이 위중하다고 판단되었을 때 심사를 통해 병원비 전액을 삭감한다. 이러한 심사기준은 병무청에서 마련하며 자료는 보건복지부의 기초수급 생활자 자료를 활용한다.

② 취약계층 병사 긴급 생계 지원금을 신설한다.

최저임금법에 따른 최저임금액의 1개월분에 해당하는 금액 이상을 1회 지원한다.

③ 취약계층 병사 긴급 생계 대출 제도를 신설한다.

최저임금법에 따른 최저임금액의 3개월 분에 해당하는 금액을 대출해준다. 신용도가 낮은 병사 또한 긴급 생계 대출을 받을 수 있게 한다. 긴급 생계 대출은 무이자로 하며 대학 졸업 후 2년, 취업 후 소득 발생 시 상환하게 한다. 이는 국방부가 군인공제회와 같이 심사기준을 마련한다.

3대 전략 – 정치|Politics

정책 노트 P1

중앙 · 지방정부 간 정책 전달 체계를 확립하고
지역 차원의 민관 협력 거버넌스를 구축한다

● **분야** : 정부, 행정체제
● **목적** : 중앙 · 지방정부 간 정책 전달 체계 확립을 통해 정책의 주체 간 역할이 체계적으로 조정되고 유기적인 지원 협력이 가능하도록 한다.

● **배경 및 현황**

중앙정부와 17개 광역 지방자치단체의 정책 사업이 중복되거나 충돌되는 경우 예산이 중복 낭비되거나, 정책의 실효성과 효능감이 높지 않은 경우가 많다. 특히 청년 일자리 정책의 경우, 중앙정부와 지방정부 간 전달 체계 확립과 협력 체계가 미흡하여 각 역할에 따른 시너지 효과를 기대하기 힘들다.

핀란드의 경우 중앙과 지방, 공(사)기업, 비정부 기관에 의해 청년 사회보장 프로그램이 운영되고 있으며 지역공동체, 교회, 청소년 조직 등 기관 간 유기적인 협력 관계를 유지하고 있다. 뉴질랜드 정부는 청년 개발부Ministry of Youth Development를 통해 청년들이 사회 의

사결정에 참여할 수 있도록 기금을 조성하고 이를 기반으로 청년 층을 위한 워크숍, 지방의회에 청년 자문위원회를 설립하는 등 다 각적 노력을 하고 있다(한국청소년정책연구원, 2015).

중앙정부와 지방정부 간 정책 전달체계 확립과 지역 차원의 민관 협력 거버넌스 구축 및 활용을 통해 정책의 주체 간 역할이 체계 적으로 조정되고 유기적인 지원 협력이 가능하도록 한다. 이를 통 해 정책의 실효성과 효능감이 높아지는 것을 기대한다.

● 주요 제안 내용

① 중앙·지방정부 주체 간 역할 조정과 함께 핫라인 전달 체계를 구축하여 정책의 실효성과 체감도를 높인다.

특히 일자리 정책의 경우 중앙·지방정부, 학교, 지역별 청년정책 수행 조직과 청년 고용사업 위탁기관 등 역할이 조정되고 연계되는 지원협력 체계를 기반으로 제도 설계가 이루어져야 한다.

② 지역 차원에서는 민간, 노동조합, 정부가 민관 협력 거버넌스 구축을 통해 지속적인 논의가 가능하고, 의결권을 갖춘 협의체를 통해 사회적 쟁점이 발생할 경우 사회적 합의를 이뤄나가야 한다.

정책 노트 P2

국회의원, 지자체장, 정부 국가기관의 평가지수를 개발하고 평가 점수를 공개하여 정치 신뢰도를 높인다

● **분야** : 정치

● **목적** : 국회의원, 지자체장, 정부 국가기관의 평가 지수를 통해 투명성을 확보하고 정치 신뢰도를 높인다.

● **배경 및 현황**

국회의원, 지자체장, 정부 국가기관의 평가는 시민단체와 언론사 등을 통해 간헐적으로, 주로 선거 전후로 이루어지고 있다. 다양한 이익집단으로부터 진행되는 평가이기 때문에 회의 출석률이나 투표 참여율 같은 객관적인 측정치 이외의 전문성이나 혁신, 노력도 등 정성적 부분에 의한 성과 측정 평가는 어느 한 개인이나 단체가 규정하여 측정되기 어렵다.

각 공공분야의 주체에 대한 기준을 감안하여 평가 지수를 개발한다. 위원회를 구성하여 평가 대상과 평가 방법, 평가 기준을 설계하고 시행한다. 평가에 대한 그 목적과 방법 · 기준 등을 명확하게 제시함으로써 공익성과 신뢰성 확보를 기대한다.

● **주요 제안 내용**

① 민간, 정부, 시민단체 등 다양한 주체를 포함한 위원회를 구성하여 주체

별 평가의 목적과 방법, 평가 기준을 개발한다.

모든 과정은 사이트를 통해 공개하여 평가의 절차적 공정성을 확보하고 평가 결과를 시민들이 직접 판단할 수 있도록 한다.

정책 노트 P3

전문 정치인을 육성한다

● **분야 :** 정치

● **목적 :** 전문 정치인을 육성한다.

● **배경 및 현황**

2017년의 시작과 함께 대한민국을 뒤흔든 혼란과 변화의 바람은 많은 세대에게 정치 관심도를 높이는 계기가 되었으며 10대 청소년부터 중·장년, 노년층까지 사회 변화의 전면에 나와 자신들의 목소리를 내기 시작하였다.

그러나 단순히 목소리를 내는데 그치지 않고, 정치에 대해 관심을 이어나가고, 정책을 개발하고, 실질적인 변화를 끌어내는 등 생산성 있는 결과물을 만들어내는 데에는 한계가 있었다. 이는 국가를 운영하고 사회 통합을 끌어내는 전문 정치인을 양성하는 제대로 된 교육과 리더십 양성 교육의 부재에서 발생했다고 볼 수 있다. 사회의 논리적인 시스템과 올바른 의사결정 구조를 형성하기 위해서는 전문적으로 양성된 정치인의 역할이 필요하다.

● **주요 제안 내용**

① 사회 의사결정구조에 대한 시민 교육을 강화하고, 직업으로의 정치인 교육을 확산한다.

의사결정구조와 운영시스템 교육을 모든 시민을 대상으로 실시한다. 교육의 방법은 생활 속에서의 비체계적인 교육(TV, 게임, SNS 등)을 통해 실시하며 이를 통해 시민 의식이 형성될 수 있도록 한다. 올바른 시민 의식을 갖춘 시민 속에서 전문 정치인을 육성하고 그들이 제대로 역할을 할 수 있게 한다.

정책 노트 P4
....
지자체 위원회 내 청년 참여 비율을 30%로 확대한다

● **분야 :** 정치

● **목적 :** 지자체 내 청년 관련 위원회에 청년 참여 비율을 30%로 확대하여 청년 대표성 및 청년 정책의 당사자성을 확보한다.

● **배경 및 현황**

현재 중앙정부와 지자체 내 많은 수의 청년 정책이 시행되고 있음에도 불구하고 여전히 청년 당사자들의 정책 체감도는 낮은 실정이다. 소요되는 예산에 비해서도 청년 정책의 실제 효과성, 효능감과 실효성도 현저히 낮다.

대상자 정책에 있어 실제 생활에 가장 밀접하게 정책을 집행할 수 있는 지자체의 경우 정책의 수립 과정에 당사자인 청년이 함께 참여할 수 있도록 해야 한다. 실제 전국 17개 시도에서 청년 관련 조례를 수립하여 청년 정책을 활성화함과 동시에 청년들의 의견을 수렴하는 창구를 마련하고 있지만, 참여하는 청년 비율이 상이하며, 실제 정책의사결정 과정에서 참여 비율이 지켜지지 않는 경우도 많다. 이에 조례를 통해 최소 청년 참여 비율을 적시하고 시행률을 높일 수 있도록 노력해야 한다.

이를 통해 청년 정책의 대표성과 당사자성을 확보해, 청년 정책의 체감도와 효능감, 실제 효과성을 높일 수 있을 것이다.

● 주요 제안 내용

① 각 자치단체에 설치된 청년관련 위원회(청년정책위원회, 청년일자리위원회, 청년위원회 등)에 구성원 중 청년 참여비율을 최소 30%로 확대하고, 시행률을 높여야 한다.

에필로그

　청년 정책이 미래 세대에게도 도움이 될 수 있도록 시선이 확장되어야 한다.

　어떠한 정책이든지 현재를 살아가는 세대만을 위한 정책으로 그치면 국가 전략으로 자리 잡기 어렵다. 그것은 현재의 청년 정책 한계임과 동시에 우리 주제의 한계이기도 하다. 우리가 제시한 대안도, 그리고 전체 국가의 정책 방향도 이 한계를 넘어서지 못하고 있다.

　대통령 5년 임기 내에 진행하는 단기 현상 해결중심의 정책이 아닌 국가 전략으로 청년 정책이 작동되기 위해서는 새롭게 등장하는 젊은 세대(미래 세대)가 문화와 시스템 속에서 올바른 시민으로 크고, 인재로 성장하기 위한 중장기적 국가 전략과 정책이 필요하다. 국가 전략으로써 미래 세대 인적 자원의 투자와 적극적 활용 등의 과제가 중요하게 여겨지고 국가 정책의 우선순위로 되어야 한다. 그래야만 미래 세대에게 희망을 줄 수 있는 국가 전략이 될 수 있다.

　국가 전략으로서 청년 정책이 자리 잡기까지는 많은 논의가 필요하다. 올바른 방향성과 비전, 지속가능성을 담보한 확장 가능한 청년 정책이 필요하다.

　프롤로그에 언급하기도 했지만, 해당 책의 내용은 한계를 갖는다. 희망 전략을 제시하는 과정에서 모든 책임을 정부로부터 찾으려하고, 정부와 국가 정책 중심으로 대안을 제시한 점도 아쉬운 부분이다. 그러나 앞으로는 정부, 국가의 책임을 넘어서 청년과 사회 각주체가 사회 변화를 위한 각자의 역할을 해야 한다. 집필진 우리도 청년 스스로 사회 문제를 해결하는, 할 수 있는 비전과 대안을 제시하는 운동이 필요하다 느끼고 있다.

《청년을 위한 대한민국은 없다》는 바로 이러한 운동의 첫 시작점이다. 현재를 살아가는 우리가 후배, 미래 세대를 위해서 움직이는 첫 발걸음이다. 국민 개개인이 희망을 가지고 실패를 두려워하지 않고 활력 있게 도전하고, 사회는 공정하고 투명하게 경쟁하고 발전하며 각자의 영역에서 서로를 신뢰하며 역량을 발휘해야 한다. 대한민국 국민임을 자랑스럽게 여기고, 옳은 방향으로 나아가기 위해서 각자의 자리에서 최선의 노력을 해야 한다.

이러한 움직임은 개인의 인생을 변화시키고, 사회 문화 전체를 뒤바꾸며, 국가를 변화시킨다. 젊은 세대로서 현실을 직시하고, 책임을 회피하지 않고, 기꺼이 역할을 해내려 한다. 사실 넘어서야 할 큰 산은 존재한다. 현재의 대한민국 사회는 나이와 관계없이 유능한 인재가 사회에 빠르게 등장하기 어렵다. 그럴 공간도, 그리고 그것을 받아들일 사회적 문화도 가져본 적이 없다. 그 좁은 문을 우리가 뚫어보고자 한다. 공간이 없다면, 공간을 만들어보려 한다. 구체적인 내용을 가지고 곧 찾아뵙겠다. 이제부터 시작이다. coming soon!

참고문헌

⊙ 보고서

강유덕, "유럽의 청년실업 문제와 시사점", 대외경제정책연구원, (2009): p7~8

국토교통부, "2018년도 주거 실태조사", 통계정보보고서, 국토연구원, 2018.12

기업은행 IBK 경제연구소, "독일 중소기업의 유연근무제, 왜 활성화되는가?", IBK 경제브리프 559호 2018-03-27, 2018.3.27.

문화체육관광부, "2018 문화 향수 실태조사", 발간번호 11-1371000-000452-11, 2019.2

문화체육관광부, "2018 예술인 실태조사 연구보고서", (2018) p86

미래창조과학부, 한국과학기술기획평가원. "중국의 혁신 창업 지원 및 청년 창업 동향" (2015) p2~5

미래창조과학부. "창업 활성화 지속 및 지역경제 생태계 완성을 위한 정책 방향"(2016) 503-56

세계은행, "2019년 기업환경평가보고서 (Doing Business 2019)", A World Bank Group Flagship Report, 2018.10

세계은행, "2018년 기업환경평가보고서 (Doing Business 2018)", A World Bank Group Flagship Report, 2017.11

서대훈. "주요국의 스타트업 지원방식과 시사점", KDB미래전략연구소, (2019) p13-15

송창주, "뉴질랜드의 청년실업과 대응책", 한국청소년정책연구원 청소년현안 Blue Note VOL.1 봄 호-13p. 2015.5.31.

여성가족부, "2018년 한부모가족 실태조사", 연구보고 2018-61, 2019.4.11.

이동섭. "젊은 세대를 위한 청년사회보장 프로그램", 한국청소년정책연구원 청소년현안 Blue Note VOL.1 봄 호-11p. 2015.5.31.

전재권, 박정현. "북경 상해 서울 20대의 가치관 비교." LG Business Insight (2015) 31~38

중소벤처기업부·창업진흥원, "2018년 창업기업 실태조사", 승인번호 제142016호, 2019.4.5.

천현숙, 이길제, 김준형, 윤창원, "주택과 출산의 연계성에 관한 거시-미시 접근", 한국보건사회연구원, 연구보고서 2016-44-03, 2016.12.31

한국무역협회. "한중일 청년창업, 중국 열풍, 일본 미풍, 한국은..", Trade Brief, 제57호

한국청년기업가정신재단. 중소기업청. "2015년 글로벌 기업가정신 트렌드 리포트", (2016) 120-192

Friedrich Ebert Stiftung. "유럽 국가들의 청년실업 실태 비교 분석", (2014) 6

Loïc Lerouge, "프랑스 노동법에서의 직장내 괴롭힘", 한국노동연구원, 2014년 9월호 국제노동브리프 p.30~38.

⊙ 논문

〈일본 청년고용대책의 시사점〉, 이승렬, 한국노동연구원 5월호, 2011, p31~41

〈일본의 청년고용 활성화 정책 분석을 통한 시사점〉, 한승희, 김재호, 남상빈, 노동경제학회, 2017, p53~76

⊙ 도서

《한중일 청년을 말하다》, 강명구·김홍중·신혜선 엮음, 남의영 옮김, 진인진, 2016

《무업사회》, 구도 게이·니시다 료스케 지음,

곽유나 옮김, 펜타그램, 2014

《하류사회》, 미우라 아츠시 지음, 이화성 옮
　김, 씨앗을 뿌리는 사람, 2006

《희망 격차사회》, 야마다 마사히로 지음, 최
　기성 옮김, 아침, 2010

《청년아 청년아 우리 청년아》, 이기훈 지음,
　돌베개, 2014

《경제적 청춘》, 조원경 지음, 쌤앤파커스,
　2017

《희망 심리학》, C.R. Snyder 지음, 김현미 옮
　김, 아카데미아, 2015

《명견만리》, KBS 〈명견만리〉 제작팀 지음,
　인플루엔셜, 2016

◉ 발표 자료

과학기술정보통신부, "2020년도 정부연
　구개발투자 방향과 기준(안)" 보도자료,
　2019.3.14

금융위원회, "크라우드펀딩 주요 동향 및 향
　후 계획" 보도자료, 2019.4.11

대한상공회의소, "기업의 유연근무제 도입실
　태 조사" 보도자료, 2016.6.28.

에델만코리아, "2019 에델만 신뢰도 지표 조
　사(대한민국)", 2019.3.5.

통계청, "2015년 인구주택총조사 전수집계결
　과" 보도자료, 2016.9.7.

통계청, "2018년 인구주택총조사" 보도자료,
　2019.8.28

통계청, "생애주기별 주요 특성 분석" 보도자
　료, 2017.11.20

한국감정원, "19년 2분기 상업용부동산 임대
　동향조사" 보도자료, 2019.7.24.

한국능률협회, "국방부 의뢰 청년장병 대상
　설문 조사 결과", 2016.6

한국여성정책연구원 · 청년위원회, "청년 여
　성이 인식하는 일하기 좋은 기업 조사 결
　과 발표", 2017.6.28.

한국장학재단, "2015~2019년 8월 신용유의
　자 현황", 국회 교육위원회 소속 전희경 자
　유한국당 의원실 제출 자료, 2019.10.1.

◉ 기사

세계일보, 〈청춘에 희망을!〉 "지원서에 이
　름 · 나이 · 사진 빼고"… 독일 기업들 실
　력만 본다, 2017.11.1, https://news.naver.
　com/main/read.nhn?oid= 022&aid=
　00032215040아시아경제, '유튜브 촬영부터
　아이돌봄까지 … 온라인 공개강좌 36개 선
　정', 2019.5.9.

https://view.asiae.co.kr/news/view.
　htm?idxno=2019050919383856707한국경
　제, "왜 기업가정신인가" 한국 창업 행정비
　용 350만 원…美의 4배, 2014.5.27,

https://www.hankyung.com/news/
　article/2014052714831EBS뉴스, 예술인 복
　지법마저 "사각지대", 2016.01.29.

http://home.ebs.co.kr/ebsnews/menu2/
　newsVodView/evening/10449490/H

jobsN, 투자의 귀재 짐 로저스 "한국 5년안
　에 몰락 왜?", 2016.10.26.

https://1boon.kakao.com/jobsN/
　580edf0d6a8e510001404dcc

◉ 방송

KBS, "투자왕", 짐 로저스의 경고, 명견만리
　65~66회, 2017

청년을 위한
대한민국은 없다

2020년 10월 15일 제1판 1쇄 발행

지은이 / 정현호 · 송보희 · 정선호 · 옥승철
펴낸이 / 강선희
펴낸곳 / 가림출판사

등록 / 1992. 10. 6. 제 4-191호
주소 / 서울시 광진구 영화사로 83-1 영진빌딩 5층
대표전화 / 02)458-6451 팩스 / 02)458-6450
홈페이지 / www.galim.co.kr
이메일 / galim@galim.co.kr

값 17,000원

ISBN 978-89-7895-425-9 03320

이 도서의 국립중앙도서관 출판예정도서목록(CIP)은 서지정보유통지원시스템 홈
페이지(http://seoji.nl.go.kr)와 국가자료종합목록시스템(http://www.nl.go.kr/
kolisnet)에서 이용하실 수 있습니다. (CIP제어번호 : CIP2020039023)

≪청년을 위한 대한민국은 있다≫를 제호 변경한 도서입니다.